GUIDE SECRET

DU

MONT-SAINT-MICHEL

Pour Catherine qui m'a mené
sur les chemins du Mont

GUIDE SECRET
DU
MONT-SAINT-MICHEL

PAR OLIVIER MIGNON

CINQUIÈME ÉDITION

RENNES
EDITIONS OUEST-FRANCE
RUE DU BREIL, 13

2013

INTRODUCTION

« Quelle vision, quand on arrive comme moi à Avranches, vers la fin du jour ! La ville est sur une colline ; et on me conduisit dans le jardin public, au bout de la cité. Je poussai un cri d'étonnement. Une baie démesurée s'étendait devant moi, à perte de vue, entre deux côtes écartées se perdant au loin dans les brumes ; et au milieu de cette immense baie jaune, sous un ciel d'or et de clarté, s'élevait sombre et pointu un mont étrange au milieu des sables. Le soleil venait de disparaître, et sur l'horizon encore flamboyant se dessinait le profil de ce fantastique rocher qui porte sur son sommet un fantastique monument.

Une vision romantique du Mont-Saint-Michel.

Des pêcheurs montois arpentent les grèves à l'est du rocher. Lithographie de Bichebois d'après un dessin de Chapuy.

Dès l'aurore, j'allai vers lui. La mer était basse comme la veille au soir, et je regardais se dresser devant moi, à mesure que j'approchais d'elle, la surprenante abbaye. Après plusieurs heures de marche, j'atteignis l'énorme bloc de pierres qui porte la petite cité dominée par la grande église. Ayant gravi la rue étroite et rapide, j'entrai dans la plus admirable demeure gothique bâtie pour Dieu sur la terre, vaste comme une ville, pleine de salles basses écrasées sous des voûtes et de hautes galeries que soutiennent de frêles colonnes. J'entrai dans ce gigantesque bijou de granit, aussi léger qu'une dentelle, couverte de tours, de sveltes clochetons, où montent des escaliers tordus, et qui lancent dans le ciel bleu des jours, dans le ciel noir des nuits, leurs têtes bizarres hérissées de chimères, de diables, de bêtes fantastiques, de fleurs monstrueuses, et reliés l'un à l'autre par de fines arches ouvragées. »

Les Très Riches Heures du duc de Berry *présentent le Mont vers 1390 avant la construction des remparts et la disparition du chœur roman de l'abbatiale.*

Le Mont-Saint-Michel, comme l'écrit Guy de Maupassant dans ces lignes inspirées, bénéficie tout d'abord d'un cadre naturel à nul autre pareil. Bornée par les vieux massifs granitiques de Carolles, d'Avranches, de Saint-Broladre et de Cancale, la baie du Mont est la plus grande baie de France. Elle est aussi le théâtre des plus fortes marées d'Europe. Deux fois par jour, sous l'influence des astres, le flot envahit le fond du golfe normand breton, bouleverse le paysage, submerge les grèves jusqu'à installer la mer pour quelques instants, magiques, au pied du Mont.

Sertie dans cet écrin d'eau et de sable, la citadelle de l'archange capte irrésistiblement les regards. Aborder le Mont est toujours un choc. Esthétique tout d'abord tant la découverte progressive du fol empilement de son architecture et de l'échelle des bâtiments qui le composent défie la raison ;

Deux miquelots portant coquilles, bourdon et pétase se reposent près de l'église paroissiale.

Durant la guerre de Cent Ans, la flotte anglaise contrôlant la baie est miraculeusement détruite par une violente tempête.

historique aussi pour qui se souvient de la résistance héroïque du rocher au temps où l'Anglais tenait la Normandie ; mystique, surtout pour tous ceux qui, à la manière des miquelots, gagnent le sanctuaire de l'archange, l'un des grands lieux de pèlerinage du royaume, et visitent l'ancienne abbaye bénédictine suspendue entre le ciel et la mer.

Chéops de l'Occident, pyramide des mers, le Mont, que Victor Hugo voyait surgir seul sur les flots amers, est au cœur de nombreuses légendes, de fables, d'histoires mystérieuses, de miracles, de prodiges ou d'anecdotes curieuses consignées par les moines dans leurs manuscrits, collectés par les folkloristes ou étudiés par les historiens qui se sont consacrés à l'histoire millénaire du rocher.

De la baie à la flèche de l'abbatiale, en passant par les venelles du village, les cryptes obscures, les salles romanes et gothiques de l'immense monastère, ce sont ces histoires où l'étrange le dispute au merveilleux que nous allons vous conter.

LE TEMPS DES LÉGENDES : AUX ORIGINES DU PAYS DU MONT

CHAPITRE PREMIER

La naissance du Mont-Saint-Michel – Les chasseurs de mammouths du Mont-Dol – Le mystère de la forêt de Scissy – Au rythme des marées – Le Couesnon dans sa folie – L'un des plus grands menhirs de France – Un culte persan en pays gaulois – Hélène ou Bélénos ? – Gargantua au Mont-Saint-Michel – Le Mont avant le Mont

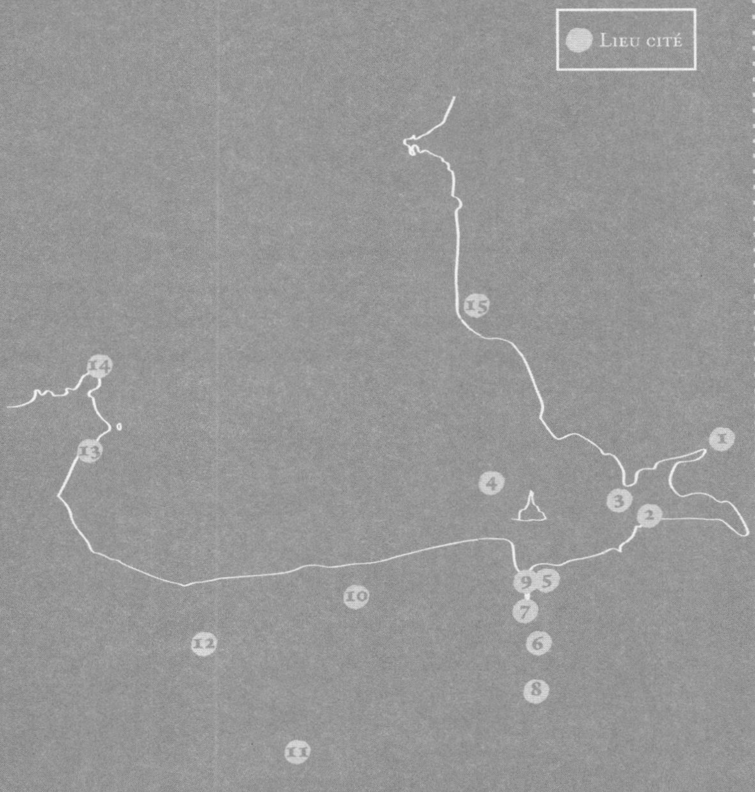

1 Avranches
2 Pointe de Roche-Torin
3 Pointe du Grouin du Sud
4 Rocher de Tombelaine
5 Barrage du Couesnon
6 Moidrey
7 Beauvoir
8 Pontorson
9 Couesnon
10 Saint-Broladre
11 Champ Dolent
12 Mont-Dol
13 Cancale
14 Pointe du Grouin
15 Carolles

« C'est décourageant le sable. Rien n'y pousse, tout s'y efface », écrivait James Joyce dans *Ulysse*. Et pourtant, nombre d'histoires semblent inscrites dans les grèves autour du Mont-Saint-Michel.

À commencer par celle de la baie elle-même, fille de la Manche qui, en noyant une région autrefois couverte de steppes, a donné naissance au paysage de sable, d'eau et de brume qui s'étend aujourd'hui aux confins de la Bretagne et de la Normandie.

La baie du Mont-Saint-Michel vue des hauteurs d'Avranches à marée haute par Henri Voisin.

Durant la dernière période glaciaire, des mammouths fréquentaient les steppes présentes autour du Mont.

La baie du Mont-Saint-Michel est le fruit d'une lente métamorphose entamée durant l'ère primaire. Les étranges formations granitiques du Mont-Saint-Michel, de Tombelaine et du Mont-Dol, si intrigantes dans la grande plaine qui les entoure, sont apparues il y a approximativement 540 millions d'années. Les hommes s'installent dans la région durant la dernière période glaciaire. En ce temps-là, la mer se trouvait fort éloignée. Les trois rochers devaient flotter au-dessus des marais et des steppes qui recouvraient alors la baie. L'un d'eux au moins, le Mont-Dol, servait de point d'observation aux guetteurs qui scrutaient l'horizon à la recherche de mammouths en quête de nourriture. Mais indépendamment de leur rôle stratégique, le caractère mystérieux des trois promontoires a probablement suscité, dès la période paléolithique, le développement de croyances particulières liées à leur isolement et à leur taille impressionnante.

*Avant la formation de la baie,
le Mont était entouré de forêts
dont on a retrouvé les vestiges fossiles.*

Cette période glaciaire prend fin, il y a 12 000 ans. La fonte des glaces, consécutive au réchauffement climatique, entraîne l'élévation du niveau des mers qui l'emportent sur la terre. La Manche s'étend progressivement dans la grande plaine située entre la France et l'Angleterre. Les trois collines de la baie deviennent des îles, vivant au rythme des

Au néolithique, des menhirs parfois très impressionnants ont été dressés dans la région du Mont.

grandes marées qui modèlent le trait de côte. C'est dans ce nouveau paysage maritime que les hommes du néolithique élèvent les monuments mégalithiques qui subsistent dans la région. Le menhir de Champ-Dolent, gigantesque dent de granit pointée vers le ciel, constitue en baie du Mont-Saint-Michel le plus impressionnant témoignage de cette architecture sacrée qui fut peut-être aussi présente au sommet du Mont : les blocs de pierre monumentaux, mentionnés dans les sources de l'histoire montoise en haut du rocher, pourraient bien être liés, eux aussi, à la présence d'un édifice mégalithique. Une fois installés sur le pourtour de la baie, les Celtes introduisirent leurs propres cultes sur les hauteurs. Le Mont-Dol, mieux documenté que le Mont-Saint-Michel pour ces périodes reculées, fut ainsi consacré à Taranis, dieu du ciel, de la foudre et du tonnerre. On aimerait en savoir davantage sur les cultes rendus au sommet de son illustre voisin. Mais les historiens en sont réduits, faute de texte ou de preuve matérielle, à des hypothèses.

Suite à la conquête de la Gaule par les légions de César, Rome établit des garnisons dans les anciens oppidums jadis contrôlés par les tribus celtes de la région. Abrinca (Avranches), Alet (Saint-Servan) deviennent ainsi de petites capitales gallo-romaines établies à des points clés susceptibles de contrôler les principales voies terrestres ou fluviales du pays du Mont.

C'est par ces routes que pénètrent dans la baie les nouveaux cultes venus de la Méditerranée et, par-delà, de l'Orient, notamment celui de Mithra qui prit la suite de Jupiter au sommet du Mont-Dol.

Après la chute de l'Empire romain d'Occident, la baie sert de cadre à certains épisodes de la légende arthurienne. Le roi Arthur aurait tenté d'intervenir pour libérer la princesse Hélène, nièce d'un roi de petite Bretagne nommé Hoël. Séquestrée par un géant originaire d'Espagne sur le rocher voisin du Mont, la jeune femme serait morte de chagrin. Le promontoire qui fut aussi sa dernière demeure rappelle aujourd'hui sa mémoire : la tombe d'Hélène. Au XVIe siècle, l'auteur des *Grandes et inestimables chroniques du grant et énorme géant Gargantua* mène également ses protagonistes dans la baie du Mont-Saint-Michel. Grandgosier et Galemelle sont d'après lui à l'origine des îles de la baie qui, après leur mort, devinrent leur sépulcre. À moins qu'il ne s'agisse des cailloux pris dans la botte de Gargantua abandonnés en chemin par le géant qui planta ainsi le décor de la merveille de l'Occident.

Le Mont-Dol fut dédié à Taranis puis à Jupiter avant d'accueillir le culte oriental de Mithra.

Riche en légendes, la baie est le cadre de certaines aventures de Gargantua.

La naissance du Mont-Saint-Michel

Le rocher du Mont-Saint-Michel a pris forme il y a des centaines de millions d'années.

La baie du Mont-Saint-Michel, située dans l'angle formé par le Cotentin et la côte bretonne, est la plus grande de France : elle s'étend sur 500 kilomètres carrés. Trois rochers se dressent au fond de ce cadre exceptionnel : l'îlot de Tombelaine, le Mont-Saint-Michel et le promontoire du Mont-Dol, aujourd'hui au milieu des champs

Au nord, la face cachée du Mont apparaît dans les brumes.

et des marais. Ils sont le fruit d'une « éruption » survenue durant l'ère primaire il y a 540 millions d'années. La roche éruptive qui les compose, le granit blanc, a en effet rejoint l'écorce terrestre sous la forme d'un magma en fusion. Une fois parvenu à la surface, le granit s'est solidifié, formant les trois mystérieux cônes de pierre qui pointent au milieu du paysage horizontal de la baie. Ces promontoires sont contemporains des îles Chausey, des falaises de Champeaux et des hauteurs d'Avranches du côté normand, du massif de Saint-Broladre du côté breton.

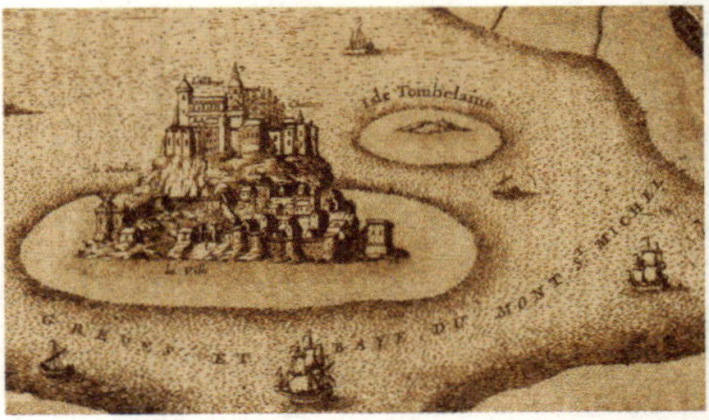

Cette carte levée en 1705 montre le rocher du Mont encerclé par les grèves et par la mer.

Des tremblements de terre au Mont-Saint-Michel ?

La terre a tremblé plus d'une fois au Mont-Saint-Michel. Dom Thomas le Roy, membre de la communauté monastique au XVIIe siècle et auteur de l'une des premières monographies consacrées au Mont intitulée *Les curieuses recherches du Mont-Saint-Michel*, mentionne deux terribles séismes : l'un en avril 1155 au cours duquel le rocher « si ferme et si solide branloit/…/ comme la feuille d'un arbre » et l'autre en novembre 1584 qui laissa tout le monde « espouvanté ». Bien d'autres secousses ont eu lieu depuis mais sans jamais faire de victimes ni de dégâts matériels. Il est vrai que leur magnitude n'est pas très forte. La dernière en date, survenue le 26 novembre 1996, atteignit 3,6 sur l'échelle de Richter.

Les chasseurs de mammouths du Mont-Dol

Où l'on apprend qu'il y a 100 000 ans, de grands herbivores venaient brouter au pied de la colline.

Au XIXe siècle, le Mont-Dol était truffé de carrières de pierre. La roche extraite autour de la colline servait notamment à la construction des maisons, des routes, des digues protégeant les polders de la région et à la réalisation du chemin de fer reliant Rennes à Saint-Malo. En 1867, des carriers découvrirent en creusant une nouvelle tranchée des fossiles gigantesques qu'ils prirent pour des restes de baleines. Simon Sirodot, doyen de la faculté des sciences de Rennes, se rendit sur les lieux et identifia les ossements qui, en réalité, appartenaient à des mammouths.

Des chasseurs guettent les mammouths durant leurs migrations.

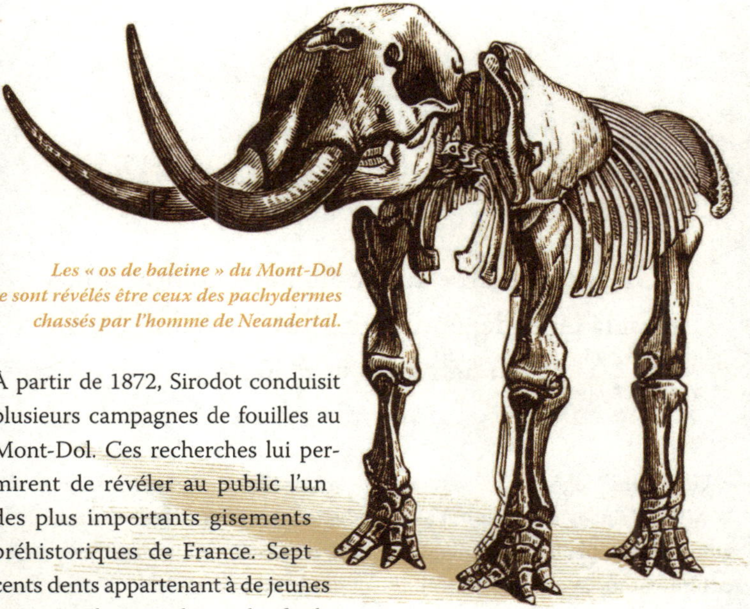

Les « os de baleine » du Mont-Dol se sont révélés être ceux des pachydermes chassés par l'homme de Neandertal.

À partir de 1872, Sirodot conduisit plusieurs campagnes de fouilles au Mont-Dol. Ces recherches lui permirent de révéler au public l'un des plus importants gisements préhistoriques de France. Sept cents dents appartenant à de jeunes mammouths, sans doute plus faciles à chasser, ont ainsi été retrouvées. Mais les archéologues ont également exhumé des restes de rhinocéros laineux, de cerfs, de rennes, de bisons, d'ours, de loup, de lemmings des steppes et même de panthère !

Le site aurait été occupé il y a 110 000 ans au début de la dernière période glaciaire. Le paysage était alors composé de steppes froides et de marécages. Des chasseurs néandertaliens avaient établi leur campement, composé de huttes en os de mammouth et de feux à l'abri au pied du rocher, sur le passage des grands troupeaux d'herbivores. Le Mont-Dol qui dominait la plaine alentour constituait pour eux un point d'observation idéal lors de leurs migrations saisonnières. Une fois repérés, les animaux étaient rabattus vers les marécages où ils se retrouvaient pris au piège. Les chasseurs pouvaient ensuite les abattre et les dépecer à l'aide des outils en silex taillés de très belle qualité retrouvés sur place.

Le mystère de la forêt de Scissy

Un raz de marée aurait englouti la forêt qui, selon la légende, entourait le Mont-Saint-Michel au début du VIIIᵉ siècle.

Une vieille légende raconte que le Mont-Saint-Michel était à l'origine entouré par une forêt touffue connue sous le nom de forêt de Scissy. Celle-ci aurait disparu en 709, emportée par un gigantesque raz de marée à l'origine de la naissance de la baie du Mont-Saint-Michel. Cette légende a pour origine le texte de la *Revelatio Ecclesiae Sancti Michaelis,* qui précise : « Au tout début, cet endroit/.../ était entouré d'une forêt très sombre/.../ Mais parce que ce lieu était destiné, par la volonté

Précieuse *Revelatio Ecclesiae Sancti Michaelis*

Ce récit, écrit par un religieux montois au IXᵉ siècle, durant la renaissance carolingienne, raconte les circonstances de l'établissement du culte de saint Michel sur le rocher. Il s'agit de la plus ancienne source écrite de l'histoire du sanctuaire. La bibliothèque municipale d'Avranches possède plusieurs versions de la *Revelatio*. La plus ancienne remonte au XIᵉ siècle (Avranches, BM 211).

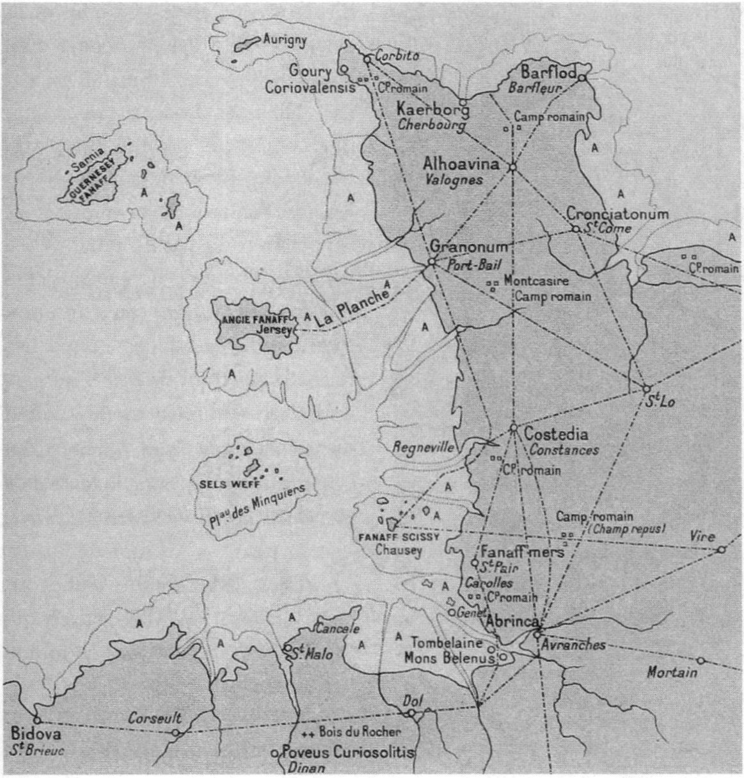

Carte présentant l'ancien rivage et l'avancée de la mer depuis le VIe siècle.

de Dieu, au prodige à venir et à la vénération de son saint archange, la mer qui se trouvait au loin se mit à monter insensiblement et dévasta par sa puissance la forêt dans toute sa profondeur, donnant au paysage tout entier l'aspect d'une grève. »

Un autre passage relate le retour de deux religieux partis vers le Mont-Gargan, premier grand lieu

Avant l'apparition du culte de saint Michel, une légende raconte que le Mont était encore cerné par l'épaisse forêt de Scissy.

de pèlerinage dédié à saint Michel en Occident, pour aller y chercher des reliques de l'Archange : « Quand les éminents messagers regagnèrent l'endroit qu'ils avaient quitté, au terme d'un très long voyage/…/ ils entrèrent dans un monde pour ainsi dire nouveau, alors que celui qu'ils avaient quitté à leur départ était couvert d'épaisses broussailles. » Il n'en fallait pas davantage pour imaginer une forêt touffue autour du Mont soudainement submergée par les flots. En réalité, au moment de l'apparition du culte saint Michel, la baie existait déjà depuis plusieurs millénaires. Quant au prétendu monde nouveau découvert par les religieux au retour du Mont-Gargan, il s'agit très certainement du sommet du rocher dégagé des végétaux qui l'encombraient pour permettre la construction du sanctuaire.

Les souvenirs d'une forêt fossile

Il y a cependant bien eu une forêt à l'ouest du Mont durant la préhistoire. Des troncs d'arbres fossilisés nommés coërons ont en effet été découverts dans la région de Dol. Des chênes poussaient, par exemple, au pied de la butte de Lillemer. Cette forêt aurait progressivement disparu au moment de la formation progressive de la baie qui a débuté il y a 12 000 ans.

Au rythme des marées

En quelques heures, le décor de sable qui entoure le Mont disparaît, englouti par la mer Manche qui le temps de l'étale retrouve ses droits.

Durant la dernière période glaciaire, le niveau de la mer était moins élevé qu'aujourd'hui. Le territoire compris entre la France et l'Angleterre était occupé par une grande plaine traversée par un fleuve qui allait se jeter dans l'océan Atlantique au-delà de la pointe bretonne et de la Cornouaille. Le Mont se dressait alors au milieu d'un paysage de steppes. À la fin de cette période, le réchauffement climatique a entraîné la fonte des glaces qui recouvraient une grande partie du globe terrestre et l'élévation du niveau des mers.

Des mammifères marins dans la baie

Le grand dauphin et le phoque veau-marin fréquentent la baie du Mont-Saint-Michel toute l'année. Il arrive aussi que l'on trouve des cétacés échoués sur les grèves comme ce « balineau », mentionné en 1636 par Dom Thomas le Roy, débité et chargé sur plus de quinze charrettes. Ou encore cet impressionnant rorqual de 19 mètres et de 40 tonnes échoué près de Granville en mars 1999.

Les mammifères marins présents dans la baie sont bien inoffensifs au regard des lithographies du XIXe siècle.

La mer Manche a pris forme et a progressivement recouvert le territoire de la baie, faisant reculer le trait de côte jusqu'aux falaises de Saint-Broladre au sud du Mont. Le Mont-Saint-Michel, le rocher de Tombelaine et le Mont-Dol sont progressivement devenus des îles.

Depuis sa formation, la baie du Mont-Saint-Michel est le théâtre des plus fortes marées d'Europe. Générées par l'attraction de la lune et du soleil sur les océans, elles rythment la vie des animaux et des habitants installés le long du rivage. Deux fois par jour, la marée monte et recouvre les sables bruns, argentés ou mordorés de l'estran. Elle se présente dans la baie sous la forme d'une nappe liquide, le mascaret, qui bouscule puis submerge tout sur son passage. Deux fois par mois, lors des grandes marées, quand l'attraction de la lune et du soleil se conjuguent, le spectacle est particulièrement impressionnant. Victor Hugo et Théophile Gautier comparaient alors la vitesse du mascaret à celle

Dans la baie, gare aux imprudents surpris par la marée.
Marée montante au Mont-Saint-Michel par Georges Busson (1901).

Le mascaret a la réputation tenace de monter à la vitesse d'un cheval au galop.

d'un cheval lancé au galop. En réalité, la mer progresse en moyenne au rythme de 3,5 kilomètres à l'heure. Mais quand le vent s'en mêle, le flot devient parfois beaucoup plus vif. La pointe du Grouin du Sud qui offre une vue unique sur le Mont est un endroit idéal pour l'observer.

Une usine marémotrice géante

Suite à la réalisation de l'usine marémotrice de la Rance entre Saint-Malo et Dinard, l'ingénieur Albert Caquot présente en mars 1976 l'ultime version de son projet d'usine marémotrice en baie du Mont-Saint-Michel. Il repose sur la construction d'un barrage de 55 kilomètres de long reliant la côte normande au-dessus de Regnéville, contournant les îles Chausey pour aboutir entre Cancale et Saint-Malo. L'objectif était de produire 18 000 mégawatts soit l'équivalent de six centrales nucléaires. Mais le coût, l'ampleur et les incidences écologiques du projet ont eu raison de sa réalisation.

Le Couesnon dans sa folie

Au Moyen Âge, le Couesnon est devenu la frontière entre la Normandie et la Bretagne. Nul ne se doutait alors qu'elle allait se déplacer au gré des marées !

La baie du Mont-Saint-Michel est l'estuaire de trois petits fleuves côtiers. Le premier, la Sée, bien connue des cruciverbistes, passe au nord de la ville d'Avranches puis longe la pointe du Grouin du Sud avant de rejoindre le large. La Sélune, l'une des meilleures rivières à saumon de France, serpente plus au sud puis unit ses eaux à celles de la Sée devant la pointe de Roche-Torin d'où l'on jouit d'un magnifique point de vue sur le fond de la baie. Mais la rivière la plus

Le nouveau barrage du Couesnon

Dans la baie du Mont-Saint-Michel, la marée montante se présente deux fois par jour chargée de sédiments qu'elle dépose en partie sur place avant de redescendre. C'est ce que l'on appelle l'ensablement. Le nouveau barrage du Couesnon inauguré au mois de mai 2009 doit permettre d'atténuer ce phénomène. Dessiné par l'architecte Luc Weizmann, ce bel ouvrage de béton, de bois, de métal et de verre permet de retenir une partie de l'eau apportée par la marée dans le lit du Couesnon puis de la relâcher à marée basse pour emporter vers le large une partie des sédiments marins abandonnés par la marée. Plateforme idéale pour voir approcher le mascaret, c'est l'une des pièces maîtresses du programme de maintien du caractère maritime du Mont. Les horaires des lâchers d'eau sont indiqués au poste de contrôle du barrage. Vous les trouverez aussi sur le site de l'opération de rétablissement du caractère maritime du Mont-Saint-Michel : www.projetmontsaintmichel.fr qui donne de nombreuses informations pratiques pour organiser votre visite.

Dans la broderie de Bayeux, les hommes du duc Guillaume franchissent le Couesnon et rentrent en Normandie laissant le Mont à l'arrière-plan.

célèbre de la région est sans conteste le Couesnon. Elle apparaît déjà dans la broderie de Bayeux ondulant devant le Mont-Saint-Michel dont c'est la plus ancienne représentation. Après la naissance de la Normandie et la conquête du Cotentin et de l'Avranchin par Guillaume

L'embouchure du Couesnon en 1878.

Longue Épée, la frontière, un temps constituée par la Sélune, fut ensuite formée par le Couesnon. Mais cette limite s'avérait très instable. À son arrivée dans la baie, le Couesnon changeait constamment de cours au gré des marées. Il cheminait aussi bien à l'est du Mont qu'à l'ouest au pied du massif de Saint-Broladre laissant au passage son nom à la petite bourgade de Roz-sur-Couesnon. Ces fameuses divagations sont à l'origine du célèbre dicton : « Le Couesnon dans sa folie a mis le mont en Normandie. »

Le Couesnon ne sert plus de frontière aujourd'hui. À la fin du XVIIIe siècle, au moment de la création des départements français, une frontière plus stable a été établie à 3 kilomètres à l'ouest du fleuve pour séparer la Manche de l'Ille-et-Vilaine.

Le Mont est-il normand ou breton ?

Au moment de sa création, il n'était ni l'un ni l'autre : le sanctuaire se trouvait aux confins de la Neustrie qui s'étendait du Bassin parisien à la péninsule armoricaine. En 867, Cotentin et Avranchin furent confiés aux Bretons. Finalement, en 933, les Normands, c'est-à-dire les hommes du Nord, s'en emparèrent, plaçant le Mont en Normandie et ceci, sans le concours du Couesnon.

Une vision fantastique du Mont doublé par un navire viking.

L'un des plus grands menhirs de France

Près de la ville de Dol-de-Bretagne, le mystère du grand menhir de Champ-Dolent n'a pas fini d'alimenter les plus folles histoires.

L'érection d'un me
réclamait le conc
d'une foule importa
de levie
de nombreux corde

Au néolithique, l'architecture mégalithique, composée de blocs de pierre gigantesques, s'est développée en Europe, du nord de l'Écosse jusque dans l'archipel de Malte. La péninsule armoricaine est particulièrement riche en monuments mégalithiques notamment dans la région de Carnac, dans le Morbihan. C'est là que se trouve le plus grand menhir taillé en France : le grand menhir de Locmariaquer qui mesure près de 20 mètres. Mais ce dernier est brisé et il gît aujourd'hui sur le sol, en quatre morceaux. Après le menhir de Kerloas (Finistère), c'est dans la baie du Mont-Saint-Michel que se trouve le plus haut menhir encore debout en France. Il s'agit du menhir de Champ-Dolent. Situé à 2 kilomètres de la ville de Dol-de-Bretagne, cet énorme monolithe de granit mesure près de 9,30 mètres de hauteur au-dessus du sol et 8,90 mètres de circonférence. Il a été taillé à quelques kilomètres de là dans le massif granitique de Bonnemain. Le menhir a ensuite été tracté sur une aire de roulement vraisemblablement composée de rondins en bois puis basculé dans un trou prévu pour l'accueillir et le maintenir en place. Après l'avènement du christianisme, la pierre ne fut pas abattue mais christianisée : une petite croix fut établie à son sommet.

La butte de Lillemer

En 1995, l'archéologue Alain Noslier a découvert le site néolithique de Lillemer à l'ouest du Mont-Dol. Il s'agit d'une butte de forme ovale d'une bonne dizaine de mètres de haut. Isolée au milieu des marais, la butte abritait un village accessible par des chemins de planches et défendu par des palissades de bois. L'étude des nombreux vestiges exhumés, tessons de céramiques, pieux, poteaux, foyers, a révélé que le site avait été occupé pendant cinq cents ans entre le ve et le IVe millénaire avant notre ère à l'époque de l'épanouissement de l'architecture mégalithique.

Le menhir de Champ-Dolent christianisé tel qu'il se présentait au XIX*e siècle.*

On pouvait encore la voir au XIXe siècle. Il existe bien d'autres menhirs dans la baie. Les plus fameux sont ceux de Vaumoisson près de Julouville, de Saint-Marcan et de Saint-Broladre.

La fonction précise de ces monolithes reste mystérieuse. Isolées, certaines pierres dressées étaient associées au culte des morts. D'autres alignées sur le lever du soleil au moment du solstice d'été ou de l'équinoxe témoignent de l'existence d'un culte solaire. Enfin, nombre de ces monuments érigés sur des tertres bien visibles étaient semble-t-il utilisés par les communautés pour marquer leur territoire.

Le menhir de la fin du monde

Dans la région, un grand nombre de légendes court au sujet du menhir de Champ-Dolent. Fou de rage de voir saint Samson élever la cathédrale de Dol, le diable aurait lancé le mégalithe vers elle des hauteurs du Mont-Dol. Le bloc de pierre aurait détruit le haut de la tour nord de la façade avant d'aller se planter dans son champ, au sud de la cité. Un autre récit raconte qu'il aurait été précipité du ciel pour séparer deux frères ennemis et mettre un terme à la guerre qu'ils se livraient. Une dernière légende rappelle que le menhir s'enfonce un peu plus chaque année. La fin du monde viendra le jour où le bloc aura totalement disparu dans les entrailles de la terre.

Le diable serait responsable de la destruction de la tour nord de la façade de la cathédrale de Dol.

Un culte persan en pays gaulois

Introduit par les légionnaires romains dans la région, le culte du dieu Mithra était célébré au sommet du Mont-Dol.

Lors de la conquête de la Gaule, au premier siècle avant notre ère, les légions romaines ont occupé les oppidums dans lesquels les tribus celtes s'étaient retranchées. Les nouveaux venus s'installèrent ainsi sur le plateau où résidaient les Abrincates à l'origine de la ville d'Avranches et sur les hauteurs d'Alet, capitale des Coriosolites, à l'origine de la ville de Saint-Servan près de Saint Malo. Ils introduisirent dans ces régions certains cultes rencontrés en Orient. C'est le cas du dieu perse Mithra qui fut notamment vénéré au sommet du Mont-Dol, tout d'abord dédié au dieu Gaulois Taranis puis au dieu romain Jupiter. Les cérémonies en l'honneur de Mithra se déroulaient dans une grotte ou dans un bâtiment connu sous le nom de mithraeum.

Mithra égorgeant un taureau, préfiguration du combat mené par saint Michel contre le dragon.

L'espace sacré était muni d'un autel percé d'un trou flanqué de deux banquettes latérales prévues pour des repas rituels. On sait peu de chose sur le déroulement de ce culte à mystère. À l'occasion de certaines solennités, l'autel permettait sans doute de sacrifier un taureau au dieu Mithra. Le sang de l'animal pouvait ainsi s'écouler par l'orifice prévu à cet effet dans la table de l'autel vers la terre pour la fertiliser. Le culte de saint Michel présente de nombreuses analogies avec celui de Mithra, dieu solaire, considéré comme un guerrier invincible et comme le protecteur des âmes. Ceci explique pourquoi un certain nombre de Mithraea ont été transformés en églises dédiées à l'archange au moment de l'apparition du christianisme. Ce fut le cas au Mont-Dol où le culte de saint Michel fut installé par l'évêque de Dol. Interrogeant le texte de la *Revelatio* qui évoque à plusieurs reprises la présence d'un taureau là même où fut élevé le sanctuaire, certains auteurs ont posé la question de la présence du culte de Mithra au Mont-Saint-Michel. Mais aucune preuve matérielle n'est venue étayer leur hypothèse.

À la recherche du mithraeum disparu

Au début du XIXe siècle, l'ancienne chapelle Saint-Michel située au sommet du Mont-Dol tombait en ruines. Elle fut détruite et remplacée par le télégraphe de Chappe. Par chance, en 1780, un vicaire de Dol avait pu étudier l'oratoire aménagé au début du Moyen Âge dans l'ancien temple païen. Il nous a laissé la description de deux curieux autels percés d'entonnoirs qui permettaient au sang de l'animal sacrifié de se répandre au-dessous. En 1802, un plan du bâtiment et deux maquettes de l'un des autels ont été réalisés avant la démolition de l'édifice. On peut aujourd'hui encore l'imaginer entre la tour de la Vierge et la nouvelle chapelle aménagée, en 1857, à la base de la tour de l'ancien télégraphe.

Hélène ou Bélénos ?

Le mystérieux rocher de Tombelaine est au cœur de bien des légendes.

Échoué à 3 kilomètres au nord du Mont-Saint-Michel, le rocher de Tombelaine, isolé dans l'immensité de la baie, est auréolé de mystère. L'origine même de son nom est incertaine. Certains pensent qu'il pourrait venir de la contraction de *Tumba beleni*, la tombe de Bélénos, dieu gaulois de la lumière. D'autres racontent que le rocher serait la dernière demeure d'une princesse nommée Hélène, nièce du roi de petite Bretagne, Hoel. Désespérée de ne pas voir rentrer son époux parti à la guerre, elle se serait jetée du haut du rocher aujourd'hui nommé « pic de la folie ». Une autre version raconte qu'elle aurait été enlevée et séquestrée sur l'île par un géant originaire d'Espagne. Le roi Arthur, de passage dans la baie, aurait vengé la jeune femme, morte de chagrin, en affrontant et en tuant le colosse.

La réalité est peut-être plus simple. Au début du Moyen Âge, le Mont-Saint-Michel était connu sous le nom de Mont-Tombe. Cette expression apparaît notamment dans le texte de la *Revelatio* : « Ce lieu est donc appelé Tombe par les habitants : émergeant pour ainsi dire des sables à la manière d'un tombeau, il s'élève à une hauteur de deux cents coudées » Le terme *tumba* pourrait dériver du mot *tumulus*, allusion à la forme du rocher à moins qu'il ne provienne de l'indo-européen *tum* désignant une éminence, une élévation, un tertre naturel. Le nom du rocher de Tombelaine, Tumbellana, est sans doute un diminutif du mot *tumba*. En d'autres termes, Tombelaine, c'est le petit Mont-Tombe.

Le roi Arthur combat le géant qui séquestrait la princesse Hélène sur le rocher de Tombelaine.

Gargantua au Mont-Saint-Michel

Où l'on découvre qu'en réalité les rochers du Mont-Saint-Michel et de Tombelaine étaient des cailloux pris dans la botte de Gargantua.

L'auteur anonyme des *Grandes et inestimables chroniques du grant et enorme géant Gargantua* raconte comment l'enchanteur Merlin, transporté au sommet de la plus haute montagne de l'Orient, aurait donné vie à Grandgosier et Galemelle à partir des os d'une baleine mâle et d'une baleine femelle. Ensemble, ils eurent un bébé géant à l'appétit légendaire qui lui valut le nom de Gargantua (« que grande tu l'as ! »). Plus tard, quand l'enfant atteignit l'âge de sept ans, Grandgosier et Galemelle décidèrent, suivant les recommandations de Merlin, de le présenter à la cour du roi Arthur. Ils emportèrent toute la nourriture nécessaire pour ce grand voyage et prirent sur leur tête un énorme rocher pour montrer au roi leur puissance. Les voilà qui passent par Rome, l'Allemagne, la Suisse, la Champagne avant de gagner la Beauce et enfin la Bretagne. Avant de franchir la mer Manche, ils s'arrêtent dans la baie du Mont-Saint-Michel. Là, ils entrent « en la mer et quand Grandgosier fut assez avant, il mit son rocher lequel à présent est appelé le Mont-Saint-Michel. Galemelle voulait mettre son rocher contre le sien, mais Grand gosier dit qu'elle n'en ferait rien et qu'il le fallait porter plus avant. Galemelle obéit et le porta plus loin. Le dit rocher se nomme à présent Tombelaine ». Mais Grandgosier et Galemelle tombèrent malades et moururent tous les deux.

Gargantua les inhuma chacun sous son rocher respectif.

D'autres légendes cette fois-ci locales courent à son propos dans la région. L'une d'elles raconte que Gargantua aurait lui-même donné naissance aux îlots de la baie en secouant sa chaussure pour faire tomber les cailloux qui le gênaient dans sa marche. Une autre légende précise que le géant avait jeté les rochers dans la baie pour lui permettre de passer de Normandie en Bretagne en posant le pied sur chacun d'eux sans patauger.

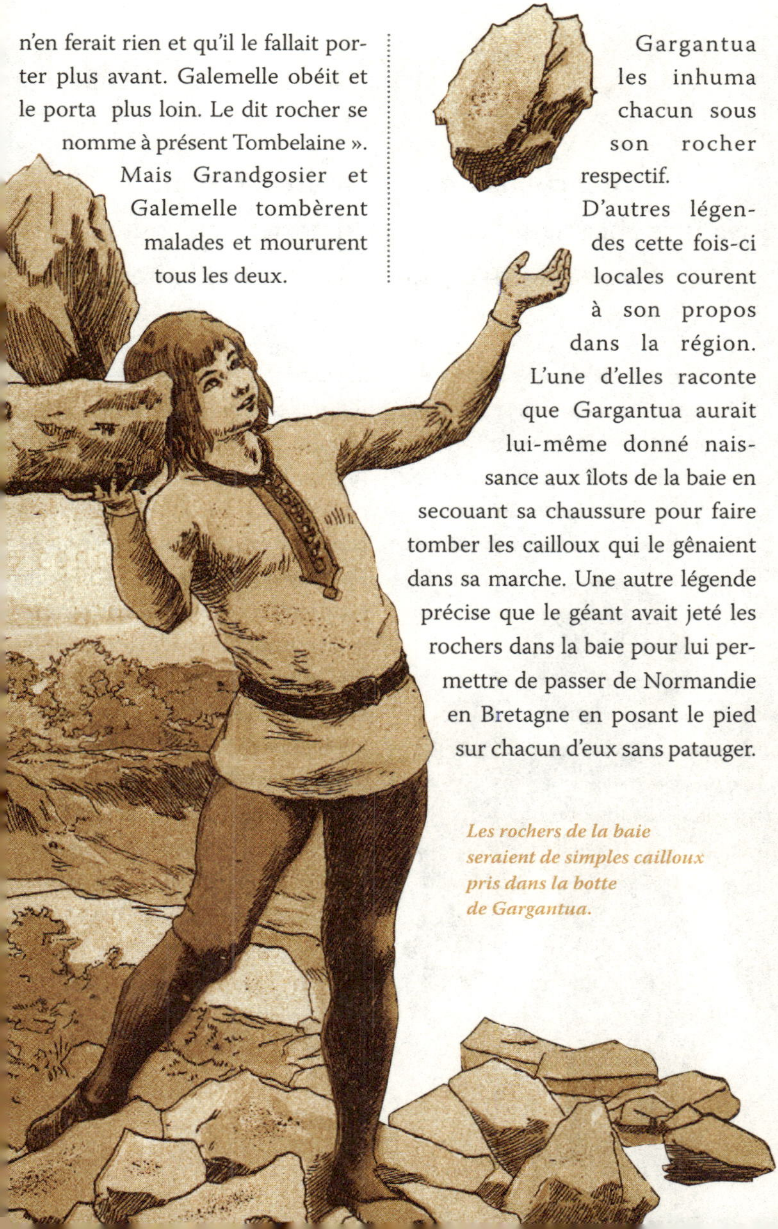

Les rochers de la baie seraient de simples cailloux pris dans la botte de Gargantua.

Le Mont avant le Mont

On connaît mal l'histoire du Mont avant sa christianisation. Les historiens en sont réduits à quelques hypothèses assez troublantes.

Pour avoir une idée des cultes préchrétiens qui auraient pu se dérouler au sommet du rocher avant l'arrivée des premiers moines, au VIe siècle, les chercheurs, faute de vestiges matériels, en sont souvent réduits à faire des rapprochements avec d'autres sanctuaires ou à interpréter les rares sources dont ils disposent. À l'âge du fer, certaines collines étaient consacrées au dieu celte Gargan, un géant qui passait pour être le fils de Bélénos et de Bélisama. Son culte était célébré sur des éminences. Aujourd'hui encore, une colline de Rouen et une autre dans le département de la Haute-Vienne portent son nom. Mais la plus célèbre de ces collines est le Monte Gargano dans la région italienne des Pouilles. À la fin du Ve siècle, le promontoire dominant la mer Adriatique accueillit le premier sanctuaire dédié à saint Michel

Statue de saint Michel en cuivre doré retrouvée au Monte Gargano (X[e]-XIIe siècle).

en Occident : le Monte Sant'Angelo. D'autres collines dédiées au géant furent par la suite consacrées à l'archange. Dans les *Grandes et inestimables chroniques*, l'auteur nomme régulièrement le Mont-Tombe Mont-Gargan. Est-ce là le souvenir d'un culte voué par les tribus celtes de la baie au fils présumé de Bélénos ?

Dieu romain du commerce et messager des autres dieux, Mercure était chargé de mener l'âme des défunts vers l'au-delà.

Pas de trace de Mercure !

À l'époque romaine, le Mont aurait reçu, d'après le témoignage d'un moine nommé Anastase de Venise, le nom étrange de Portis Herculis, le port d'Hercule. Si cette information se révélait juste, le Mont aurait alors été consacré au héros connu pour son impressionnante force physique, capable de terrasser des animaux monstrueux incarnant les forces brutes de la nature. Certains auteurs se sont demandés si le culte de Mercure qui présente de nombreuses analogies avec celui de saint Michel n'avait pas été rendu au sommet de la butte. Mais si la relation entre le messager des dieux du panthéon romain, conducteur des âmes vers l'au-delà, et l'archange Michel a pu être établie sur une colline comme celle de Saint-Michel-Mont-Mercure en Vendée, rien ne permet de l'affirmer au Mont-Tombe. Enfin, la présence d'un taureau dans le texte de la *Revelatio* ne constitue en aucun cas une preuve suffisante pour affirmer que le culte de Mithra s'y déroulait. Contrairement au Mont-Dol où le lien entre le dieu perse et l'archange chrétien a pu être établi suite à des découvertes matérielles, aucun vestige archéologique n'a en effet été mis au jour au Mont-Saint-Michel.

LE TEMPS DE LA CROIX : LA FONDATION DU CULTE DE SAINT MICHEL

CHAPITRE DEUX

Les premiers religieux du Mont – Le combat de l'archange et du diable – Le songe d'Aubert – Légendes et fondation du sanctuaire – Les gages de l'archange – Les chemins de Paradis – L'énigme Notre-Dame-sous-Terre

Apparition de l'archange saint Michel à l'évêque Aubert.
Miniature du cartulaire de l'abbaye du Mont-Saint-Michel (XIIe siècle).

L'évêque Aubert entreprend la construction du sanctuaire de l'archange sur le Mont-Tombe.

Le Mont-Saint-Michel a fêté son treizième centenaire en 2008. Deux des principales sources relatant la fondation du culte de saint Michel en 708 sont la *Revelatio Ecclesiae Sancti Michaelis* et le *Roman du Mont-Saint-Michel*.

La *Revelatio* a été écrite en latin par un clerc montois sans doute dans les années 820. Le *Roman du Mont-Saint-Michel*, plus tardif, a été rédigé en langue romane. Il est l'œuvre d'un moine montois, Guillaume de Saint-Pair, qui écrivit dans les années 1150. On peut grâce à ces deux textes remonter aux origines de la première présence chrétienne sur le Mont et retrouver les traces, légendaires ou archéologiques, du temps où le culte de l'archange fit son apparition au sommet du rocher.

Les premiers moines se sont installés au Mont au VIe siècle.

L'îlot aurait été occupé au VIe siècle par des ermites rattachés à la paroisse d'Astériac (aujourd'hui Beauvoir) qui pourvoyait à leurs besoins alimentaires d'une manière plutôt étonnante. Rien n'a subsisté des « deux églises édifiées de la main des anciens » mentionnée dans la *Revelatio* si ce n'est peut-être dans le nom de la fontaine Saint-Symphorien au pied du village ou dans celui de la chapelle Saint-Etienne sur le flanc sud du monastère qui pourraient rappeler la dédicace des deux premiers oratoires édifiés sur le rocher.

L'histoire du Mont est ensuite intimement liée à celle de la cité d'Avranches. Il faut se rendre dans le square Saint-Thomas-Becket, où se dressait la cathédrale Saint-André, détruite au XIXe siècle, pour apprécier le panorama exceptionnel sur la baie du Mont-Saint-Michel et sur la sainte colline. D'après le récit de la *Revelatio*, c'est à proximité de ce belvédère, dans son palais épiscopal, que l'évêque Aubert vit saint Michel lui apparaître en songe avant de se rendre au Mont-Tombe avec une « foule considérable de paysans » pour ériger la première chapelle construite en l'honneur de l'archange.

Le duc de Normandie Robert le Magnifique accomplissant une donation sur l'autel de saint Michel. Cartulaire du Mont-Saint-Michel (XIIe siècle).

Les étapes de la création de cet oratoire, vraisemblablement situé à l'emplacement occupé aujourd'hui par Notre-Dame-sous-Terre, sont émaillées de nombreux miracles. Le premier de ces récits mène au pied du Mont devant la chapelle Saint-Aubert, accessible à marée basse, à l'ouest de l'îlot.

La chapelle Saint-Aubert érigée au XVe siècle, par Henri Voisin.

L'archange saint Michel apparaît en songe à l'évêque Aubert pour lui ordonner de bâtir une chapelle en son honneur sur le Mont-Tombe.

Cet édifice a été fondé sur un monolithe surnommé le tombel par Guillaume de Saint-Pair. D'après la tradition, il s'agirait du bloc de granit précipité au pied du Mont par un tout jeune garçon alors que l'évêque Aubert tentait en vain de dégager le sommet du rocher.

Un autre petit monument rappelle les origines du culte de saint Michel et la mission de l'évêque d'Avranches. Il s'agit de la fontaine Saint-Aubert visible à la base du Mont au nord de la colline. Aubert ne parvenait pas à trouver l'eau indispensable à la communauté qu'il souhaitait établir jusqu'à ce que l'archange lui indique cet endroit. Le prélat s'y rendit et, après avoir creusé, découvrit une source qui fut longtemps l'un des rares points d'eau disponibles sur le rocher.

Aubert dépêcha dès lors deux religieux vers le Mont-Gargan en Italie. Les deux hommes revinrent au Mont avec deux précieuses reliques. Partout où ils passèrent, des miracles survinrent comme, par exemple, celui de cette femme qui, en retrouvant la vue, laissa son nom à la petite bourgade de Beauvoir.

Ces reliques et les récits des prodiges qu'elles suscitaient sont pour beaucoup dans la venue des premiers pèlerins. Nommés miquelots, ils donnèrent progressivement naissance à tout un réseau de chemins connus sous le nom de routes du paradis, aujourd'hui à nouveau accessibles dans la campagne alentour grâce aux efforts de l'association des chemins du Mont.

Les moines bénédictins venus s'installer au Mont en 965 ont longtemps été considérés comme les créateurs de la mystérieuse église Notre-Dame-sous-Terre. Cette chapelle, heureusement conservée sous l'impressionnante terrasse de l'Ouest, semble en réalité plus ancienne encore. Probablement érigée dans la première moitié du xe siècle, elle compte parmi les rares églises carolingiennes de France. Notre-Dame-sous-Terre jouait un rôle particulièrement important dans le sanctuaire : certaines des plus prestigieuses reliques y étaient présentées.

Lointains prédécesseurs des pèlerins du graveur Albert Robida, les miquelots arrivent au Mont dès le IXe siècle.

Les premiers religieux du Mont

Le monachisme apparaît dans la région dès le VIe siècle. C'est à cette époque que les premiers ermitages se sont développés sur le rocher.

Le texte de la *Revelatio* apporte quelques précisions sur la christianisation du Mont-Tombe. Il aurait été occupé dès le VIe siècle par des ermites peut-être rattachés au village d'Astériac. Le *Roman du Mont-Saint-Michel* précise que ces moines avaient choisi d'installer, non loin du sommet, une chapelle dédiée au diacre Étienne, premier martyr de l'Église. Ils aménagèrent également un second lieu de culte au pied du rocher, consacré à saint Symphorien d'Autun, martyrisé par les Romains à la fin du IIe siècle. Rien n'a subsisté de ces premiers édifices chrétiens établis sur le Mont sauf peut-être dans le nom de la fontaine Saint-Symphorien

AVERTISSEMENT

Certains lieux comme la fontaine Saint-Symphorien située entre la tour Boucle et la tour du Nord, la chapelle Saint-Aubert ou la fontaine Saint-Aubert ne sont accessibles qu'à marée basse, de préférence en période de morte-eau, quand le sable autour du Mont est bien sec. En période de vive-eau, il est impératif de consulter les horaires de marée et de lâcher d'eau avant de s'aventurer au pied du rocher.

On peut consulter les horaires des marées sur le site de l'office du tourisme du Mont : www.ot-montsaintmichel.com

Au VIe siècle, deux moines ont choisi de se retirer sur le Mont-Tombe.

visible au pied des remparts au sud du rocher, où les villageois venaient puiser une eau réputée miraculeuse. Ou encore dans la chapelle funéraire de l'abbaye bénédictine dont la dédicace à saint Étienne rappelle peut-être celle du premier oratoire aménagé sur les hauteurs de la colline. Ces ermitages existaient toujours mais n'étaient plus occupés au moment de l'introduction du culte de saint Michel au début du VIIIe siècle.

La légende de l'âne et du loup

Les ermites établis au Mont au VIe siècle étaient ravitaillés par un âne chargé de mener jusqu'à eux les victuailles préparées par un prêtre d'Astériac, prévenu par des signaux de fumée. Un jour, alors qu'il se rendait au Mont, l'âne fut tué et dévoré par un loup affamé. Le loup fut alors condamné par Dieu à accomplir la corvée auparavant assurée par le baudet ! Dès lors, l'animal sauvage remplit son office avec application et devint un familier des gens… et des chiens de la région.

Une légende voudrait que Charlemagne en personne soit venu se recueillir au Mont.

Le combat de l'archange et du diable

Le Mont-Dol fut le théâtre d'un terrible combat opposant l'archange saint Michel au diable.

Le pays du Mont-Dol est une terre riche de légendes. De toutes ces vieilles histoires, celle du combat opposant saint Michel au Malin est la plus célèbre. Elle commence au Mont-Saint-Michel. Le diable y construisit l'abbaye au sommet du rocher. Admirant fièrement son ouvrage, il mit l'archange au défi d'édifier un ensemble plus fantastique encore. Saint Michel releva le pari. Il se rendit au Mont-Dol et érigea en une nuit, en haut de la colline, un château de cristal dont l'architecture dépassait de très loin celle du diable. Piqué au vif, ce dernier voulut de rage détruire son ouvrage. Saint Michel le retint et lui proposa alors d'échanger leur construction respective. Le diable accepta bien volontiers et chacun prit possession de son palais. Mais au lever du jour, les premiers rayons du soleil vinrent frapper les parois du palais de cristal. Ses murs, qui en réalité étaient en glace, commencèrent à fondre pour ne plus former à la fin de la journée qu'une grande mare à l'emplacement où s'élevait le château de l'archange. Ainsi explique-t-on au sommet du Mont-Dol la présence de l'étang qui se trouve encore en haut du tertre. Fou de rage, le diable se rua sur saint Michel. Le Mont-Dol conserve les traces de ce combat dantesque. On montre là-haut, à gauche de la chapelle, une pierre ayant conservé la trace laissée par les griffes du diable !

Le Mont-Dol aurait servi de cadre au terrible combat entre l'archange et le diable.

Au terme de cette lutte, l'archange parvint à précipiter son ennemi au bas de la colline. D'un coup d'épée, il ouvrit une faille dans la roche, le pertus du Diable, dans laquelle ce dernier fut englouti. Enfin, l'archange prit son envol vers le Mont, laissant l'empreinte de son pied toujours visible dans le granit du rocher.

Le songe d'Aubert

Le premier sanctuaire édifié en l'honneur de l'archange saint Michel au Mont-Tombe aurait été fondé en 708 par l'évêque d'Avranches Aubert.

Le Mont-Saint-Michel est né d'un rêve. D'après la *Revelatio*, les événements se seraient déroulés sous le règne du roi mérovingien Childebert III. Le diocèse d'Avranches était alors dirigé par un évêque connu sous le nom d'Aubert. Une nuit, alors qu'il était plongé dans un profond sommeil, Aubert fut convié « par une révélation angélique » à construire une chapelle en l'honneur de l'archange saint Michel au sommet du Mont-Tombe. Mais une fois éveillé, l'évêque, incrédule, ne tint pas compte de cette demande. Aussi fut-il à nouveau invité à édifier le sanctuaire qu'on lui réclamait. Finalement, l'évêque fut « rudoyé plus vivement lors d'un troisième avertissement/ et sommé de se rendre sans délai » sur le rocher pour y bâtir l'église. Le prélat se rendit alors avec une petite troupe au sommet du Mont pour envisager la construction de l'oratoire qu'on lui réclamait.

L'évêque Aubert est traditionnellement considéré comme le fondateur de la première chapelle dédiée à l'archange.

Le culte de saint Michel

Le mot ange vient du grec *angelos* qui désigne un messager céleste. Dans la hiérarchie angélique comprenant neuf groupes dominés par les séraphins, les archanges occupent le second rang juste au-dessus des anges. Saint Michel est le premier d'entre eux. Son nom vient de Mi Ka El, ce qui signifie en hébreu : « qui est comme Dieu ». Dans le texte de l'Apocalypse de Jean, Michel combat un dragon. Parvenant à le terrasser, l'archange devient le symbole de la victoire de la foi chrétienne sur les forces du mal, de la lumière sur les ténèbres. La tradition médiévale attribue à l'archange une autre fonction, celle de la pesée des âmes au jour du jugement dernier. Saint Michel doit ensuite mener l'âme des justes vers le ciel à l'image de Mercure dans le monde romain. La majorité des sanctuaires dédiés à l'archange se dressent sur des éminences, points de contacts privilégiés entre le ciel et la terre, les mondes visible et invisible. Avec le Mont, l'église Saint-Michel-d'Aiguille au Puy-en-Velay ou la Sacra di San Michele près de Turin constituent les exemples les plus impressionnants de ce culte rendu dans le ciel.

Au chapitre XII de l'Apocalypse, saint Jean décrit l'archange comme un combattant luttant contre les forces du mal.

Légendes et fondation du sanctuaire

L'évêque fondateur, guidé par saint Michel, découvre l'emplacement de la future église grâce à un taureau, dégage le sommet avec le concours d'un nouveau-né puis, comme Moïse, fait jaillir la source nécessaire à la vie de la première communauté.

Commençant à envisager le sanctuaire que l'archange lui enjoignait de bâtir, saint Aubert ignorait où l'édifier. Or, au même moment, un voleur venait de dérober un taureau et avait caché l'animal au sommet du rocher. Une révélation angélique indiqua à l'évêque d'ériger son église à l'endroit où la bête se trouvait attachée. Ne sachant pas non plus quelles dimensions donner à l'édifice, Aubert eut à nouveau recours aux prières. Il lui fut répondu que l'église devait occuper l'espace circulaire foulé par l'animal autour de son piquet.

Un sacré coup de main

Les travaux de terrassement furent enfin lancés. Mais ils furent rapidement arrêtés par deux énormes blocs de pierre que les bâtisseurs, malgré tous leurs efforts, ne parvenaient pas à déplacer. C'est alors qu'un homme nommé Bain résidant à Itier (aujourd'hui Huisnes-sur-mer) et père de douze fils eut une vision. Il se sentit appelé sur le chantier pour prêter main-forte aux ouvriers.

Une révélation indiqua à l'évêque de construire le sanctuaire à l'endroit où se trouvait un taureau attaché.

Aubert fit appel à un homme nommé Bain qui, avec ses douze enfants, précipita au pied du Mont les blocs qui encombraient son sommet.

L'auteur de la *Revelatio* raconte qu'il n'eut aucune peine à déplacer les deux rochers. Mais il existe une autre version de cette histoire. Dans le *Roman du Mont-Saint-Michel,* Guillaume de Saint-Pair explique que Bain et ses fils ne parvinrent pas non plus à déplacer les pierres. L'évêque Aubert envoya donc chercher le dernier rejeton de la famille. Parvenu en haut de l'îlot, on le présenta devant les rocs inamovibles et d'une simple pression de la main, l'enfant les fit rouler en bas de la montagne. On raconte au Mont que la chapelle Saint-Aubert, érigée au XVe siècle à l'ouest du rocher, a été construite sur le tombel, l'un des blocs précipités du haut du sommet vers les grèves par le bambin.

Après cet épisode, Aubert hésite encore sur l'emplacement de l'église. Une dernière révélation lui conseille de disposer le bâtiment à l'emplacement épargné par la rosée du matin comme elle avait épargné la toison de Gédéon dans le Livre des Juges.

Le chantier débute enfin après bien des péripéties

Une fois le terrain dégagé, la chapelle fut construite sur un surplomb naturel à l'ouest du rocher, à seulement quelques mètres du sommet. Édifiée en forme de rotonde à l'aide de matériaux prélevés sur place, elle avait une capacité d'une centaine de personnes. Pour desservir le nouvel oratoire, consacré le 16 octobre 709, Aubert installa au Mont une petite communauté composée de douze chanoines. Pour subvenir à leurs besoins, il leur offrit les villages d'Huisnes et de Genêts qui devinrent ainsi les premières terres des religieux montois.

Aubert se préoccupa également de trouver un point d'eau nécessaire à l'établissement de la communauté. Une fois encore, le texte de la *Revelatio* précise que c'est par la prière que le prélat obtint la réponse qu'il recherchait. L'archange lui suggéra de creuser le rocher au nord du Mont. L'évêque se rendit à l'endroit indiqué et fit ainsi jaillir une source à

Saint Michel révéla à l'évêque Aubert où il pourrait trouver de l'eau pour la première communauté.

la manière de Moïse dans sa traversée du désert. L'eau qui s'en échappait avait la réputation de guérir les fièvres.

Durant la guerre de Cent Ans, alors que le Mont était assiégé par les Anglais, cette source miraculeuse devint un objectif stratégique. Elle fut alors recouverte par un petit édifice prévu pour éviter que les assaillants n'y précipitent des charognes afin de corrompre son eau. L'ensemble était relié à l'abbaye par un escalier fortifié. On peut encore voir au nord du Mont-Saint-Michel, à la base du rocher, les vestiges de cette fontaine. Elle est abritée par un petit bâtiment de pierre autrefois relié à l'abbaye par un escalier dont les vestiges apparaissent toujours dans les arbres.

Une sépulture mégalithique ?

Les énormes blocs de pierre mentionnés dans la légende de l'enfant Bain ne sont-ils pas les vestiges d'un monument mégalithique ? Il pourrait s'agir, selon certains auteurs, d'orthostates, nom grec donné aux montants de pierre dressés pour soutenir la table d'un dolmen, c'est-à-dire d'une sépulture monumentale et collective. La victoire remportée par l'enfant Bain contre ces vestiges pourrait dès lors être interprétée comme une allégorie du triomphe du christianisme sur un monument jugé païen. Le souvenir de la présence d'un tel monument pourrait aussi justifier le nom de Mont-Tombe encore donné à l'îlot au début du Moyen Âge.

Les gages de l'archange

Deux chanoines envoyés au Mont-Gargan pour aller y chercher des « gages de l'archange » reviennent au Mont avec de prestigieuses reliques.

Une fois la construction de la chapelle terminée, saint Aubert fut confronté aux problèmes des reliques susceptibles de sacraliser le nouveau sanctuaire. Mais comment se procurer les reliques d'un ange ? D'après la *Revelatio*, saint Michel intervint une nouvelle fois pour suggérer au prélat d'envoyer des hommes au Mont-Gargan où « son souvenir était honoré avec vénération ». Deux chanoines quittèrent donc le Mont pour se rendre dans les Pouilles où l'abbé du lieu les accueillit.

Les deux émissaires envoyés par Aubert au Mont-Gargan revinrent avec des gages de l'archange le jour de la consécration de la chapelle.

Le miracle d'Astériac

Il existait autrefois au sud du Mont un bourg connu sous le nom gaulois d'Astériac. C'était l'un des tout derniers villages traversés par les pèlerins avant de franchir les grèves. Le jour de l'arrivée des reliques, une femme aveugle recouvra la vue au moment où elle mit le pied sur le sable du rivage. D'après la tradition, elle se serait écriée : « Qu'il fait beau voir », expression à l'origine du nouveau nom d'Astériac : Beauvoir.

Les chanoines racontèrent alors l'histoire des trois apparitions de l'archange à leur évêque, la construction de la chapelle au sommet du Mont-Tombe et le motif de leur long voyage. Après les avoir entendus, l'abbé leur remit « un morceau du petit manteau rouge que l'archange avait déposé lui-même au Mont-Gargan sur l'autel qu'il avait dressé de ses propres mains ainsi qu'un fragment du marbre sur lequel il s'était tenu et qui conserve aujourd'hui encore les traces de son pied ». Durant le retour des deux hommes, sur le passage des précieuses reliques, un grand nombre de prodiges se produisit : « Douze aveugles recouvrèrent la vue et de nombreux malades atteints de maux divers retrouvèrent leur bonne santé passée. » Les gages de l'archange parvinrent au Mont le jour même de la dédicace de l'église de l'évêque Aubert.

Sur les pas des premiers chanoines

Suite à la restauration de l'église Notre-Dame-sous-Terre qui occupe sans doute l'emplacement de l'église primitive, l'architecte Yves-Marie Froidevaux s'est rendu à son tour au sanctuaire du Mont-Gargan. Reliant avec la tradition des premiers chanoines, il en rapporta de nouvelles reliques logées sous la table de l'autel de la Trinité derrière une petite plaque blanche ; on peut encore y lire : « Monte Gargano » et la date : « 1961 ».

Les chemins de Paradis

Tout un réseau de routes connues sous le nom de chemins de Paradis permettait aux pèlerins de rejoindre la sainte colline.

Peu après la création du sanctuaire, les premiers pèlerins se présentèrent au Mont pour placer leur âme sous la protection de saint Michel, prévôt du paradis. On les nomma pour cette raison : les miquelots. Dès le IXe siècle, un texte connu sous le nom d'*Itinéraire du moine Bernard* raconte l'impressionnant voyage d'un religieux parti se recueillir à Rome et à Jérusalem et qui, au retour, vint se recueillir au Mont. À l'époque romane qui vit l'apogée du monastère et du pèlerinage, des itinéraires précis apparurent pour

Le sanctuaire attira nombre de miquelots parmi lesquels les pastoureaux, jeunes enfants venus au XIVe siècle en pèlerinage.

Le destin d'une petite coque

Les miquelots, pendant leur traversée de la baie du Mont-Saint-Michel, ne manquaient pas l'occasion de ramasser quelques coques en guise de souvenir. Elles devinrent progressivement leur signe de reconnaissance, cousues sur leur pèlerine, sur leur chapeau, le pétase, ou sur des bandes de tissus jusqu'à être intégrées dans les armoiries de l'abbaye qui en comptaient dix à la fin du XVe siècle.

Lors de la traversée des grèves, les pèlerins ramassaient les petites coques de la baie qui devinrent le symbole des miquelots.

Pour avoir de plus amples informations sur les chemins du Mont-Saint-Michel, n'hésitez pas à consulter le site de l'association : www.lescheminsdumontsaintmichel.com

permettre aux fidèles de rejoindre la baie. Le plus ancien est mentionné dans le pays d'Auge en 1024. Ces chemins connus sous le nom de chemins montais ou chemins de Paradis finirent par constituer un réseau d'une dizaine de routes principales reliées par des axes plus modestes. Ces voies, la route des Anglois, le chemin de Caen, de Chartres, de Paris, ou encore d'Alençon, furent progressivement jalonnées de structures d'accueil établies à une journée de marche les unes des autres : prieurés, hôtel-Dieu, maladrerie... Certaines de ces routes se rejoignaient à Genêts, point de départ de la traversée de la baie à pied. D'autres arrivaient par le sud, perchées sur les collines à l'abri des plus fortes marées, comme, par exemple, la route de Moidrey toujours bornée par d'anciennes croix de pierre.

L'énigme Notre-Dame-sous-Terre

L'église carolingienne Notre-Dame-Sous-Terre, englobée dans les bâtiments romans plus récents, n'a pas encore livré tous ses secrets.

Il est dans le ventre de l'abbaye une étrange chapelle à l'architecture archaïque et au plan très inhabituel. Portant le beau nom de Notre-Dame-sous-Terre, elle appartenait à l'origine à un ensemble préroman comprenant une seconde église établie au sommet du rocher, remplacée au XIe siècle par l'abbatiale romane. Notre-Dame-sous-Terre se présente aujourd'hui sous la forme d'un oratoire de moellons et de briques composé de deux nefs séparées par une arcade. Chaque nef se termine à l'est par un chœur surmonté d'une tribune qui servait à la présentation des reliques.

En 1961-1962, la chapelle a fait l'objet d'un grand chantier de dégagement et de restauration. Elle fut alors considérée comme un ouvrage réalisé par les premiers bénédictins à la place de la chapelle de saint Aubert édifiée ici en 708.

Au Xe siècle, le sanctuaire était composé de la chapelle Notre-Dame-sous-Terre surmontée par l'église majeure établie à la pointe du rocher.

Un sondage permit même de retrouver derrière le chœur sud de l'église un mur cyclopéen longtemps présenté comme appartenant à l'église de l'évêque d'Avranches. La réalité apparaît bien différente. Des datations au carbone 14 ont récemment mis en évidence que si Notre-Dame-sous-Terre avait très certainement pris la place de l'église primitive, elle était antérieure à l'arrivée des bénédictins. Elle remonterait aux années 920, date à laquelle le Mont était encore la propriété des Bretons. L'église aurait à l'origine été composée d'un vaisseau unique, sa division ayant été opérée dans un second temps. Enfin, le pan de mur attribué à l'église de saint Aubert s'est avéré être une maçonnerie plus tardive prévue pour combler un vide entre le chevet de la chapelle carolingienne et le sommet du rocher qui se trouve au-delà.

AVERTISSEMENT

TOUS LES ESPACES DE L'ABBAYE DU MONT-SAINT-MICHEL NE SONT PAS ACCESSIBLES EN VISITE LIBRE. NOTRE-DAME-SOUS-TERRE, NOTRE-DAME-DES-TRENTE-CIERGES ET LES CACHOTS ROMANS NE SONT VISIBLES QU'EN SUIVANT UNE VISITE-CONFÉRENCE. VOUS TROUVEREZ TOUS LES RENSEIGNEMENTS NÉCESSAIRES SUR LE SITE DE L'ABBAYE : MONT-SAINT-MICHEL.MONUMENTS-NATIONAUX.FR OU EN TÉLÉPHONANT AU SECRÉTARIAT DE L'ABBAYE AU : 02 33 89 80 00.

Où le pèlerin voleur de pierre est terrassé par un mal étrange

La chapelle Notre-Dame-sous-Terre servit notamment après la construction de l'abbatiale romane à la présentation des reliques les plus insignes. Pour dissuader les voleurs, les moines racontaient l'histoire d'un pèlerin italien qui après avoir pris une pierre sans autorisation, en guise de relique, avait été frappé par un mal mystérieux en rentrant dans son pays. Après avoir confessé son péché à deux moines montois de passage, il dut rapporter la pierre au Mont pour recouvrer la santé.

LE TEMPS DES MOINES : L'ABBAYE ET LE PÈLERINAGE

CHAPITRE TROIS

La découverte du crâne de saint Aubert – Un monastère unique au monde – Un parvis entre ciel et mer – Qui va au Mont fait son testament – Une bien étrange église – Danger dans l'abbatiale – Notre-Dame-des-Trente-Cierges – Le dit des trois morts et des trois vifs – Les cachots romans du monastère – La Merveille inachevée – Bibliothèque et scriptorium romans disparus – Le cloître et le réfectoire de la Merveille – La cage de fer de Louis XI

L'église abbatiale flanquée par les bâtiments du logis abbatial et de la Merveille.

Après deux cent cinquante-sept ans de présence au sommet du Mont, la communauté de chanoines mise en place par l'évêque Aubert, soupçonnée de ne plus remplir sa mission avec sérieux, est remplacée.

En 965, le duc de Normandie Richard Ier confie le sanctuaire à une communauté de douze bénédictins venus de l'abbaye de Fontenelle-Saint-Wandrille sous la direction de l'abbé Maynard Ier. C'est l'acte de naissance de l'abbaye bénédictine du Mont-Saint-Michel.

La redécouverte des reliques de l'évêque fondateur au début du XIe siècle n'est pas le moindre des prodiges dans la longue liste des miracles survenus au Mont. Le corps de saint Aubert, sans doute inhumé dans l'église Saint-Pierre, devenue aujourd'hui l'église paroissiale du Mont, fit l'objet d'une translation vers le sanctuaire qu'il avait fondé au sommet du rocher.

Après la traversée des grèves, les pèlerins gagnent le sanctuaire. Miniature du livre d'heures de Pierre II de Bretagne (XVe siècle).

Bénédictins dans la salle des Hôtes de la Merveille. Lithographie de Georges Bouet.

Moine copiste au travail dans un scriptorium.

On perdit ensuite la trace de ces prestigieuses reliques jusqu'à ce que les moines bénédictins les retrouvent, dans des circonstances étranges, dans les combles d'une ancienne cellule.

Il n'en fallait pas davantage pour attirer les pèlerins venus honorer l'archange au sommet de la montagne et prier les corps saints. Comme le rappelle Guillaume de Saint-Pair, nombre de passants étaient mis en péril par la marée au moment de franchir les grèves. Un vieux dicton conseillait d'ailleurs aux miquelots de rédiger leur testament ! Mais malgré les risques encourus pour rejoindre le rocher, le nombre des pèlerins augmente. La communauté monastique qui accueille de nouveaux membres doit se résoudre à construire une abbatiale plus vaste. Le chantier fut grandiose. Tout au long du XIe siècle, abbés et maîtres d'œuvre se sont employés à l'édification d'un plateau artificiel palliant la petite taille du sommet du rocher pour porter, au plus près du ciel, une église en forme de croix. Simultanément, l'ensemble du monastère roman investissait sur trois étages la face nord-ouest du rocher. Une fois terminée, l'abbatiale fut le cadre d'étranges manifestations, signe, pour les membres de la communauté, de la présence de l'archange. Mais le culte de la Vierge était également très présent dans l'abbaye, comme l'atteste la chapelle Notre-Dame-des-Trente-Cierges, havre de sérénité à l'écart du circuit des visiteurs où une image miraculeuse était autrefois vénérée.

Les moines accomplissaient leur lecture méditative dans les galeries bordant le cloître.

Venu en pèlerinage au Mont, Louis XI y installa l'une de ses fameuses cages de fer.

À l'opposé de l'abbaye romane, vers le couchant, des salles lugubres ont subsisté qui rappellent le droit de justice de l'abbé. Ce sont les deux cachots où l'on pouvait enfermer les moines défaillants et peut-être les serfs qui n'avaient pas rempli leurs obligations vis-à-vis de leur seigneur.

Au début du XIIIe siècle, le Mont fut en partie incendié dans les combats opposants les troupes du roi de France engagées dans la conquête de la Normandie. Philippe Auguste remit une importante somme d'argent aux moines pour remplacer un bâtiment détruit par les flammes. Grâce à ces libéralités, la communauté put lancer au nord du rocher le formidable chantier de la Merveille. Les salles situées à l'est de ce remarquable vaisseau de granit ont été conçues pour accueillir les trois ordres de la société féodale : ceux qui travaillent, ceux qui combattent et ceux qui prient. Les lieux situés à l'ouest consacrés aux nourritures du corps de l'esprit et de l'âme, rappellent eux les trois modes matériel, intellectuel et spirituel.

Mais l'intérêt architectural et symbolique de ces différents espaces ne parvient pas à nous faire oublier ce qu'aurait été l'édifice si le chantier avait été mené à son terme. Un tiers du bâtiment manque qui aurait peut-être abrité la bibliothèque de la « cité des Livres ». L'abandon de ce grand chantier au profit de la construction du logis abbatial, au-dessus du village, est peut-être l'un des signes avant-coureurs de la lente décadence de la communauté rattrapée par les affaires du siècle. Après la terrible épreuve de la guerre de Cent Ans, marquée par la perte du chœur roman de l'abbatiale, voici la communauté chargée de veiller aux prisonniers parfois condamnés à la terrible cage de fer de Louis XI.

À l'époque romane, des cellules furent aménagées dans l'abbaye pour punir les moines défaillants.

La découverte du crâne de saint Aubert

Ou comment les moines bénédictins retrouvent les reliques de l'évêque fondateur guidés par le vacarme entendu dans une cellule… pourtant vide !

La vie de saint Aubert reste si mystérieuse que des auteurs ont même remis son existence en cause. Il est vrai que la *Revelatio* est la seule source ancienne à mentionner sa mission. Après sa mort, sa sépulture aurait été aménagée dans l'église paroissiale Saint-Pierre, au cœur du village du Mont.

Un texte plus tardif, le *De translatione et miraculis* Beati Autberti, explique les circonstances bien étranges dans lesquelles on a retrouvé son crâne. Les chanoines, chargés du sanctuaire, sont accusés de ne plus remplir leur office avec suffisamment de rigueur. En 965, le duc de Normandie Richard Ier les remplace par une communauté bénédictine. Seuls deux chanoines obtinrent le droit de rester au Mont.

Le trou visible sur le crâne présumé de l'évêque fondateur fut considéré comme la trace laissée par le doigt de l'archange.

Des années plus tard, au début du XIe siècle, l'on entendit durant la nuit des bruits sourds au niveau du plafond de l'ancienne cellule du chanoine Bernier. Après avoir identifié plus précisément la provenance de ce tapage, les bénédictins démontèrent quelques planches pour accéder au comble où ils découvrirent un coffret contenant un crâne percé d'un trou. Cette relique, aussitôt considérée comme étant celle de l'évêque fondateur, fut jugée miraculeuse par ses inventeurs. Dès lors, dans les récits de l'histoire du sanctuaire, le trou visible sur le pariétal droit fut présenté comme le souvenir de l'apparition de l'archange. Pour convaincre l'évêque endormi de sa venue, saint Michel aurait appliqué son doigt sur la tête du prélat, laissant là une marque tangible de son passage...

Au début du XIe siècle, les bénédictins découvrirent miraculeusement les restes de l'évêque Aubert.

On ne peut envisager sérieusement un séjour au Mont sans faire une visite à l'église Saint-Gervais d'Avranches : on y conserve précieusement le crâne présumé de l'évêque Aubert sauvé à la Révolution par le médecin Louis-Julien Guérin.

Vous trouverez toutes les informations nécessaires pour visiter le trésor de l'église Saint-Gervais d'Avranches au 02 33 58 00 22.

Un monastère unique au monde

Les bénédictins vont fonder leur abbatiale sur un plateau artificiel suspendu à 80 mètres d'altitude entre le ciel et la mer.

En 1023, la communauté bénédictine entreprend la construction d'un grand monastère édifié à la pointe du rocher. Depuis le IXe siècle et la réforme de saint Benoît d'Aniane, ordonnée par l'empereur carolingien Louis le Pieux, les abbayes bénédictines étaient en principe toutes conçues sur le même plan. Les bâtiments composant la clôture étaient disposés autour d'un jardin clos, le cloître, servant notamment à distribuer les différents espaces du monastère. Au Mont-Saint-Michel, les bâtisseurs se sont trouvés dans l'impossibilité de respecter ce modèle traditionnel en raison de l'exiguïté et de l'escarpement du terrain. La particularité du rocher les a donc conduits à imaginer un plan d'une originalité et d'une audace peu communes. L'église abbatiale a été construite sur une couronne de cryptes réalisées tout autour du sommet. Le monastère roman, lui, s'est développé non pas à l'horizontale autour d'un jardin mais sur trois étages, au nord-ouest du rocher. Au premier niveau, les salles basses de la clôture sont composées de murs très épais et sont solidement voûtées. Elles supportent les pièces du niveau intermédiaire et de l'étage supérieur, couvertes de bois pour ne pas peser trop lourdement sur les salles inférieures.

De l'origine des pierres

En 1022, le duc de Normandie donne les îles Chausey alors nommées Calsoi aux bénédictins du Mont. Ces derniers vont les utiliser comme carrière de pierre pour édifier leur monastère. Les blocs nécessaires étaient extraits à marée basse au moment où la mer découvre les rochers de l'archipel. Les carriers employaient ensuite la force de la marée pour soulever les pierres. Des chalands appelés coucous, pourvus d'un puits central, venaient se positionner à marée haute au-dessus des blocs. À marée basse, les coucous s'emboîtaient autour des pierres. Il suffisait ensuite de lier solidement les blocs de granit aux bateaux et d'attendre le retour de la marée. On pouvait alors, au large, charger une barge plus importante pour conduire les matières premières au pied du chantier. Là, des treuils mus par des cages à écureuil permettaient de hisser les matériaux jusqu'au sommet.

Lancé en 1023, le chantier de l'abbatiale débuta par l'édification d'un plateau destiné à porter l'église.

Un parvis entre ciel et mer

Située vers le couchant, la terrasse de l'Ouest, lieu idéal pour admirer la baie, sert à la fois de parvis, de toiture et de tombeau.

La terrasse de l'ouest, pointée vers la Bretagne, est le parvis de l'église abbatiale. Elle sert aussi de toiture à l'ensemble des constructions préromanes et romanes qui se trouvent au niveau inférieur : promenoir des moines, escalier nord-sud, logis abbatial roman, église Notre-Dame-sous-Terre. Il est difficile de s'imaginer quand on déambule sur cette plateforme que l'on marche sur des voûtes et par conséquent sur du vide.

La terrasse de l'Ouest offre une vue absolument unique sur le large, les grèves, les prés-salés, les polders, les falaises mortes de Saint-Broladre et la campagne alentour.

La plateforme était à l'origine nettement plus modeste. Elle doit sa taille actuelle à la démolition de l'extrémité occidentale de l'église et du dortoir des moines établi sur sa gauche, accomplie en 1780 après un incendie. La façade classique de l'église remonte à cette même année. Dessinée dans le goût de l'époque, elle reprend les formes de la Renaissance italienne qui dressait devant les églises un écran à

En 1875, les travaux réalisés sur la terrasse de l'Ouest permirent de retrouver les tombes de deux abbés.

Robert du Mont

Disque funéraire retrouvé dans la tombe de l'abbé Robert de Torigny.

Tel était le surnom de Robert de Torigny qui, à l'époque romane, fut le plus illustre des abbés du Mont-Saint-Michel. Né à Torigni-sur-Vire, formé à l'abbaye du Bec-Hellouin où il devint prieur, Robert fut élu abbé du Mont le 27 mai 1154. C'est le début d'un abbatiat particulièrement riche. Robert ne se contente pas d'être un bon père pour les membres de la communauté qui, avec soixante frères, n'a jamais été aussi importante. Il s'emploie à récupérer les terres de l'abbaye spoliées dans la première moitié du XIIe siècle, modifie la façade de l'abbatiale pourvue de deux tours dont on peut voir l'emplacement devant l'église actuelle, fait construire le logis abbatial roman pour ses besoins personnels et le bâtiment de l'hôtellerie aujourd'hui ruiné. Enfin, il enrichit la bibliothèque monastique de cent quarante volumes, rédigeant notamment une chronique qui porte son nom.

L'abbé Robert de Torigny.

l'antique composé d'un fronton de temple monté sur des colonnes. Les chapiteaux visibles au premier niveau sont des pastiches néoromans réalisés vers 1858. Quant aux deux curieux pyramidions qui flanquent le niveau supérieur, ils ont été ajoutés par l'architecte Pierre-André Lablaude en 1990.

À la fin du XIXe siècle, les eaux pluviales avaient tendance à s'infiltrer dans les voûtes des salles situées sous la terrasse. L'architecte Édouard Corroyer procéda à la réfection de son étanchéité. C'est au cours de ces travaux que furent découverts les tombeaux de l'abbé Robert de Torigny et de son successeur Martin de Furmendi.

Qui va au Mont fait son testament

Le trajet menant vers le sanctuaire, bien visible depuis la terrasse de l'Ouest, était semé d'embûches. À commencer par les sables mouvants dans lesquels nombre de pèlerins se sont enlisés.

Au terme de leur parcours, les miquelots devaient accomplir la traversée des grèves à marée basse pour gagner la montagne de l'archange. Cette marche de près de 7 kilomètres n'était pas sans danger. Les pèlerins devaient avant tout veiller à ne pas s'enfoncer dans les lises. Ces poches d'eau recouvertes de sables en suspension sont, encore aujourd'hui, les plus terribles pièges de la baie. Il leur fallait aussi veiller à ne pas être surpris par la marée, l'orage ou par la brume. L'îlot de Tombelaine à mi-parcours offrait un refuge idéal. Encore fallait-il le trouver ! En cas de brume, les moines sonnaient la cloche de l'abbatiale pour aider les malheureux désorientés à retrouver leur chemin avant l'arrivée de la marée. Mais malgré cette précaution, plus d'un montois est mort noyé rattrapé par le flot avant d'avoir pu rejoindre le rocher. À la fin de l'ancien régime, une portion du cimetière du village était réservée aux noyés non identifiés abandonnés par la mer sur les grèves.

« Souvent grève varie. Bien fol est qui s'y fie. »

Sur les chemins du Paradis

Ce trajet à travers les grèves possédait au Moyen Âge une dimension spirituelle particulièrement forte. En franchissant les eaux, les pèlerins retrouvaient tout d'abord le rite purificateur du baptême, signe de leur entrée dans l'Église et de leur vie nouvelle sur l'autre rive dans le Christ. L'auteur de la *Revelatio* compare les dimensions du rocher échoué au milieu des sables humides de la baie à celles de l'arche de Noé associant de ce fait la petite colline « à l'ouvrage dans lequel fut sauvé le genre humain ». La *Revelatio* souligne ensuite l'analogie entre la traversée des grèves et le miracle de la mer Rouge : « La marée descendante ouvre deux fois par jour le chemin désiré à la foule des croyants qui veulent gagner les terres de l'archange Michel ».

Deux fois par jour, la mer s'ouvre, laissant le passage libre aux miquelots désireux de vénérer l'archange. Pèlerinage de Notre-Dame-de-Camembert (1772).

L'accouchée des grèves

Le miracle de l'accouchée des grèves d'après un manuscrit du XVe siècle.

Une femme enceinte venue en pèlerinage au Mont au début du XIe siècle fut surprise au retour par la marée alors qu'elle accomplissait la traversée. Miraculeusement épargnée par le flot, elle donna naissance à un fils, prénommé Péril, sur le banc de sable où elle se trouvait encerclée. Les moines pour rappeler ce prodige plantèrent une grande croix de cent pieds de hauteur à l'emplacement de l'accouchement situé entre le Mont-Saint-Michel et le rocher de Tombelaine. Aperçue une dernière fois en 1645, elle a aujourd'hui disparu dans les sables.

Le moine Bernard reprend ce thème et affirme dans son texte que le jour de la Saint-Michel : « La mer n'encercle pas le mont, mais reste immobile comme un mur à droite et à gauche. » Enfin, le Mont était considéré au Moyen Âge comme une image de la Jérusalem céleste, une étape indispensable vers le paradis pour qui voulait assurer son propre salut. En somme, le parcours accompli par le pèlerin dans ce paysage de genèse préfigurait le cheminement de l'âme des fidèles vers le royaume de Dieu sous la protection de l'archange.

Une bien étrange église

L'église abbatiale du Mont-Saint-Michel possède une curieuse silhouette, fruits des nombreux remaniements dont elle a fait l'objet au cours de son histoire.

Le sommet du Mont, long d'une trentaine de mètres, était trop modeste pour supporter la totalité de la grande abbatiale voulue par les moines et rendue nécessaire par la popularité du sanctuaire. Les bâtisseurs ont donc imaginé un plateau artificiel composé de cryptes construites sur les flancs de la colline, aux quatre points cardinaux. La crypte du chœur, aujourd'hui remplacée par la crypte des Gros Piliers, les chapelles Saint-Martin et Notre-Dame-des-Trente-Cierges ont été prévues pour soutenir le chevet et les bras du transept. La nef, elle, a été en partie construite sur les murs de la chapelle Notre-Dame-sous-Terre située à l'ouest du rocher. Au final,

L'abbatiale du Mont a été érigée à 80 mètres d'altitude entre ciel et mer.

seul le clocher et les premières travées de la nef prennent appui sur le sommet naturel du Mont. L'abbatiale du Mont-Saint-Michel repose donc en grande partie sur du vide !

En forme de croix latine, l'église est orientée. Le chœur pointé vers l'orient indique la direction du soleil levant, symbole de résurrection et lieu du retour du Christ sur la terre à la fin des temps. Cette église avait été conçue comme un grand escalier permettant aux pèlerins de poursuivre leur ascension vers le ciel. Il leur fallait monter trois marches pour y pénétrer, trois autres pour se rendre dans le transept et un dernier degré de 3 mètres pour parvenir dans l'ancien chœur de l'édifice.

Un bâtiment à rudes épreuves

Depuis sa construction, entre 1023 et 1080, l'abbatiale du Mont a subi un grand nombre de transformations qui expliquent aujourd'hui son caractère éclectique et son étonnante silhouette. Quelques années après la fin du chantier, le côté nord de la nef s'est effondré en pleine nuit sur le dortoir des moines. Par chance, la communauté, réunie dans le chœur, a été sauvée par l'office de vigiles. Cette partie-ci du vaisseau a donc été reconstruite intégrant un certain nombre d'innovations telles que les arcs brisés, entièrement en pierre, visibles dans les bas-côtés. En 1421, durant la guerre de Cent Ans, c'est au tour du chœur roman affaibli de s'écrouler. Le chœur gothique flamboyant actuel a été réalisé pour le remplacer entre 1446 et 1521. Les religieux avaient ensuite prévu de démolir le transept et la nef romane pour reconstruire entièrement l'église dans le style gothique. Mais l'argent venant à manquer, ce chantier n'a jamais été mené à son terme.

En 1776, un incendie a frappé la nef. Quatre ans plus tard, les religieux décidèrent d'abattre les trois travées occidentales qui, fragilisées par les flammes, menaçaient de s'écrouler. Une nouvelle façade fut, par conséquent, construite, en retrait par rapport à la façade primitive. Au XIXe siècle, au temps où l'abbaye était une prison, la nef de l'église était coupée en deux par un plancher qui a laissé son empreinte au revers de la façade. Elle servait alors d'atelier de chapeaux de paille tandis que les chapelles rayonnantes du chœur étaient consacrées à la cordonnerie. Seul le chœur était resté dégagé pour servir de chapelle aux détenus.

Le dernier grand chantier de l'abbatiale fut celui du clocher et de la flèche mené par l'architecte Victor Petitgrand à la fin du XIXe siècle. C'est donc en 1897 que le Mont a obtenu la forme pyramidale idéale que nous lui connaissons.

Gravure de Georges Bouet montrant l'état déplorable de la nef romane en 1847.

Fragments de vitraux du XIIe siècle dessinés par l'architecte Édouard Corroyer (1876).

L'ancien décor de l'abbatiale

L'église abbatiale du Mont apparaît aujourd'hui vide et nue. Autrefois, les murs de l'église étaient passés à la chaux et revêtus d'un décor de faux joints peints, prévu pour donner plus de régularité aux parois. Les feuillages des chapiteaux étaient rehaussés de couleurs vives. Les baies étaient fermées par des vitraux historiés racontant des scènes de la Bible, de l'histoire de France ou du sanctuaire. Ces fenêtres ont été progressivement déposées à cause de la rouille qui frappait les barres de fer prévues pour les maintenir en place dans leur cadre. Des fragments de ces fenêtres ont été découverts au XIXe siècle, mais on a depuis perdu leur trace. L'église était coupée en deux par un jubé qui se prolongeait autour du chœur par une clôture composée de bas-reliefs sculptés. Les voûtes étaient peut-être peintes en bleu pour mieux symboliser le ciel. Au-dessous, l'on trouvait des candélabres en fer forgé. Le nombre de cierges allumés dépendait de l'importance de la liturgie en cours. Pour des célébrations simples, quelques cierges suffisaient. Au contraire, lors des sept grandes solennités (Noël, Pâques, Pentecôte, Assomption, Saint-Michel, fête de la dédicace de la première église, Toussaint) et pour les solennités dites « in capis cum XXX cereis » (Épiphanie, Ascension, Annonciation, Saint-Aubert), trente cierges éclairaient le chœur.

Danger dans l'abbatiale

À l'époque romane, il était formellement interdit d'entrer la nuit dans l'abbatiale, cadre d'étranges manifestations.

Écoutez maintenant la terrible histoire de cet homme mort d'être allé dans l'abbaye durant la nuit. Un texte connu sous le nom de *Miracula Sancti Michaelis,* rédigé à la fin du XIe siècle, précise que personne, pas même le portier, n'osait y pénétrer avant que ne sonne l'heure des matines « par respect pour les anges » qui s'y manifestaient.

Au XIe siècle, un laïc qui répondait au nom de Colibert eut cependant l'impudence de braver cet interdit. Après avoir accompli un jeûne de trois jours, « il se cacha dans un coin de l'église à l'heure où descendent les ombres de la nuit ». Quelque temps plus tard, l'homme fut saisi par des visions terrifiantes avant de « s'étendre sur le sol en proie à une frayeur extraordinaire ». Une lumière éclatante inondait l'abbatiale. Au centre de ce halo, l'homme reconnut saint Michel en compagnie de la Vierge et de saint Pierre. Soudain, l'archange se plaignit à ses compagnons de l'odeur de cadavre qui régnait dans l'église avant de fondre vers l'homme avec un visage terrible.

L'archange saint Michel châtie impitoyablement ceux qui ont eu le malheur d'entrer dans l'abbatiale durant la nuit.

Des feux au sommet du rocher

Peu après l'an mil, alors qu'il regagnait sa chambre après avoir célébré les matines, l'évêque d'Avranches Norgod vit par sa fenêtre que le Mont était la proie des flammes. Il fit immédiatement célébrer l'office des morts pour toutes les victimes que, dans un espace si confiné, l'incendie ne manquerait pas de faire. À l'aube, il se rendit vers le Mont pour aider les survivants et prier les morts. En chemin, il rencontra l'abbé du Mont qui lui dit, très surpris, qu'aucun sinistre ne s'était produit durant la nuit. L'évêque réalisa alors qu'il devait s'agir d'une manifestation de saint Michel venu visiter son sanctuaire. On raconte que Norgod finit sa vie au monastère.

L'abbatiale en flammes, l'un des rares documents à montrer l'église romane avant la disparition de son chœur.

Le malheureux, terrassé par la peur, implora son pardon. Pris de pitié, la Vierge et saint Pierre intercédèrent en vain en sa faveur. L'archange était bien décidé à punir le malheureux pour son audace. On le retrouva après l'heure des matines, gisant sur les dalles du porche, pratiquement inanimé et respirant faiblement. Il eut tout juste le temps de raconter son méfait et de se confesser avant de rendre l'âme, le troisième jour.

Notre-Dame-des-Trente-Cierges

En dehors du circuit emprunté par les visiteurs, la chapelle Notre-Dame-des-Trente-Cierges compte parmi les lieux les plus sacrés du rocher.

Il est au Mont un lieu particulièrement paisible, propice au recueillement, à l'écart du circuit des visites. Il s'agit de la crypte Notre-Dame-des-Trente-Cierges. Cette crypte romane du XIe siècle est le pendant, au nord du rocher, de la chapelle Saint-Martin, établie contre son flanc sud. Elle a été construite pour supporter le bras nord du transept de l'abbatiale. Notre-Dame-des-Trente-Cierges est formée d'une nef unique, couverte de deux voûtes d'arêtes et d'une abside en cul-de-four pointée vers l'orient. L'arc-doubleau visible entre les voûtes de la chapelle possède un décor de faux joints et de rinceaux de feuillage. C'est l'un des rares vestiges de peinture monumentale visibles dans l'abbaye.

Un abbé bénédictin représenté dans l'ouvrage de l'architecte Paul Gout.

Notre-Dame-des-Trente-Cierges fut sans doute, après l'église abbatiale, le lieu de culte le plus important du monastère. Une statue de la Vierge, aujourd'hui disparue, y était vénérée. Selon certaines sources, cette statue en bois avait miraculeusement survécu à un incendie. Après le sinistre, l'abbé Robert de Torigny consacra, le 16 juin 1156, un nouvel autel abritant des reliques des vêtements de la Vierge en présence de l'archevêque de Rouen. Chaque jour, après prime, une messe y était célébrée. Les religieux allumaient alors trente cierges à l'origine du nom de la chapelle. Désaffectée en 1629, Notre-Dame-des-Trente-Cierges, restaurée en 1973, a retrouvé sa vocation cultuelle. Une Vierge à l'Enfant gothique provenant de l'abbaye normande de Hambye y a été installée. Durant l'hiver, la communauté y célèbre quotidiennement la messe.

La crypte des Gros Piliers, bâtie pour soutenir le chœur gothique, accueillit au XIXe siècle le culte de la Vierge.

Une Vierge noire au Mont ?

Depuis quelques années, une Vierge noire est présentée au public dans la crypte voisine des Gros Piliers. Il s'agit d'une effigie en plâtre réalisée au XIXe siècle en mémoire du sanctuaire Notre-Dame-de-Tombelaine. Mais aucune vierge noire n'est mentionnée dans les sources médiévales de l'histoire du Mont.

Le dit des trois morts et des trois vifs

Unique vestige de peinture narrative de l'abbaye, cette fresque offrait un sujet de méditation aux malades acueillis dans l'infirmerie.

Dans le monastère, un grand nombre d'espaces avaient bénéficié de peintures murales. On a ainsi retrouvé des restes de décors peints dans Notre-Dame-sous-Terre, Notre-Dame-des-Trente-Cierges, dans la chapelle Saint-Etienne, dans une salle des logis abbatiaux romans ou encore dans certaines arcades du cloître où du rouge et du bleu sont toujours visibles. Un panneau se distingue de ces motifs pour la plupart géométriques. Il s'agit d'un fragment de fresque découvert dans le bâtiment de l'hôtellerie construite par Robert de Torigny. Ce panneau qui fut, en 1979, détaché du mur où il se trouvait et transposé sur un nouveau support, est maintenant présenté dans la chapelle Saint-Etienne qui servait autrefois de chapelle mortuaire. Représentant trois cadavres enveloppés dans des linceuls, il s'agit très certainement d'un épisode du « dit des trois morts et des trois vifs », une fable moralisatrice apparue à la fin du XIIIe siècle.

Souviens-toi que tu vas mourir !

Trois jeunes seigneurs, vêtus de leurs plus beaux atours, partent chasser sur leurs terres. Alors qu'ils progressent dans la forêt, ils font une rencontre terrifiante : trois spectres

Une des nombreuses représentations existantes du « dit des trois morts et des trois vifs .»

avancent vers eux et prennent la parole, à tour de rôle, pour les inviter à abandonner leur vie insouciante et à se préoccuper du salut de leur âme. L'un des cadavres délivre ainsi cet inquiétant message : « Tel je fus comme tu es, et tel que je suis tu seras. Richesse, honneur et pouvoir sont dépourvus de valeur au moment de votre trépas ».

Cette fable est ce que l'on appelle un *memento mori* (« souviens-toi que tu vas mourir » en latin) comparable aux danses macabres qui se développent à l'époque gothique notamment après la grande peste noire. Traité dans le bâtiment de l'infirmerie du monastère, ce thème devenait un sujet de méditation proposé aux malades à l'approche de la mort.

Les cachots romans du monastère

Gare à celui qui ne respectait pas la règle bénédictine ou les ordres de ses supérieurs, il pouvait se retrouver enfermé dans l'une des sombres cellules du monastère !

Dans les entrailles de l'abbaye romane résident deux cellules obscures. Situées sous le logis du portier, elles remontent aux travaux conduits par l'abbé Robert de Torigny au XIIe siècle. Ces deux cachots sont presque identiques au point qu'on les a surnommés les « jumeaux » avant de les rebaptiser, non sans ironie, « In pace » (en paix), tant le silence

Sombres graffitis

Le logis du moine chargé de la porterie du monastère et de l'accueil des pèlerins a été transformé en cellule au XIXe siècle. Sa porte, encore couverte de graffitis laissés par les détenus, rappelle leurs terribles conditions de détention. Un graffito dit : « 536 fois d'un bout de la voûte à l'autre pour faire une lieue ». Un autre rappelle la somme des peines prononcées contre un prisonnier qui vécut ici : « 19 ans de souffrance ». Les cachots de l'abbaye sont parfois visibles au cours des visites-conférences.

Les bas-fonds du monastère abritaient deux cellules romanes sous la responsabilité du portier.

et l'isolement y sont impressionnants. Composés d'une salle unique, ils étaient autrefois pourvus de latrines et d'un minuscule puits de lumière, aujourd'hui comblés. On peut s'étonner de trouver des cachots dans une abbaye. La règle de saint Benoît évoque les fautes graves et les mesures d'exclusion prises en conséquence par l'abbé. Mais il n'y est pas fait mention de peine d'emprisonnement. Pourtant, à l'époque romane, quelques grands monastères possédaient des cellules de ce genre. Elles permettaient d'isoler les moines qui avaient failli à la règle bénédictine ou qui n'avaient pas respecté leur hiérarchie. À l'origine, les cachots du Mont-Saint-Michel étaient accessibles par une trappe logée dans le sol de l'appartement du portier. Celui-ci était chargé de la surveillance et de l'alimentation des prisonniers. Au XIXe siècle, quand l'ensemble de l'abbaye a été transformé en maison de force et de correction, une porte et un couloir furent aménagés pour conduire de plain-pied les détenus vers leurs geôles. Les deux cachots romans servaient de cellules pour enfermer des prisonniers faisant l'objet d'un régime particulier.

La Merveille inachevée

Conçues sur le flanc nord du rocher, les salles du bâtiment de la Merveille reflètent dans leur organisation une symbolique très particulière.

En avril 1204, Philippe Auguste est en guerre contre le roi d'Angleterre pour la domination de la Normandie. Les Bretons, alliés du roi de France, assiègent le Mont-Saint-Michel.

Érigée au XIIIe siècle sur la face cachée du Mont, la Merveille est restée inachevée.

Ne parvenant pas à le prendre par la force, ils mettent le feu au village. Mais l'incendie se propage au nord du rocher et détruit en partie un bâtiment de l'abbaye. Devenu maître de la région, Philippe Auguste dédommage la communauté en lui donnant 20 000 livres tournois. Grâce à cette somme, l'abbé Raoul des Isles entreprend en 1212 de construire un édifice exceptionnel réutilisant le premier niveau du bâtiment endommagé : la Merveille.

Les travaux débutent à l'est par la construction d'une aumônerie prévue pour l'accueil des pèlerins, de la salle des hôtes conçue pour les invités de marque accueillis au monastère et du réfectoire des moines.

Cette partie de la Merveille évoque la hiérarchie des trois ordres de la société féodale : ceux qui travaillent, ceux qui combattent et ceux qui prient. L'ensemble est dominé par la communauté des moines qui, à l'image des anges, étaient considérés comme de purs intermédiaires entre le ciel et la terre, le monde divin et celui des laïcs. Le chantier se poursuivit, à l'ouest, par l'érection d'un cellier, surmonté par une salle sans doute prévue pour être un scriptorium, elle-même dominée par le cloître de l'abbaye. Ces trois espaces étaient donc respectivement consacrés aux nourritures du corps, de l'esprit et de l'âme. Le monde spirituel symbolisé au sommet par le cloître s'inscrivait ainsi dans la continuité des mondes matériels et intellectuels indispensables à la prière. Ces deux tranches de travaux furent terminées en 1228. Un troisième corps de bâtiment était prévu. Les grandes baies visibles dans la paroi occidentale du scriptorium et du cloître en témoignent. Cet édifice devait peut-être contenir une salle de justice, une bibliothèque et une salle du chapitre. On ignore pour quelle raison la Merveille est restée dans cet état d'inachèvement.

Un « passage secret » dans l'abbaye romane

On trouve dans le mur nord de la salle du Promenoir des Moines, derrière une grille en fer forgé, les vestiges d'un passage ménagé dans l'épaisseur du mur du monastère roman. Ce passage conduisait notamment vers l'ancienne aumônerie, appelée salle de l'Aquilon, au niveau inférieur. Une petite fenêtre établie dans l'angle nord-ouest de la salle permettait de surveiller ceux qui y séjournaient. Une autre portion de ce passage apparaît dans les maçonneries romanes du mur ouest du scriptorium établi à l'ouest au deuxième niveau de la Merveille.

Bibliothèque et scriptorium romans disparus

Les historiens ne sont pas parvenus à localiser l'atelier de production et le lieu où était conservé le « trésor » de la cité des Livres.

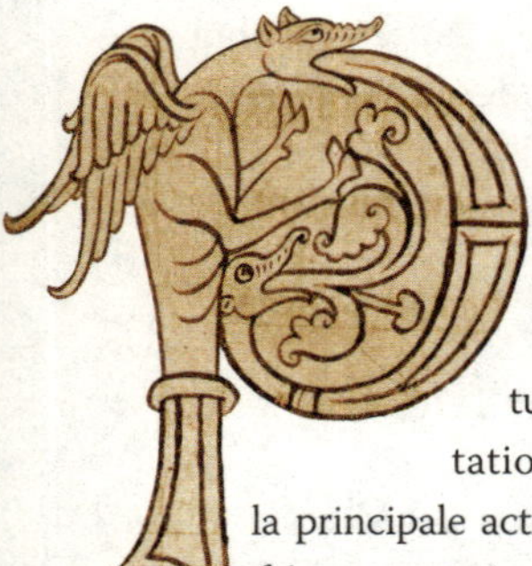

En dehors de la prière collective et des temps de lecture et de méditation individuels, la principale activité de certains frères montois était la copie et l'enluminure des manuscrits. Leurs ouvrages étaient réputés dans la région au point que le Mont reçut, au XIIe siècle, le beau nom de cité des Livres. L'activité des copistes a, si l'on en croit les plus anciens manuscrits conservés (Ms n° 50), débuté autour de l'an mil. Elle connut son apogée entre la deuxième moitié du XIe siècle, au temps de Guillaume le Conquérant, et l'abbatiat de Robert de Torigny. La collection des manuscrits se serait alors enrichie de cent quarante ouvrages. Ces textes étaient nécessaires à la vie de la communauté tant sur le plan liturgique que pour permettre aux religieux d'étudier le texte de la bible et les pères de l'église. Une partie des ouvrages de la communauté était conservée dans la tour sud de la façade de l'abbatiale érigée au XIIe siècle.

Initiale P, formée par un dragon et un rinceau végétal.

Malheureusement, cette tour fut dévastée par un incendie au XIVe siècle et abattue. Après cette date, les précieux manuscrits de l'abbaye, faute de bénéficier d'une nouvelle bibliothèque, furent probablement conservés dans le grand scriptorium gothique de la Merveille. Plus troublante est la question de la localisation du scriptorium roman qui jusqu'à présent a échappé aux investigations des historiens. Certains l'ont situé dans le bâtiment roman érigé par l'abbé Roger II au XIIe siècle sur la face nord du rocher. Mais cet édifice a été incendié en 1204 et remplacé depuis par la Merveille.

On ignore toujours où les beaux livres enluminés réalisés au Mont ont été produits.

Initiale Q. Chronique de Robert de Torigny (seconde moitié du XIIe siècle).

Les manuscrits d'Avranches

La cité des Livres ne possède plus un seul ouvrage. En décembre 1791, les manuscrits romans et gothiques qui subsistaient à l'abbaye font l'objet d'une saisie révolutionnaire et sont transportés à Avranches. Ils sont aujourd'hui magnifiquement présentés dans l'écrin du Scriptorial, ouvert en 2006 spécialement conçu pour les accueillir.

Toutes les informations pratiques nécessaires pour préparer votre visite sont sur leur site : www.scriptorial.fr

Le cloître et le réfectoire de la Merveille

Image du jardin d'Éden, le cloître de l'abbaye mène vers le réfectoire où la lumière a fait l'objet d'un traitement très spécial.

Le cloître de l'abbaye du Mont-Saint-Michel est unique en son genre. Le visiteur qui y pénètre pour la première fois est toujours saisi d'admiration devant la beauté des lieux qu'une main délicate a dessinés tout contre l'abbatiale. Imaginez un petit jardin de simples aromatiques et médicinales entouré de fines galeries ouvragées, autrefois peintes de couleurs vives. Les moines venaient y accomplir en silence leur lecture méditative dans un cadre qui pour eux représentait une image terrestre du paradis. Mais l'étonnement est encore plus grand quand on approche de la baie ouverte vers le couchant. La situation du cloître apparaît alors dans toute sa splendeur : les bâtisseurs de la Merveille l'ont établi à 80 mètres d'altitude sur les voûtes du scriptorium, faisant de cet espace un jardin suspendu entre le ciel et la mer. Il n'est pas dans l'histoire de l'architecture monastique médiévale d'exemple comparable. Ceci posait deux problèmes : celui de la légèreté des galeries et de l'étanchéité de l'aire centrale en cas de pluie. Le maître d'œuvre a choisi de couvrir le cloître avec une voûte en bois disposée sur des arcades en pierre de Caen, elles-mêmes supportées par de très fines colonnettes en quinconce. Il réduisit ainsi la charge tout en la répartissant

Coupe du bâtiment occidental de la Merveille montrant le cloître juché sur les voûtes du scriptorium. Dessin aquarellé d'Émile Sagot vers 1865.

de manière harmonieuse sur les reins de la salle inférieure. L'étanchéité, elle, fut longtemps assurée par une chape de plomb. Il n'y avait pas de plantes ici au Moyen Âge. Après une tentative infructueuse au XVIIe siècle, il a fallu attendre l'année 1963 pour qu'un jardin de simples soit aménagé sur des bacs de béton étanches coulés sur les voûtes du scriptorium.

Un réfectoire en habit de lumière

Lorsque l'on s'arrête au seuil du réfectoire, on a la surprise de découvrir une salle d'une grande clarté sans être en mesure de localiser toutes les fenêtres qui l'illuminent. Ici, les bâtisseurs ont conçu un berceau en bois établi sur de fines arcatures épaulées par des contreforts intérieurs. La charge se trouve par conséquent détournée vers les colonnettes qui rythment les murs latéraux. Une soixantaine de minces ouvertures ont été créées entre ces colonnes. Comme dissimulées dans l'épaisseur même de la paroi, elles offrent une lumière admirable. Il en résulte un espace clair, d'un grand dépouillement, propice au repas silencieux de la communauté. Difficile d'imaginer qu'un tel lieu, au XVIIe siècle, avait été divisé en deux niveaux pour le confort des moines qui y avaient aménagé leurs cellules individuelles !

La cage de fer de Louis XI

Sous le règne de Louis XI, le monastère devient un lieu de détention pourvu d'un terrible instrument de torture.

L'abbaye du Mont-Saint-Michel était un but de pèlerinage pour les gens les plus humbles comme pour les grands du royaume. Entre le règne de Saint Louis (1226-1270) siècle et celui de Charles IX (1560-1574), la majorité des rois de France sont venus s'y recueillir. Durant la guerre de Cent Ans, les Valois qui choisirent saint Michel pour protecteur furent particulièrement assidus. Une fois le conflit terminé, Louis XI accomplit trois fois le chemin ce qui lui permit notamment de favoriser la reconstruction du chœur de l'abbatiale. Ayant eu tout le loisir d'évaluer le potentiel de l'îlot,

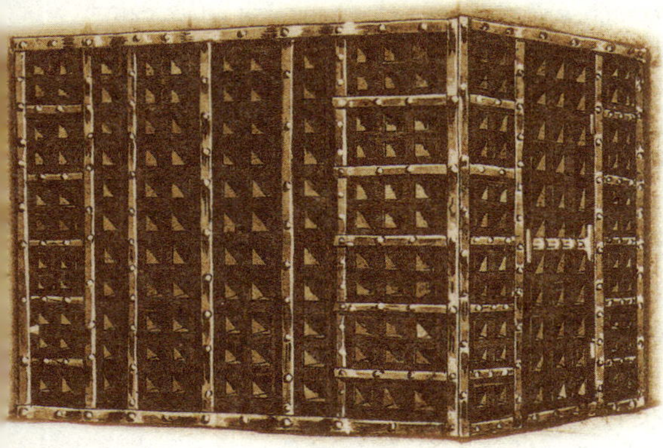

Reconstitution de la cage de fer publiée dans l'ouvrage d'Étienne Dupont, Les Prisons du Mont-Saint-Michel *(1913).*

il prit également la décision d'y enfermer des prisonniers politiques placés sous la responsabilité de la communauté monastique. Certains espaces de l'abbaye furent, dès lors, réaménagés en cachots. Ce fut le cas de l'ancien logis abbatial de Robert de Torigny désaffecté suite à la construction du logis gothique, vaste et confortable, établi sur le flanc sud de la colline. La première salle du vieux logis accueillit rapidement le redoutable instrument de torture mis au point par le cardinal La Balue. Connue sous le nom de cage de fer, cette cage en bois bardée de métal était suspendue sous la voûte de la première salle du logis. Elle permettait de calmer les détenus les plus coriaces. Laissé trop longtemps à l'intérieur, le prisonnier qui s'y trouvait enfermé pouvait perdre la raison, la cage oscillant au moindre de ses mouvements. Plusieurs détenus n'ont pas survécu à ce traitement inhumain. Le jeune duc de Chartres, futur Louis-Philippe, vint au Mont-Saint-Michel en 1777. La cage était encore en place dans l'ancien logis. Saisi d'effroi devant un instrument si cruel, il entreprit de le détruire avec une petite hache, encouragé par la troupe qui l'accompagnait.

Un souvenir de la guerre de Cent Ans

Les Anglais ont tenté durant plusieurs années de faire le siège du Mont qui, après la défaite d'Azincourt, était l'une des rares places fortes restées fidèles au roi de France au nord de la Loire. Mais les cent dix-neuf chevaliers qui s'y étaient retranchés les ont systématiquement repoussés à la mer. Le 17 juin 1434, les assaillants abandonnèrent deux bombardes dans leur retraite. Présentées à l'entrée du village comme un trophée, ces deux pièces d'artillerie, plus effrayantes qu'efficaces, ont depuis été surnommées les « michelettes ».

LES TEMPS MODERNES : OU COMMENT UN CRAPAUD… DEVINT LA MERVEILLE DE L'OCCIDENT

CHAPITRE QUATRE

Le massacre du cellier – Un crapaud dans un reliquaire – Barbès et Blanqui, les enfermés du Mont – Le marquis de Tombelaine – Le secret de l'omelette – Le logis Tiphaine – Corroyer contre les Ponts et Chaussées – Frémiet s'est trompé ! – Des maisons médiévales remontant à la fin du XXe siècle – La redécouverte fortuite d'un atelier de fondeurs de plombs

Le XIXe siècle consacre l'avènement du tourisme au Mont-Saint-Michel bientôt surnommé la « Merveille de l'Occident ».

Le XVIe siècle est une période sombre dans l'histoire du Mont-Saint-Michel. Elle correspond tout d'abord à l'institution de la commende qui remplace les religieux par des abbés laïcs à la tête des communautés monastiques. Livrés à eux-mêmes, les moines qui ne sont plus qu'une poignée, vingt-six bientôt ramenés à treize, oublient la règle bénédictine au profit d'une vie que ne renieraient pas les petits seigneurs de la région.

La masse lugubre de la vieille abbaye transformée en prison d'État un soir de tempête.

L'abbaye accueillit des prisonniers vendéens avant de devenir une maison pour les détenus de droit commun.

Les temps sont aussi profondément marqués par les guerres de Religion qui font rage jusqu'aux portes du sanctuaire. Le Mont en 1576 rejoint la Sainte Ligue. Il est régulièrement assailli par les huguenots qui tiennent Pontorson. L'une de leurs tentatives a été réprimée dans le sang au rez-de-chaussée de la Merveille où quatre-vingt-dix-huit hommes ont péri d'avoir été trahis.

Sous le règne de Louis XIII, on envisage un temps de confier l'abbaye décadente à l'ordre de l'Oratoire. Finalement, ce sont les Mauristes qui vont, dès 1622, tenter de redresser l'humble maison. Le culte est rétabli, les bâtiments restaurés, les premières monographies historiques brossées, si précieuses depuis la disparition des dernières chartes de l'abbaye dans le bombardement de Saint-Lô, en 1944. Mais le Mont-Saint-Michel reçoit bientôt un triste surnom : la « Bastille des mers ». Annexe de la prison parisienne, on y envoie des prisonniers sur lettre de cachet comme François de la Bretonnière ou encore Victor de la Cassagne qui mourut dans la terrible cage de fer pour avoir écrit un pamphlet contre Louis XV.

Armand Barbès enfermé au Mont-Saint-Michel sous le règne de Louis-Philippe.

En 1790, les vœux monastiques sont abolis. L'abbaye ferme ses portes qui resteront closes pendant trois ans. Le temps pour la Terreur d'en faire une prison pour les prêtres du diocèse. En 1811, la maison centrale de force et de correction du Mont est instituée. Il faut alors remanier les espaces du monastère qui n'était pas prévu pour recevoir six cents détenus. L'église abbatiale est coupée en deux dans la longueur par un plancher. Des ateliers sont créés dans les chapelles du chœur, alimentés par la grande roue du poulain visible au sud du monastère. Des loges pour les prisonniers les plus durs sont aménagées au détriment des fines galeries du cloître. Certains détenus célèbres comme Barbès ou Blanqui qui ont aussi laissé leur trace dans les bas-fonds de l'abbaye en feront la cruelle expérience.

Après la fermeture de la prison décidée par Napoléon III en 1863, le Mont-Saint-Michel entame sa reconversion motivée par l'architecture unique de l'abbaye, classée monument historique en 1874. Les premiers touristes emboîtent le pas aux auteurs romantiques qui ont, les premiers, alerté les pouvoirs publics sur la qualité et l'état préoccupant du patrimoine montois. Ils arrivent au pied du rocher menés par des guides comme l'extravagant marquis de Tombelaine avant de profiter de la digue route qui mit un terme à l'insularité du rocher.

La cour de l'Avancée, entrée du village avant sa restauration.

Au bas de la Grand-Rue, la maison de l'arcade se dresse devant la mairie et la porte de la Vierge.

Un autre grand chantier vient, à la fin du XIXe siècle, parfaire la silhouette pyramidale du Mont, en écho au poème de Victor Hugo qui voyait dans l'îlot le « Chéops de l'Occident » : la fine aiguille de la flèche, terminée en 1897, dans le goût de celle de Notre-Dame. Le temps était alors aux reconstitutions idéales. Mais cette pratique a duré plus longtemps qu'on ne l'imagine. Il ne faut pas toujours se fier aux maisons, aux tours et aux toitures du Mont. Certaines d'entre elles ont en effet été reconstituées dans les années 1980-1990 pour accentuer l'atmosphère médiévale du village. Un bourg qui aurait bien pu disparaître complètement si la Wehrmacht avait mis à exécution son projet : disposer des batteries anti-aériennes notamment dans la cour de l'école communale pour repousser une éventuelle tentative de débarquement aux abords du rocher. C'est dans ce secteur du village que l'on a découvert de manière fortuite un ancien atelier de plombs de pèlerinage. Les lointains prédécesseurs des marchands de souvenirs de la Grand-Rue façonnaient ici au XIVe siècle, les petits objets en métal dont on a retrouvé les tirages défectueux et les matrices. Histoire de nous rappeler qu'auprès des grands sanctuaires, l'industrie du souvenir a toujours été présente et florissante.

La voie ferrée menant de Pontorson au Mont-Saint-Michel fut inaugurée en 1901.

Le massacre du cellier

Durant les guerres de Religion, la Merveille fut le siège d'un terrible massacre.

Au cours des guerres de religion, le Mont-Saint-Michel aux mains des catholiques fit l'objet de plusieurs coups de main de la part des huguenots qui tenaient notamment la ville de Pontorson. Le premier eut lieu en 1577 quand une poignée d'hommes, vêtus en pèlerins et dissimulant des armes, parvint à s'introduire dans la place avant d'être démasquée. Lors de la seconde tentative, en 1589, une dizaine de volontaires habillés les uns en femmes, les autres en pêcheurs réussit à entrer dans le village, ouvrant la porte à une importante troupe de cavaliers. Mais le capitaine de la place lança une contre-attaque victorieuse à partir de l'abbaye qui lui permit de reprendre l'avantage. Le comte de Montgommery, chef du parti huguenot dans la région, imagina donc un troisième stratagème. En 1591, après avoir fait prisonnier un soldat montois et menacé de le mettre à mort, les protestants lui promirent la vie sauve et une forte somme d'argent à condition qu'il les aide à pénétrer dans l'abbaye. Rendez-vous fut pris le soir de la Saint-Michel au pied de la roue du Poulain qui permettait de hisser les victuailles vers le cellier de la Merveille. Mais, pris de remords, le soldat révéla l'ensemble de l'opération au capitaine du Mont. Le jour venu, les huguenots profitèrent de la brume qui régnait dans la baie pour se présenter, sans être vus, au pied de l'escalier de la fontaine Saint-Aubert. Ils gravirent discrètement les marches puis se réunirent en contrebas du cellier.

Là, ils furent hissés un par un vers la grande salle obscure sans se douter qu'en haut, dans l'abbaye, des hommes les attendaient pour les passer au fil de l'épée. Quatre-vingt-dix-huit protestants furent ainsi tués avant que la trahison ne soit découverte. Ils furent enterrés le lendemain dans le bois du nord au pied de la Merveille où l'on a plus tard retrouvé leurs squelettes. Depuis lors, les salles basses de la Merveille ont reçu le surnom de « Montgommeries » en mémoire du chef de cette tragique expédition.

En 1591, les huguenots rassemblés au pied de la Merveille montent un par un vers le cellier où la mort les attend.

Une abbaye décadente

À l'instar des autres abbayes françaises, l'abbaye bénédictine du Mont-Saint-Michel connut un important déclin au XVIe siècle. Jusqu'au concordat de Bologne de 1516, les abbés étaient en principe élus par les moines, conformément aux recommandations de saint Benoît. Après cette date, ils furent désignés par le roi qui trouva là une bonne occasion de remercier certains de ses fidèles en leur attribuant des abbayes en bénéfice.

À la fin du XVIe siècle, les moines vivaient souvent avec femmes et enfants !

En 1574, le prieur essaya en vain d'interdire aux moines leur train de vie luxueux.

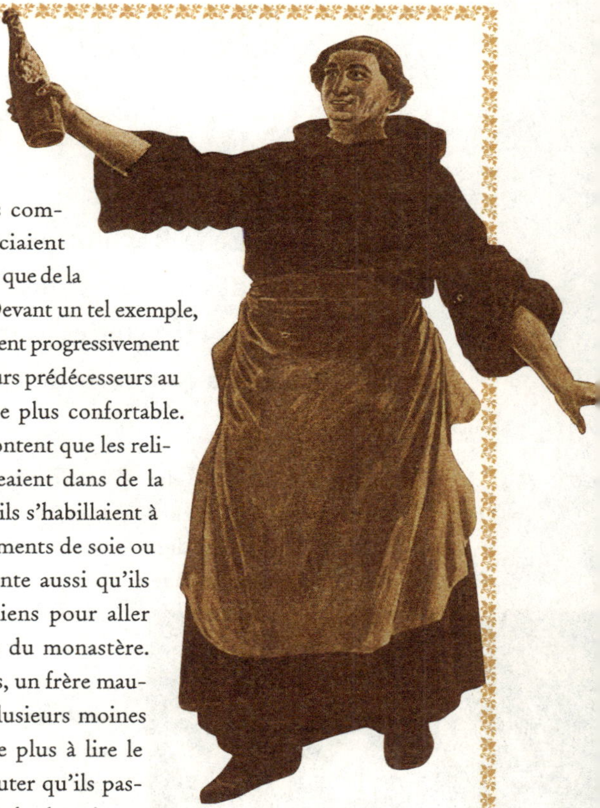

Seigneurs installés à la cour ou sur leurs propres terres, ces abbés laïcs, connus sous le nom d'abbés commendataires, se souciaient davantage de leur rente que de la vie communautaire. Devant un tel exemple, les moines abandonnèrent progressivement la vie rigoureuse de leurs prédécesseurs au profit d'une existence plus confortable. Certains témoins racontent que les religieux montois mangeaient dans de la vaisselle d'argent, qu'ils s'habillaient à la mode avec des vêtements de soie ou de dentelle. On raconte aussi qu'ils entretenaient des chiens pour aller chasser sur les terres du monastère. Dom Louis de Camps, un frère mauriste, précise que « plusieurs moines ne parvenaient même plus à lire le français » avant d'ajouter qu'ils passaient leur temps dans les boutiques du village ou à s'enivrer ! Une vraie vie de cocagne, interrompue par la réforme du monastère confiée aux mauristes chargés de redresser la communauté en 1622.

« Ce sacré temple et cet auguste monastère du Mont-Saint-Michel n'avait plus aucune apparence d'un lieu d'ordre », écrit Dom Louis de Camps au XVIIe siècle.

Un crapaud dans un reliquaire

À l'issue de la Révolution française, la « Bastille des mers » devient une prison pour les prêtres réfractaires avant d'accueillir plusieurs centaines de forçats.

En 1790, après l'abolition des vœux monastiques, consécutive à la Révolution, les derniers religieux quittent l'abbaye.

Le grand monastère, privé de ses trésors, reste vide pendant trois ans jusqu'à ce que la Terreur lui trouve une nouvelle fonction : il devient une prison pour les prêtres réfractaires à la constitution civile du clergé. Trois cent trente-cinq prêtres du diocèse, promis au tout nouveau bagne de Guyane, furent finalement internés sur l'îlot. En 1811, sur décision impériale, l'abbaye devint une maison centrale organisée pour accueillir jusqu'à six cents prisonniers de droit commun.

Durant la Terreur, l'abbaye désaffectée devint une prison pour les prêtres réfractaires du diocèse.

Comparable aux roues employées sur le chantier médiéval, le cylindre du Poulain, installé vers 1820, servait de monte-charge pour la prison.

Le cylindre de bois, installé sous l'escalier du Grand Degré, à l'emplacement de l'ancien cimetière des moines, est le souvenir le plus spectaculaire de cette période de l'histoire du Mont. Il était prévu pour treuiller les provisions nécessaires et les matières premières employées dans les ateliers où les forçats travaillaient. Le cuir, la paille, le coton ou le lin utilisés à fabriquer des chaussures dans les chapelles rayonnantes de l'abbatiale, des chapeaux dans l'ancienne nef et du tissu dans le scriptorium de la Merveille parvenaient au niveau du monastère solidement arrimés sur un chariot de bois. Ce chariot était tracté sur une aire de roulement établi sur le grand rail de granit dévalant la pente du rocher, grâce aux efforts des prisonniers qui marchaient dans la roue du Poulain.

Victor Hugo venu visiter les lieux en mai 1836 fut scandalisé par le traitement réservé aux forçats et par l'état des bâtiments. Dans une lettre adressée à sa femme, il parle d'un crapaud dans un reliquaire ! Napoléon III prit la décision de fermer la prison en 1863 au grand dam des Montois qui voyaient disparaître là leur principale ressource. « Ici impossible de nous faire d'illusions, les visites seront moins fréquentes », écrit le conseil municipal à l'empereur pour l'apitoyer. Tout le monde peut se tromper !

Barbès et Blanqui, les enfermés du Mont

La monarchie de Juillet transforme le logis abbatial gothique en prison pour les prisonniers politiques. Les républicains Barbès et Blanqui y furent enfermés.

Sous le règne de Louis-Philippe (1830-1848), Adolphe Thiers, secrétaire d'État aux Travaux publics en charge des prisons, réforme le code pénal. Il crée une peine nouvelle, la « détention en forteresse », pour les prisonniers politiques. L'ancienne abbaye du Mont-Saint-Michel, isolée au milieu des grèves, fut l'une de ces geôles. Le logis abbatial gothique, déjà rebaptisé petit et grand exil à la fin de l'Ancien Régime, est aménagé pour accueillir une vingtaine de petites chambres prévues pour deux ou trois prisonniers. Le 12 mai 1839, la Société des Saisons, créée par Armand Barbès, Auguste Blanqui et Martin Bernard, tente de renverser la monarchie de Juillet pour instaurer une république sociale. Mais l'insurrection échoue. Les meneurs sont saisis par la justice.

Sous le règne de Louis-Philippe, nombre de républicains furent enfermés au Mont, devenu prison politique.

Bernard est condamné à la déportation, Barbès à la peine de mort, sanction finalement commuée en peine de prison perpétuelle. Les deux hommes sont conduits au Mont-Saint-Michel où ils seront rejoints au mois de février 1840 par Auguste Blanqui.

Dès leur arrivée, les détenus tentent de déjouer les rigueurs de leur détention en communiquant par les croisées ou par les conduits de leur cheminée. Barbès et Bernard parviennent même à ouvrir la porte de leur cellule et à se réunir ce qui leur vaut d'être enfermés dans les terribles loges installées dans le cloître. L'administration pénitentiaire équipe alors les fenêtres de l'exil de doubles grilles pour empêcher les prisonniers d'entrer en contact. Dans la nuit du 10 au 11 février 1842, Barbès, Blanqui et d'autres détenus essaient de s'évader profitant de l'épais brouillard qui nappait alors la baie. Ils installent une corde de draps noués à la fenêtre de leur cellule. Barbès descend le premier. Mais il se blesse en tombant faisant échouer leur tentative. Pour des raisons de santé, Barbès et Blanqui furent finalement transférés dans des geôles plus saines, le premier à Nîmes, le second à la prison hôpital de Tours en 1844. On peut encore voir au Mont, en face des cellules romanes de l'abbaye, un cachot capitonné pourvu d'une chaîne et d'une solide porte dans lequel Armand Barbès fut enfermé en 1841.

Un prisonnier politique dans sa cellule.

Le marquis de Tombelaine

Le marquis de Tombelaine, un pauvre bougre qui vivait dans la baie, fut l'une des figures du tourisme naissant dans la Merveille de l'Occident.

Pêcheur et passeur, le marquis de Tombelaine prend la pose avec sa hotte et son havenet.

En 1879, les Ponts et Chaussées terminent la construction de la digue-route réalisée pour relier le Mont à la terre ferme. Les premiers visiteurs arrivent à pieds secs au village se substituant aux familles qui venaient encore, quelques années auparavant, voir les détenus au parloir de l'ancienne prison. Les gens de la région entament leur reconversion dans l'accueil des touristes venus découvrir la Merveille de l'Occident. Certains d'entre eux ouvrent des auberges, des restaurants, des commerces. D'autres proposent leur service pour guider les voitures à cheval nommées maringottes ou les curieux à travers les grèves. Le plus fameux de ces passeurs fut Joseph-Marie Gauthier dit Jean Ledéluge. Né à Saint-Brieuc en 1854, Gauthier fut l'une des figures les plus pittoresques de la baie.

Le marquis de Tombelaine est mort noyé en baie le 3 avril 1892.

Large béret vissé sur la tête, cheveux hirsutes, barbe d'ermite, tricot de marin rapiécé, pantalon retroussé aux genoux, pieds nus marqués par l'eau froide, c'était une véritable force de la nature. Il avait élu domicile dans une cabane aménagée sur l'îlot voisin du Mont, ce qui lui valut le sobriquet de « Marquis de Tombelaine ». Il subsistait grâce à la pêche à pied qu'il pratiquait aux abords du Mont. Un certain nombre de cartes postales réalisées par la maison Neurdein le représentent avec le havenet qu'il poussait devant lui pour capturer mulets ou crevettes grises. Le marquis de Tombelaine complétait ses maigres revenus en menant les visiteurs à travers les sables changeants de la baie. Un jour, alors qu'il quittait l'une des auberges du village, le malheureux s'est laissé surprendre par la marée montante. Son corps fut retrouvé le 30 mars 1892, non loin de Saint-Broladre à quelque 8 kilomètres du Mont.

L'ambitieux projet immobilier du Groupement national de la baie du Mont-Saint-Michel.

Un grand projet immobilier à Tombelaine

Le marquis de Tombelaine ne fut pas le premier occupant du rocher : aujourd'hui peuplé par les goélands et les aigrettes, l'îlot fut habité au XIe siècle par deux moines du Mont-Saint-Michel, Robert de Tombelaine et Anastase de Venise, qui préférèrent s'y installer plutôt que de rester sous l'autorité d'un abbé soupçonné d'avoir acheté sa charge. Au siècle suivant, l'abbé Bernard du Bec en fit un prieuré du Mont. Trois moines s'y relayaient pour desservir la chapelle Notre-Dame-de-Tombelaine jadis érigée au sommet du rocher. Durant la guerre de Cent Ans, les Anglais firent la conquête de l'îlot. Ils y construisirent une redoute pour surveiller et donner l'assaut au Mont, qui, après la bataille d'Azincourt, était l'une des rares places restées fidèles au roi de France au nord de la Loire. Tombé dans l'escarcelle du surintendant des Finances Nicolas Fouquet, le fort anglais fut démantelé sur ordre de Louis XIV, en 1666, après la disgrâce de son ministre.

Le rocher de Tombelaine est aujourd'hui désert. Une tour en ruine, une arche et des fondations enfouies sous les ronces sont les seuls bâtiments qui subsistent de l'ancienne redoute. Pourtant, dans les années 1930, un grand projet vit le jour sous l'égide du Groupement national de la baie du Mont-Saint-Michel : l'îlot faillit bien accueillir une chapelle néogothique, un grand hôtel pourvu d'un restaurant panoramique et plusieurs petits bungalows qui ne furent, faute d'argent, jamais réalisés ! Finalement, l'État fit l'acquisition du rocher en 1933. Il fut classé monument historique trois ans plus tard.

Il est possible d'aller à Tombelaine. Mais uniquement en compagnie d'un guide agréé. La marée, les lâchers d'eau et les lises rendent la traversée dangereuse.

Pour de plus amples renseignements et obtenir les horaires des traversées, contactez l'Association des chemins de la baie : 02 33 89 80 88 ou consultez leur site : www.cheminsdelabaie.com

Le secret de l'omelette

Petite soubrette tombée amoureuse du fils du boulanger, la mère Poulard est devenue, grâce à un plat d'une grande simplicité, la plus célèbre figure du Mont.

En 1872, suite à la fermeture de la prison établie dans l'abbaye, l'architecte Édouard Corroyer est envoyé au Mont-Saint-Michel pour étudier le bâtiment et se prononcer sur l'opportunité de son classement au titre des monuments historiques. Deux années plus tard, l'abbaye classée, il s'installe sur place avec son épouse pour diriger les premiers travaux de restauration. La femme de chambre de madame Corroyer nommée Annette Boutiaut s'éprend rapidement du fils du boulanger, Victor Poulard. Après leurs noces, ils tiennent une auberge dans l'ancienne hôtellerie de Saint-Michel édifiée au XVIe siècle. Là, ils offrent un accueil chaleureux à leur clientèle désireuse de goûter le gigot de pré-salé, spécialité de la région. Mais c'est la fameuse omelette préparée par la mère Poulard qui va faire la réputation de la maison. Célébrités et autres têtes couronnées défilent assurant la renommée de l'établissement. En 1888, Victor et Annette inaugurent l'édifice actuel construit dans la cour de l'avancée au détriment de la belle porte du Roy. La mère Poulard et son époux reposent à quelques dizaines de mètres de là dans le cimetière du village. Sur leur tombe, on peut lire : « Ici reposent Victor et Annette Poulard, bons époux, bons hôteliers. Daigne le seigneur les accueillir comme ils surent accueillir leurs hôtes ».

Aujourd'hui encore, le mystère de la préparation de l'omelette est jalousement gardé. Pourtant, l'opération est simple. Les œufs sont battus dans des culs-de-poule en cuivre jusqu'à obtention d'une émulsion qui est cuite, en principe, au feu de bois dans une poêle munie d'un long manche. Le bureau de Poste du Mont a remplacé dans les années 1920 la première auberge de la Mère Poulard. Mais, on peut toujours voir en entrant à gauche la cheminée où elle faisait cuire son célèbre plat.

Annette Boutiaut épouse Poulard préparant une omelette au feu de bois.

Le logis Tiphaine

Une étrange maison-tour se distingue parmi les demeures médiévales du village. Elle appartenait à l'épouse de l'un des plus célèbres chefs de guerre de la France du XIVᵉ siècle.

Bertrand du Guesclin et Tiphaine de Raguenel.

En haut de la Grand-Rue à gauche, le logis Tiphaine évoque le souvenir d'un couple célèbre. Selon la tradition, parfois contestée, c'est dans cette maison forte que Bertrand du Guesclin, futur connétable de France, aurait mis à l'abri son épouse Tiphaine de Raguenel avant d'aller combattre en Espagne. La maison remonte comme le Vieux Logis, situé de l'autre côté de la rue, au XIVᵉ siècle. À cette époque, les demeures du village étaient pour la plupart des maisons à pans de bois ayant pignon sur rue. Le logis Tiphaine, qui évoque plus la forme d'une tour que d'une simple demeure, est, au contraire, presque entièrement bâti en pierres.

Le logis Tiphaine, l'une des plus anciennes maisons du village (XIVᵉ siècle).

Laissée dans un état assez pitoyable, la maison a subi une restauration radicale à la fin du XIXe siècle. Il abrite aujourd'hui une petite collection de meubles et d'objets et permet de découvrir un logis montois remontant à la guerre de Cent Ans.

Trois monastères sur un caillou

À en croire les anciennes sources de l'histoire du Mont, il y aurait eu non pas un mais au moins trois monastères sur le rocher : l'abbaye de saint Michel, le « covent saint Perron » dont l'église est devenue la paroisse du village et le monastère sainte Catherine mentionné par les historiens mauristes. Non loin du logis Tiphaine, une porte romane murée, endommagée lors de la tempête de décembre 1999, pourrait lui appartenir. Elle est traditionnellement considérée comme l'entrée de l'ancienne institution. Tenue par des sœurs, cette dernière avait sans doute été conçue pour accueillir les femmes venues en pèlerinage. Les usages monastiques ne permettaient pas aux frères de les héberger dans leur propre hôtellerie.

Un plan-relief passionnant

Le musée des Plans-Reliefs aux Invalides conserve une maquette du Mont-Saint-Michel, véritable mine d'information pour les historiens. Ce modèle réduit réalisé vers 1700 par des religieux montois livre un instantané du village au temps du Roi-Soleil. On y découvre en particulier la nef de l'église abbatiale avant son amputation et le bâtiment de l'Hôtellerie qui depuis s'est écroulé. Le village était alors composé de près de quatre-vingts maisons. Certaines d'entre elles apparaissent ruinées. Elles ont disparu depuis, souvent remplacées par des logis inspirés par l'architecture des stations balnéaires de la région ou par celle des pavillons apparus en ville au XIXe siècle.

Corroyer contre les Ponts et Chaussées

Où l'architecte en chef de l'abbaye organise une opération nocturne pour démanteler une partie des remparts.

On raconte au Mont une bien curieuse affaire. L'architecte Édouard Corroyer aurait envoyé de nuit des ouvriers armés de pied-de-biche pour déchausser quelques pierres dans les murs des remparts classés du village ! Comment un architecte censé protéger le monument qu'on lui a confié peut-il en arriver à le démolir ?

Tout a commencé dans les années 1870. Les Montois désireux d'avoir un accès permanent et sûr au Mont-Saint-Michel obtiennent enfin la construction d'une digue surmontée d'une route. L'ouvrage est entrepris par le corps des Ponts et Chaussées qui prévoit la réalisation d'un long cordon de tangue et de pierre de 2 kilomètres partant du lieu-dit « la Caserne » sur le continent et aboutissant à la porte de l'Avancée, au pied du village. Les calculs sont faits pour qu'en période de forte marée, la chaussée soit au moins un mètre au-dessus du niveau de la plus haute mer.

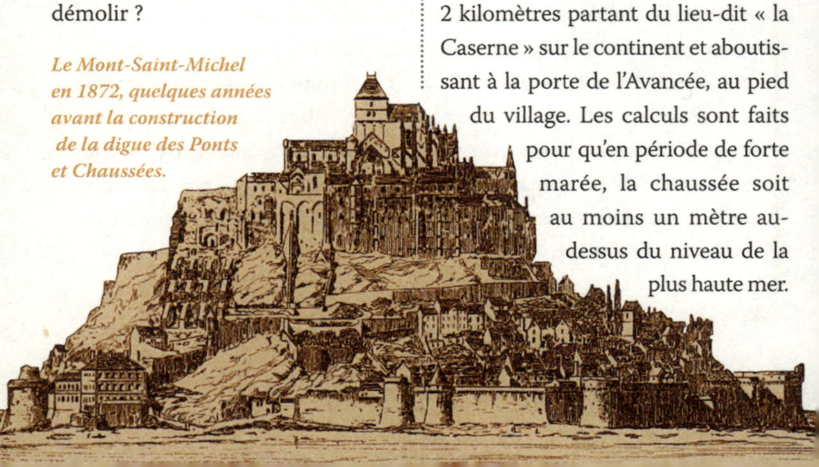

Le Mont-Saint-Michel en 1872, quelques années avant la construction de la digue des Ponts et Chaussées.

Des tours bâties sur le sable

En 1997, à l'occasion de sondages menés au pied des remparts, les Monuments historiques se sont rendu compte que les murs et les tours construites au sud du village, au xve siècle, n'étaient pas établis sur la base rocheuse du Mont mais au-devant, sur des fondations de pierre directement établies sur le sable compact et dense de la baie.

Le chantier débute en 1878. Mais à la fin des travaux, alors que la digue approche du Mont, les marées et les courants se font plus forts. L'ingénieur responsable du déroulement des opérations prend peur et modifie le tracé de l'ouvrage. Pour ne pas que la mer l'emporte, il termine la digue en ligne droite et l'arrime contre les tours du Roi et de l'Avancée. Corroyer, chargé de la restauration des bâtiments de l'abbaye et du village, est furieux que l'on ait pu bâtir la digue route contre « ses remparts ». Il milite aussitôt pour la démolition de l'ouvrage qui sur le plan esthétique défigure les murailles du village. Il va même plus loin en prétendant que la digue entraîne à marée haute des remous dangereux pour la préservation des maçonneries. C'est pour prouver ce qu'il avance qu'il aurait envoyé quelques hommes pour déceler des pierres à la base des remparts du village ! Finalement, l'architecte échoua dans sa tentative : la digue ne sera supprimée qu'en 2014.

Les étais établis par Édouard Corroyer dans le village contre les méfaits de la digue.

Frémiet s'est trompé !

On peut être le neveu de François Rude, le beau-père de Gabriel Fauré et un sculpteur en vogue, on n'en est pas pour autant à l'abri de grosses erreurs.

En 1892, Victor Petitgrand entreprend de restaurer la tour du clocher de l'église abbatiale. L'ouvrage précédent, écrêté pour recevoir les signaux du télégraphe de Chappe qui permettait à Paris de communiquer avec Brest par relais interposés, se trouvait dans un état pitoyable. Le projet retenu par les Monuments historiques prévoit la reprise des parties basses de l'ouvrage et la construction d'une tour de style roman. Au dernier moment, Petitgrand ajoute à son projet une flèche néogothique dans l'esprit de celle de Notre-Dame de Paris. Pour couronner le tout et servir de paratonnerre, l'architecte demande au sculpteur Emmanuel Frémiet de réaliser une statue de saint Michel à partir d'un petit bronze néogothique conçu en 1879. Frémiet, neveu de Rude, et collaborateur de Viollet-le-Duc, s'y attelle.

Le saint Michel de Frémiet, réalisé en cuivre repoussé, fit l'objet d'une profonde restauration en 1987.

L'étrange locataire de la flèche

La flèche de l'abbatiale du Mont est habitée. Parfois, le soir, son occupant apparaît, se tenant en équilibre sur les crochets végétaux qui décorent l'aiguille gothique quand ce n'est pas sur les ailes de l'archange Michel. Il scrute l'horizon à la recherche de sa prochaine victime qu'il laissera faisander dans les gargouilles de l'église avant d'en consommer la chair. Lointain cousin des rapaces installés à Notre-Dame, le faucon du Mont aime particulièrement la bécasse. Il va sans dire qu'il s'agit d'un faucon pèlerin.

Faucon pèlerin.

Il réalise le modèle en plâtre du cellier avant de réaliser la statue finale en cuivre repoussé sur une armature métallique. Haute de 4,20 mètres, l'œuvre, qui pèse 500 kilos, est entièrement dorée à la feuille d'or. En 1897, elle est hissée au sommet de la flèche à l'aide de l'échafaudage de bois employé pour son édification. Sa mise en place marque la fin du dernier grand chantier du Mont, lequel donna au rocher sa silhouette définitive. Il a fière allure l'archange avec sa cuirasse resplendissante debout sur le dragon qu'il terrasse de son épée. Mais le sculpteur a commis une erreur grossière. Droitier, l'archange aurait dû porter le fourreau de sa dague à gauche pour pouvoir dégainer facilement. Or, l'artiste l'a placé à droite ce qui, dans la réalité, aurait rendu son extraction malcommode !

Des maisons médiévales remontant à la fin du XXe siècle

Dans le village, certaines maisons sont des pastiches de l'époque médiévale, réalisées dans les années 1980.

À la fin du Moyen Âge, la population du Mont comptait approximativement trois à quatre cents habitants. Les Montois résidaient dans des maisons placées de part et d'autre de la Grand-Rue sur le passage des pèlerins gagnant le sanctuaire, au sommet du rocher. Au Moyen Âge, ces logis étaient composés de deux murs latéraux de granit servant souvent de cadre à une structure à pans de bois. En raison du manque de place, nombre d'entre eux étaient pourvus d'un ou de plusieurs encorbellements débordant sur le rez-de-chaussée, permettant à leurs occupants de gagner un peu d'espace aux niveaux supérieurs.

Aujourd'hui, lorsque l'on se promène dans le bourg, il faut se méfier des maisons médiévales que l'on découvre. Certaines d'entre elles n'ont pas trente ans ! Elles ont été reconstruites par le service des monuments historiques, soucieux de restaurer l'atmosphère médiévale de l'artère principale du Mont. C'est le cas par exemple des bâtiments de l'auberge Saint-Pierre, du Chapeau Blanc, du Mouton Blanc ou encore du bâtiment établi sur la belle tour

Le nom du village

Contrairement à ce qu'imaginent certains visiteurs de passage, le village du Mont-Saint-Michel ne ferme pas le soir comme un parc d'attractions. C'est une petite commune comptant actuellement quarante-six habitants. Mais qui se souvient aujourd'hui du nom du village du Mont-Saint-Michel ? À la fin de l'Ancien Régime, dans les registres paroissiaux, on entend parler de « la ville de Saint-Pierre du Mont-Saint-Michel ». Le bourg a ainsi fini par prendre, à l'image des autres agglomérations, le nom de son église paroissiale.

Boucle, rétablis par l'architecte Pierre-André Lablaude à partir du plan-relief des Invalides. La belle hôtellerie de la Sirène (XVe siècle) est l'une des rares maisons à pans de bois d'origine visibles au Mont.

L'ancienne hôtellerie de la Coquille (XIVe). Dans la Grand-Rue, nombre de maisons servaient à l'accueil des pèlerins au terme de leur long voyage.

La redécouverte fortuite d'un atelier de fondeurs de plombs

Au Moyen Âge, on trouvait au Mont-Saint-Michel des artisans vivant de « l'industrie du souvenir », lointains prédécesseurs des commerçants toujours établis dans la Grand-Rue.

« Le travail des hommes et des femmes qui habitent le mont consiste à colorier des coquilles marines qu'ils cousent sur des bandes de toiles, teintes les unes en rouge, les autres en jaune, les autres en noir/.../ De même, ils fabriquent des saint Michel en argent et en étain de différents modèles. Ils font encore une infinité de cornes en cuivre, en terre cuite coloriée, en verre... », raconte le cardinal Louis d'Aragon venu visiter le sanctuaire en 1517. De fait, la principale activité des Montois quand ils n'étaient pas occupés à accueillir les miquelots, à pêcher dans la baie, ou à servir les moines, était de vendre des objets aux pèlerins avant qu'ils ne regagnent leurs contrées. Ces souvenirs étaient proposés au pied de l'abbaye dans le chemin des loges de marchands d'images.

Saint Michel terrassant le dragon. Plomb de pèlerinage trouvé dans la Seine à Paris (XIIIe siècle).

Ces derniers devaient reverser une part de leurs bénéfices à la communauté monastique, propriétaire des moules. Réalisés en métal, ces objets étaient connus sous le nom de plombs de pèlerinage. La tempête du 26 décembre 1999 a démontré qu'ils étaient bien réalisés sur place. L'effondrement d'une portion de l'ancienne cour des Écoles a entraîné l'intervention des archéologues de l'Inrap. Ceux-ci en ont profité pour travailler dans une zone du village qui n'avait jamais été fouillée. Cela leur a permis de découvrir, dans une « fosse dépotoir », un grand nombre de moules et de contre-moules d'enseignes en schiste et en calcaire datés du XIVe et du XVe siècle. Ces matrices, représentant notamment l'archange terrassant le dragon, appartiennent au premier atelier d'enseignes découvert en France.

Moule de plomb de pèlerinage représentant saint Michel terrassant le dragon et pesant les âmes (XVe siècle).

Le projet fou de la Wehrmacht

À proximité de l'ancien atelier de fondeurs de plombs, se trouve l'ancienne école communale. Durant l'Occupation, les Allemands avaient envisagé d'intégrer le Mont au mur de l'Atlantique en installant des batteries antiaériennes dans la cour de récréation. Le faible niveau d'eau autour du rocher et, partant, le manque d'intérêt stratégique de la place ont entraîné l'annulation de ce projet qui aurait pu valoir au Mont dêtre bombardé. Mais l'occupant a tout de même déployé autour du rocher des croisillons antichars réalisés avec les rails de l'ancienne voie ferrée Pontorson - Le Mont-Saint-Michel !

Lieu cité

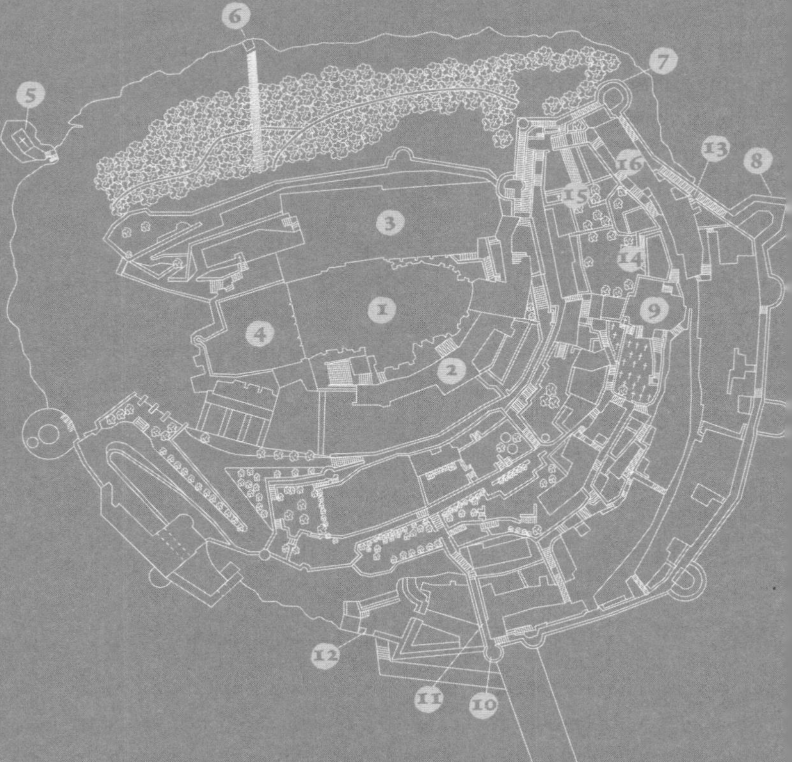

1 Église abbatiale
2 Logis abbatiaux
3 La Merveille
4 Terrasse de l'Ouest
5 Chapelle Saint-Aubert
6 Fontaine Saint-Aubert
7 Tour du Nord
8 Tour Boucle
9 Église Saint-Pierre
10 Tour du Roy
11 Porte du Roy
12 Porte de l'Avancée
13 Fontaine Saint-Symphorien
14 Logis Tiphaine
15 Jardin de l'école communale
16 Porte du couvent Sainte-Catherine

BIBLIOGRAPHIE

Bazin (Germain), *Le Mont-Saint-Michel, histoire et archéologie de l'origine à nos jours*, Paris, Picard, 1933.

Collectif, *Le Mont-Saint-Michel, Histoire et Imaginaire*, Anthèse-Editions du Patrimoine, 1998.

Corroyer (Édouard), *Description de l'abbaye du Mont-Saint-Michel et de ses abords*, Paris, 1877.

Decaëns (Henry), *Le Mont-Saint-Michel, 13 siècles d'histoire*, Éditions Ouest-France, 2008.

Decaëns (Henry), *Le Mont-Saint-Michel à la Belle Époque*, Éditions Ouest-France, 1985.

Déceneux (Marc), *Contes et légendes du Mont-Saint-Michel*, Éditions Ouest-France, 1996.

Déceneux (Marc), *Le Mont-Saint-Michel. Histoire d'un mythe*, Éditions Ouest-France, 1997.

Dupont (Étienne), *Les prisons du Mont-Saint-Michel*, Paris, Perrin, 1913.

Dupont (Étienne), *Les légendes du Mont-Saint-Michel*, Coutances, Ocep, 1986.

Gout (Paul), *Le Mont-Saint-Michel : histoire de l'abbaye et de la ville. Étude archéologique et architecturale des monuments*, 2 tomes, Paris, Armand Colin, 1910.

Lefeuvre (Jean-Claude), *Histoire et Écologie de la baie du Mont-Saint-Michel*, Éditions Ouest-France, 2010.

Le Roy (Dom Thomas), *Les Curieuses Recherches du Mont-Saint-Michel*, Société des antiquaires de Normandie, Caen, 2008.

Leservoisier (Jean-Luc), *Les Manuscrits du Mont-Saint-Michel*, Éditions Ouest-France, 1996.

Millénaire monastique du Mont-Saint-Michel, 5 vol., Lethielleux, 1966-1993.

Mouton (Jean-Pierre), *Histoire religieuse du Mont-Saint-Michel*, Éditions Ouest-France, 2006.

Revelatio Ecclesiae Sancti Michaelis et autres sources latines importantes en ligne dans « Les Chroniques latines du Mont-Saint-Michel (IXe-XIIe siècle) » sur le site de l'université de Caen : www.unicaen.fr/puc/sources/chroniqueslatines

TABLE DES MATIÈRES

INTRODUCTION ❧ PAGE 4

CHAPITRE 1

LE TEMPS DES LÉGENDES : AUX ORIGINES DU PAYS DU MONT

PAGE 10

La naissance du Mont-Saint-Michel ❧ PAGE 18
Les chasseurs de mammouths du Mont-Dol ❧ PAGE 20
Le mystère de la forêt de Scissy ❧ PAGE 22
Au rythme des marées ❧ PAGE 25
Le Couesnon dans sa folie ❧ PAGE 28
L'un des plus grands menhirs de France ❧ PAGE 32
Un culte persan en pays gaulois ❧ PAGE 36
Hélène ou Bélénos ? ❧ PAGE 38
Gargantua au Mont-Saint-Michel ❧ PAGE 40
Le Mont avant le Mont ❧ PAGE 42

CHAPITRE 2

LE TEMPS DE LA CROIX : LA FONDATION DU CULTE DE SAINT MICHEL

PAGE 44

Les premiers religieux du Mont ❧ PAGE 52
Le combat de l'archange et du diable ❧ PAGE 55
Le songe d'Aubert ❧ PAGE 57
Légendes et fondation du sanctuaire ❧ PAGE 59
Les gages de l'archange ❧ PAGE 64
Les chemins de Paradis ❧ PAGE 66
L'énigme Notre-Dame-sous-Terre ❧ PAGE 68

Chapitre 3

Le temps des moines : l'abbaye et le pèlerinage

PAGE 70

La découverte du crâne de saint Aubert ❧ PAGE 78
Un monastère unique au monde ❧ PAGE 80
Un parvis entre ciel et mer ❧ PAGE 82
Qui va au Mont fait son testament ❧ PAGE 84
Une bien étrange église ❧ PAGE 88
Danger dans l'abbatiale ❧ PAGE 92
Notre-Dame-des-Trente-Cierges ❧ PAGE 94
Le dit des trois morts et des trois vifs ❧ PAGE 96
Les cachots romans du monastère ❧ PAGE 98
La Merveille inachevée ❧ PAGE 100
Bibliothèque et scriptorium romans disparus ❧ PAGE 102
Le cloître et le réfectoire de la Merveille ❧ PAGE 104
La cage de fer de Louis XI ❧ PAGE 106

Chapitre 4

Les temps modernes : ou comment un crapaud devint la merveille de l'Occident

PAGE 108

Le massacre du cellier ❧ PAGE 116
Un crapaud dans un reliquaire ❧ PAGE 120
Barbès et Blanqui, les enfermés du Mont ❧ PAGE 122
Le marquis de Tombelaine ❧ PAGE 124
Le secret de l'omelette ❧ PAGE 128
Le logis Tiphaine ❧ PAGE 130
Corroyer contre les Ponts et Chaussées ❧ PAGE 132
Frémiet s'est trompé ! ❧ PAGE 134
Des maisons médiévales remontant à la fin du XXe siècle ❧ PAGE 136
La redécouverte fortuite d'un atelier de fondeurs de plombs ❧ PAGE 138

CRÉDITS PHOTOGRAPHIQUES

AKG
Pages 6, 13, 17, 35, 39, 41, 42, 92, 118, 119

Archives départementales de la Manche
Pages 4, 5, 12, 14, 18, 47, 49, 53, 54, 56, 60, 61, 62, 64, 66, 68, 79, 81, 83, 85, 88, 99, 100, 111, 112, 115, 117, 120, 122, 123, 126, 129, 130 haut, 137

Bibliothèque nationale de France
Pages 25, 46

Bibliothèque de Rennes Métropole
Page 31 (dessin de Théophile Busnel : ms. 1327, f° 75)

Collection Henry Decaëns
Pages 7, 9, 71, 72, 73, 75, 90, 106, 109, 110, 113, 114, 133

Collections particulières Pages 8, 16, 19, 21, 23, 24, 30, 36, 58, 67, 74, 76, 77, 78, 82, 86, 87, 91, 93, 94, 95, 97, 121, 124, 125, 130 bas, 132, 134, 135, 138, 139

Fotolia
Page 15

Kharbine-Tapabor
Pages 20, 27, 32

Musée d'Art et d'Histoire d'Avranches
Page 105

Musée de Bretagne
Page 34

RMN
Pages 50, 57

Roger-Viollet
Pages 26, 43, 51

Ville d'Avranches
Pages 45 (ms. 210, f° 4v), 48 (ms. 210, f° 25v), 102 (ms. 210, f° 10), 103 (ms. 159, f° 70)

Ville de Bayeux
Pages 28-29

Avec le concours du Conseil Général de la Manche

LA MANCHE
CONSEIL GÉNÉRAL

Éditeur : Anne Cauquetoux
Coordination éditoriale : Solenne Lambert
Conception graphique : Laurence Morvan,
studio graphique des Editions Ouest-France
Mise en pages : Virginie Letourneur
Photogravure : graph&ti, Cesson-Sévigné (35)
Impression : Pollina, Luçon (85) - L79421

ISBN : 978-2-7373-7487-6
N° d'éditeur : 8582.01.02.03.17
Dépôt légal : mars 2017
Imprimé en France
www.editionsouestfrance.fr

ADAC

Marokko

von Jan Marot

10 ADAC Top Tipps

Das müssen Sie gesehen haben! Die zehn Top Tipps bringen Sie zu den absoluten Highlights.

25 ADAC Empfehlungen

Unterwegs gut beraten: Diese 25 ausgesuchten Empfehlungen machen Ihren Urlaub perfekt.

Preise für ein DZ mit Frühstück:

€ | bis 600 Dh
€€ | bis 1200 Dh
€€€ | ab 1200 Dh

Preise für ein Hauptgericht:

€ | bis 50 Dh
€€ | bis 100 Dh
€€€ | ab 100 Dh

Seite 38

Intro

Impressionen 6
Ein Sehnsuchtsort, dessen Schönheit alle Sinne anregt
Auf einen Blick 11

Magazin

Panorama 12
Das sieht nach Urlaub aus!

Beste Reisezeit 18
Frühling, Sommer 18
Herbst, Winter 20

So schmeckt's in Marokko ... 22
In aller Munde 25

Einkaufsbummel 26
Das perfekte Souvenir 27

Mit der Familie unterwegs ... 28
Leuchtende Augen 31

Flora und Fauna des Atlas 32
Einmaliges Ökosystem bis in luftige Höhen
Die majestätische Atlaszeder 35

Kunstgenuss 36
Maghrebinische Baukunst
Der Meriniden-Sultan Abū 'Inān Fāris 39

So feiert Marokko 40
Das islamische Opferfest
Festtagsvorbereitungen und -bräuche 41

Gestern und heute 42
Berber, Kalifen und moderne Monarchen
Am Puls der Zeit 45

Seite 27

Seite 36

Seite 56

Orte, die Geschichte schrieben ... 46
Das Hotel El Minzah, in der »Interzone« Tanger
Caid's Piano Bar im Hotel El Minzah ... 47

Judentum in Marokko ... 48
Rabbiner, Gelehrte und Gesandte
Simon Lévy, Gründer des jüdischen Instituts von Marokko ... 49

Das bewegt Marokko ... 50
Die letzten ihrer Art: »Grands taxis«

ADAC Traumstraße ... 52
Atlas-Pässe, Kasbahs, spektakuläre Schluchten
Von Marrakesch bis Ouarzazate ... 52
Von Ouarzazate bis Boumalne Dadès ... 54
Von Boumalne Dadès bis Agoudal – durch die Dadès-Schlucht ... 55
Von Agoudal bis Tinghir – durch die Todra-Schlucht ... 56
Von Tinghir bis Midelt ... 56
Von Midelt bis Fès ... 57

Im Blickpunkt

Magnet für Maler, Musiker und Literaten ... 70
Cannabis, Haschisch, »Kef« ... 81
Die Berber ... 82
Marokkanische Handwerkskunst ... 94
König Mohammed VI., der moderate Modernisierer ... 115
Das kostbare Öl der Arganie ... 129
Der Westsahara-Konflikt ... 132
Grüne Oasen ... 153
Wüstenstrom, aber richtig! ... 158
Wüstentiere ... 164

Unterwegs

ADAC Quickfinder
Das will ich erleben 60

Tanger, die Mittelmeerküste und das Rif-Gebirge 64

1 **Tanger** 66
2 **Ceuta (Spanien)** 73
3 **Tétouan** 74
4 **Asilah** 76
5 **Larache** 77
6 **Chefchaouen und das Rif-Gebirge** 78
7 **Al Hoceïma** 80
8 **Melilla (Spanien)** 81
9 **Saïdia** 82
Übernachten 84

Von den Königsstädten in den Mittleren Atlas 86

10 **Taza** 88
11 **Fès** 90
12 **Meknès** 98
13 **Volubilis** 101
14 **Ifrane** 102
15 **Azilal und Cascades d'Ouzoud** 103
16 **Beni Mellal** 105
17 **Kasba Tadla** 105
Übernachten 106

Von Rabat entlang der Küste auf den Hohen Atlas 108

18 **Rabat und Salé** 110
19 **Casablanca** 119
20 **Settat** 122
21 **El Jadida** 123
22 **Safi** 125
23 **Essaouira** 126

Seite 123

Seite 78

24 **Agadir und Souss-Massa-Nationalpark** 128
25 **Sidi Ifni** 130
26 **Tan-Tan** 130
27 **Tarfaya und Khenifiss-Nationalpark** 131
28 **Aït Mansour** 133
29 **Tata** 133

30 **Taroudant** 134
31 **Taliouine** 135
32 **Tinmal** 136
33 **Imlil** 137
Übernachten 138

Marrakesch, Kasbah-Route und die Sahara 140

34 **Marrakesch** 142
35 **Tizi-n'Tichka-Pass** 155
36 **Die Kasbah-Route** 156
37 **Durch das Drâa-Tal** 158
38 **M'Hamid El Ghizlane** 159
39 **El-Kelâa M'Gouna** 160
40 **Dadès-Schlucht** 161
41 **Tinghir und Todra-Schlucht** 161
42 **Errachidia** 162
43 **Erfoud und Tafilalet-Palmenhaine im Oued-Ziz-Tal** 163
44 **Merzouga und Hassilabied** 164
45 **Figuig** 166
Übernachten 167

Zu diesen Orten und Sehenswürdigkeiten finden Sie Detailkarten im Innenteil des Reiseführers.

Service

Marokko von A–Z 171
Alle wichtigen reisepraktischen Informationen – von der Anreise über Notrufnummern bis hin zu den Zollbestimmungen.

Festivals und Events 176
Chronik 184
Register 186
Bildnachweis 189
Impressum 190
Mobil vor Ort 192

Umschlag:

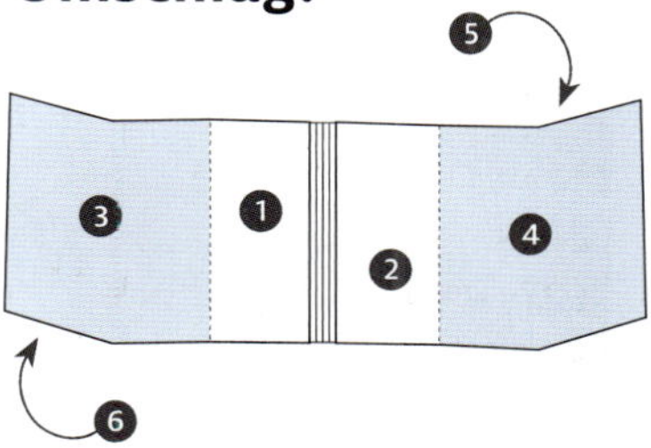

ADAC Top Tipps: Vordere Umschlagklappe, innen 1

ADAC Empfehlungen: Hintere Umschlagklappe, innen 2

Übersichtskarte Marokko Nord: Vordere Umschlagklappe, innen 3
Übersichtskarte Marokko Süd: Hintere Umschlagklappe, innen 4
Stadtplan Marrakesch: Hintere Umschlagklappe, außen 5
Ein Tag in Marrakesch: Vordere Umschlagklappe, außen 6

Ein Sehnsuchtsort, dessen Schönheit alle Sinne anregt

Das Königreich verzaubert mit orientalischer Pracht, lebendigen Medinas und kontrastreichen Landschaften

Vom Arset-el-Bilk-Park schweift der Blick auf die Koutoubia-Moschee von Marrakesch

Marokko ist Orientfeeling pur – und liegt doch nur vier Flugstunden entfernt. Ein Land, das vielfältige Erlebnisse bietet, das alle Sinne berührt, betört und fordert. Kontrastreich in seinen Farben, die sich nicht nur in der landschaftlichen Vielfalt offenbaren. Rote Felswände treffen in der Todra-Schlucht auf türkisblaue Bergbäche, in den Bergseen des Mittleren Atlas spiegeln sich unter schneebedeckten Gipfeln weidende Ziegenherden, und inmitten karger grau-gelber Steinwüsten tauchen sattgrüne Dattelpalmenhaine auf. Die bis in den Sommer hinein weitgehend grüne Saïss-Ebene zwischen Meknès und Fès gleicht gar der italienischen Toskana und steht in einem krassen Gegensatz zur fast hypnotischen landschaftlichen Schönheit der Sanddünen der Sahara.

Land der Kontraste

Aus Wüstenstädten – nicht nur aus Marrakesch – blickt man selbst in den Sommermonaten noch auf das angezuckerte Dach der antiken Welt, wo der Titan Atlas das Himmelsgewölbe gestützt haben soll. Man ist überwältigt von den mannigfaltigen Eindrücken, die in den roten oder strahlend-wei-

ßen, weiß-blauen oder tiefblauen Medinas von Marrakesch, Tétouan, Essaouira oder Chefchaouen auf den Besucher warten. Und vom blauen Himmel, der über den Sandstränden der mehrere tausend Kilometer langen Atlantikküste mit dem endlosen Ozean am Horizont verschwimmt. Man staunt auch über die Kunstfertigkeit der Handwerker, die mit Teppichen, Keramiken, Schmuck oder Ledertaschen, aufbauend auf einer jahrhundertealten Tradition, edle Meisterwerke schaffen.

Minztee, »Marokkos Whiskey«

Orientalische Gerüche umschmeicheln die Nase: Rosenwasser oder Orangenblütenessenzen in den Souks, aber auch die exotischen Aromen der Gewürze. Und die Geschmäcker der vielfältigen Küche Marokkos, Teil des immateriellen UNESCO-Weltkulturerbes der Küche des Mittelmeerraums, erfreuen den Gaumen. Allein das Öffnen einer Tajine-Keramik ist ein Erlebnis für Nase und Augen. Omnipräsent

Das Drâa-Tal ist die grüne Lebensader in der Steinwüste um Zagora (unten) – Marokkos Atlantikküste steht bei Wellenreitern hoch im Kurs (ganz unten)

Obst und Gemüse in den Souks von Fès (oben) – Arkadenbögen der römischen Basilika in Volubilis (Mitte) – Bei Keramik ist Feilschen angesagt (unten)

ist »Marokkos Whiskey«: der Minztee mit exorbitanten Mengen Zucker. Sein charakteristischer Geruch begleitet den Besucher durch das ganze Land.

Hinzu kommt das haptische Erleben: die Gischt am Atlantik, der Saharasand und die brennende Sonne auf der Haut. Das Hammam-Dampfbad mit typischem Peeling, ein Abschuppen mit schwarzer Seife, hinterlässt das größte Sinnesorgan weicher als es je durch das Sandstrahlen der Saharawinde möglich wäre. Eine anschließende Massage mit kostbarem Arganöl gewährt nach langen Sightseeingtagen echte Tiefenentspannung.

Kultureller Knotenpunkt

Seit Jahrtausenden belebt der Austausch der Kulturen Marokko, das heute über 36 Mio. Einwohner zählt. Auf die ersten sesshaften Berbervölker folgten Phönizier, Karthager und Römer. Letztere schlugen mit Volubilis, der blühenden Provinzhauptstadt von Mauretania Tingitana, die Brücke nach Europa. Nach der arabischen Eroberung brachte der Karawanenhandel durch die Sahara Reichtum, ebenso das Geschäft mit den von gefürchteten Berberpiraten entführten Europäern, das die Korsaren-Republik Bou-Regreg zu einem Rivalen des Sultans aufsteigen ließ.

Zeugnisse der bewegten Geschichte sowie Meisterleistungen der islamischen Architektur, die mit Casablancas Hassan-II.-Moschee bis in die Gegenwart reichen, finden sich auf Schritt und Tritt. Beispiele sind die Koranschulen, wie die Bou Inania in Fès, oder die nur wenige hundert Meter entfernte Kairaouine-Universität. Außerdem die Nekropole der Meriniden-Kalifen bei Rabat, das Mausoleum des Staatsgründers Mohammed V. oder der Hassan-Turm der Hauptstadt. Er blieb ebenso unvollendet wie die prächtige Ville Imperiale der Königsstadt Meknès.

Genuss der Gegensätze

Interessante Kontraste ergeben sich alle paar Kilometer auch auf Überlandstraßen wie der »Kasbah-Route«, wo sich aus Lehm gebaute Stadt- und Wohnburgen (Tighremts) wie Aït-Ben-

» *In Marokko wurde ich mir des Spektrums der Farben bewusst, das der Zellij-Keramikfliesen, der Dschellabas und der Kaftane.* «

Yves Saint Laurent, französischer Stardesigner (1936–2008)

Haddou am kargen Hohen Atlas vom tiefblauen Himmel abheben. Entlang der »1000 Kasbahs« geht es dann weiter Richtung Sahara zu den Oasenstädten. Atlasdörfer, die im tiefsten Mittelalter zu verweilen scheinen, stehen im krassen Gegensatz zur moder-

»Fifty shades of blue« – ganz in Blautönen gehalten ist die Medina von Chefchaouen

nen Wirtschaftsmetropole Casablanca, einem Ballungsraum von über 7 Mio. Einwohnern, der um 1900 nicht mehr als ein größerer Fischerort mit nicht einmal 30 000 Menschen war. Mit Salé, Kenitra und der Hauptstadt Rabat ist er heute der brummende Motor der Ökonomie des Königreichs.

Europäisch-mediterran wirkt die Hafenstadt Tanger, das »goldene Tor zu Afrika« an der Straße von Gibraltar. Einst Magnet für Künstler und Literaten sowie Treffpunkt für Spione, war sie in den 1950er- und 1960er-Jahren berühmt für ihr ausschweifendes Nachtleben. Heute erfährt Tanger durch die Automobilindustrie und den Containerhafen einen bemerkenswerten Aufschwung. Er offenbart sich in einem Neuanstrich der verwinkelten Medina, modernen Wohn- und Geschäftsvierteln, aber auch in der ersten Hochgeschwindigkeits-Zugverbindung in Afrika, dem TGV Maroc.

Modernisierung trifft Mittelalter

Es ist in den Metropolen, wo Marokkos dynamischer Wandel – neben Frauenrechten und sozialen Belangen der größte Verdienst von König Mohammed VI. – am rasantesten voranschreitet. Doch das gesamte Land befindet sich im Aufbruch. Das zeigt sich etwa in Noor bei Ouarzazate, wo das größten Solarkraftwerk der Welt betrieben wird. Es setzt Impulse selbst im Hinterland, wo sanfter Ökotourismus die Zukunft bestimmen soll. Landesweit wird stark in den Touristiksektor investiert, was natürlich den Urlaubern, aber auch der Bevölkerung zugutekommt. Marokko präsentiert sich dabei als

Ein einzigartiges Erlebnis: mit dem »Wüstenschiff« über die Dünen von Merzouga

weltoffenes Land, das seine Tradition einer überaus herzlichen Gastfreundschaft pflegt. Der Erfolg kann sich sehen lassen. Marokko empfängt – allen voran Marrakesch, die »Perle der Wüste« – bereits alljährlich über 11 Mio. internationale Gäste. Die Wachstumsraten sind mitunter zweistellig.

All dem zum Trotz präsentiert sich das Königreich mit einem Fuß im Mittelalter. Marrakeschs berühmter Platz Djemaa el Fna ist mit seinen Gauklern, Feuerschluckern, den bunten Musikern, Quacksalbern und Schlangenbeschwörern bis heute authentisch geblieben. Schade nur, dass die Geschichtenerzähler einzig Arabisch oder die Berbersprache Tamazight sprechen, wenn sie wie schon ihre Urururgroßväter vor einer großen Menschentraube über Liebe und Leid fabulieren.

Hauptstadt Rabat (578 000 Einwohner)

Sprache Arabisch, Berbersprachen (Tamazight offiziell, Tarifit im Rif, Taschelhit im Süden), Französisch in Verwaltung und Wirtschaft

Währung Marokkanischer Dirham (Dh), 1 € = ca. 11 Dh

Staatsform Erbmonarchie

Fläche 446 550 km² (ohne Westsahara)

Einwohner 36 Mio. (ohne Westsahara)

Tourismus Mehr als 11 Mio. Besucher jährlich

Religion Überwiegend sunnitischer Islam

Wichtigste Redewendungen
»(C'est) Kif-Kif« (»Das ist ganz egal bzw. dasselbe«), »Al-hamdu li-llāh« (»Gott sei Dank! Wunderbar«)

Oft gehörtes Sprichwort
»Al-insān ādū mā yāchhāl« (»Des Menschen Feind ist das, was er ignoriert«)

Darin sind die Marokkaner Weltmeister Ganz klar im Kunsthandwerk. Wohl nirgendwo werden derart emsig und fingerfertig mit über Jahrhunderte verfeinerten Techniken Meisterwerke geschaffen wie in den Souks und Handwerksvierteln Marokkos.

Magazin

Das Backstein-Minarett der al-Mansūr-Moschee thront seit mehr als 800 Jahren über dem »Kasbah«-Viertel an der Pforte zur Medina von Marrakesch. Hier pulsiert, wie in der gesamten labyrinthartigen Altstadt, das urbane Leben der »roten Perle des Südens«. Tauchen Sie ein und lassen Sie sich vom Zauber des Orients mit allen Sinnen verführen!

Die verwinkelte Medina von Chefchaouen ist in kräftige Blautöne getüncht – eine Tradition, die auf die 1492 aus Andalusien vertriebenen Juden zurückgeht und gegen Moskitos oder gar den »Bösen Blick« Schutz bieten soll. Handwerkskunst und Topfpflanzen an den Fassaden sind kontrastreiche Farbtupfer in den Gassen, die sich den Hang hinaufwinden. An fast jeder Ecke wartet hier ein tolles Fotomotiv!

Der Hassan-Turm, das Wahrzeichen der Hauptstadt Rabat, ist unvollendet geblieben. Geplant war er als über 86 Meter hohes Minarett der größten aller Almohaden-Moscheen, noch weit größer als die Mezquita-Catedral Córdobas. Tatsächlich ragt er lediglich 44 Meter in den Himmel. Die mehr als 300 Säulen südlich des Turms lassen erahnen, welch enorme Ausmaße die fertiggestellte Moschee gehabt hätte.

Beste Reisezeit Marokko

	März	April	Mai
Temperatur min./max.	10° / 23°	12° / 25°	15° / 28°
Sonnenscheinstunden/Tag	8	9	9
Regentage im Monat	4	4	3
Wassertemperatur (Atlantik)	17°	18°	19°

Die Bedeutung der Symbole:

18° 9° Temperatur min./max.

Sonnenscheinstunden/Tag

Regentage im Monat

Wassertemperatur (Atlantik)

FRÜHLING

Fast nahtlos reiht sich in Marokko die Mandel- an die Orangen- und Rosenblüte. Reichlich Sonne und milde Temperaturen sorgen dafür, dass man das Land in seiner Gesamtheit genießen kann.

Bereits im späten Februar, insbesondere aber zu Anfang–Mitte März sowie den ganzen April und Mai hindurch lässt sich das facettenreiche Land in seiner herrlichen Vielfalt bei angenehmen Temperaturen am besten erkunden. Das Gebiet um Fès, Meknès und die römischen Ruinen von Volubilis sind in dieser Jahreszeit von einem farbenfrohen Blütenmeer überzogen. Die Orangenblüte setzt meist Anfang April ein und hüllt ganze Städte in betörenden Duft. Nun entfalten auch die Gärten der Königsstadt Fès ihre volle Pracht. Anfang Mai feiert El-Kelâa M'Gouna sein wunderbares »Rosenfest«.
Nachts kühlt es in der Region noch deutlich ab, tagsüber entwickelt die Sonne aber bereits enorme Kraft. Sonnenschutz ist deshalb auch im Frühling unabdingbar. Für Wanderungen im Atlas, Trekkingtouren und Co. bieten sich April und Mai sowie der frühe Juni an. Auch die Wasserfälle bei d'Ouzoud (S. 104) sind nun wasserreich, ebenso die Gebirgsbäche, die sich durch die karg-schroffe Atlas-Landschaft schlängeln.

Mekka-Pilger brachten vor über 1000 Jahren die betörend duftende »Damaszener-Rose« nach Kelâa M'Gouna, Marokkos Zentrum der Rosenwasser-Produktion

Die Atlantikküste mit schier endlosen Sandstränden, wie hier bei Essaouira, bietet im Hochsommer eine willkommene Abkühlung und ganzjährig ideale Bedingungen für Surfer

Für ein Bad im Mittelmeer oder Atlantik oder für Surfkurse im Neoprenanzug ist ab Mai die Wassertemperatur bereits im erträglichen Bereich. Allerdings fällt von 2019–2023 der Ramadan-Fastenmonat in den April und Mai (S. 174, A–Z-Teil), mit eingeschränkten Öffnungszeiten zu Sehenswürdigkeiten ist zu rechnen.

SOMMER

Während die Hitze das Hinterland lähmt, locken die Küsten an Mittelmeer und Atlantik mit Städten wie Al Hoceïma, Tanger, Rabat, Casablanca und Essaouira. Aber auch in der Höhenlage im Mittleren und Hohen Atlas ist es angenehm mild.

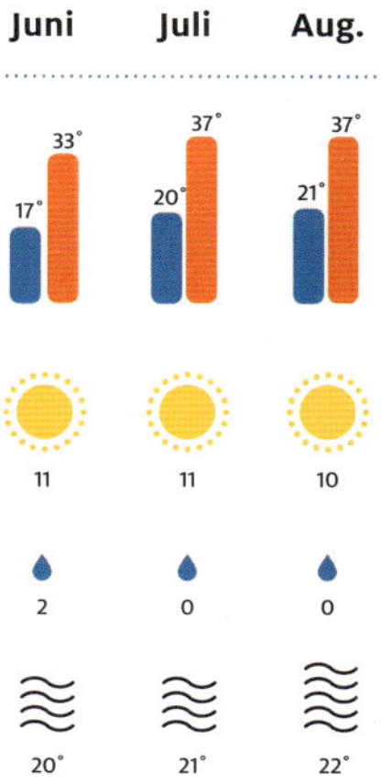

Für Strand und Meer ist der Sommer wohl die beste Reisezeit. Am Atlantik, in den Metropolen Rabat (S. 110) und Casablanca (S. 119), Essaouira (S. 126) und Agadir (S. 128) sowie in Sidi Ifni und Tarfaya (S. 130 und 131) hält der Ozean die Hitze im Zaum. Einheimische Urlauber und internationale Gäste zieht es an die Küste des Mittelmeeres um Saïdia oder Al Hoceïma (S. 82 und 80) mit traumhaftem Strandwetter.
Mit der Brise bleibt es in den Höhenlagen des Mittleren und Hohen Atlas erträglich warm, wie bei Ifrane, der »Schweiz Marokkos« (S. 102), oder Imlil (S. 137) am Fuß des über 4100 m hohen Dschebel Toubkal. Im Hinterland indes ist die ohnehin spärliche Vegetation dann völlig ausgedörrt, was die Kasbah-Route (S. 156) oder eine Tour durch das Drâa-Tal zu einer Herausforderung für Mensch und (Miet-)Wagen macht.

Auch in Fès und in Marrakesch sind Spitzen um und über 40 °C keine Seltenheit. Wobei sich in der Roten Königsstadt je nach Windrichtung der Einfluss des nur knapp 200 km entfernten Atlantiks zumindest in den Sommernächten auf höchst angenehme Weise bemerkbar macht.

HERBST

Neben dem Frühling ist der Herbst die ideale Reisezeit für das Königreich. Ob Städte-Trip, Wüsten-Trek, Atlas-Wanderung oder Badeurlaub: Alles ist möglich. Einzig das »Grün« wurde über die heißen Monate von Ockertönen verdrängt.

Ab Mitte/Ende September nähern sich die Temperaturen zumeist wieder dem Bereich, in dem wir uns als Mitteleuropäer wohlfühlen, das gilt auch für das Gebiet der Kasbah-Lehmburgen (S. 156) um Ouarzazate, die Schluchten von Todra und Dadès (S. 161) und das Sahara-Gebiet (ratsam ab Anfang/Mitte Oktober).
Der Herbst bis in den Dezember hinein ist mit dem Frühjahr die beste Reisezeit für die Königsstädte oder einen mehrtägigen Atlas- oder Wüsten-Treck. Auch die beginnende Nebensaison am Mittelmeer und Atlantik hat ihren Reiz. Die Safranblüte und -ernte in Taliouine (S. 135) ist Anfang Oktober Anlass für ein tagelanges »Moussem«-Volksfest.
Folglich sind die Herbstferien in Deutschland oder die Feier- und Fenstertage um den Nationalfeiertag und Allerheiligen in Österreich ideal für Familien mit Schulkindern für einen Kurztrip nach Marokko. Surfer finden ab Oktober (bis März) die besten Bedingungen zum Wellenreiten vor.

Durch eine rötliche, marsähnliche Landschaft führt der Pfad auf den Dschebel Toubkal. Das »Dach der antiken Welt« ist mit 4167 m der höchste Gipfel im Hohen Atlas

Wintersport in Marokko? Skigebiete im Hohen und Mittleren Atlas wie Oukaïmeden, nur 80 km südlich von Marrakesch gelegen, gelten als Geheimtipps

WINTER

Warum nicht nach Marrakesch zu Weihnachten oder zum Jahreswechsel? Meist genießt man milde Tagestemperaturen. Auch Rabat, Casablanca oder Tanger bieten im Winter Tage in gleißendem Sonnenschein.

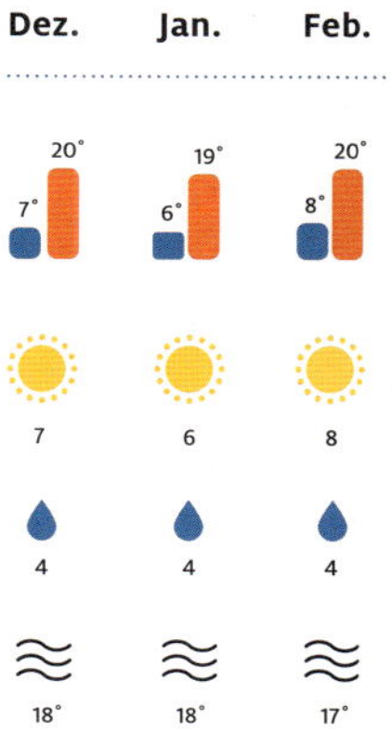

Im Anti-Atlas im Tal bei Tafraoute startet die Mandelblüte Ende Januar, Anfang Februar. Sie bietet einen unvergesslichen Anblick und wird mit dem »Mandelblütenfest« gefeiert. Weiter nördlich setzt das weiß-rosa Blütenmeer drei bis vier Wochen später ein, wobei in Küstennähe des Mittelmeeres schon früh im März damit zu rechnen ist. Südlicher, ab Agadir und Essaouira, können härter Gesottene ein erfrischend-kaltes Bad im Atlantik nehmen, und das total entspannt in der Ruhe der Nebensaison – in oft völliger Einsamkeit an den kilometerlangen Sandstränden. Neoprenanzüge fürs Bad im kalten Wasser verleihen die Surfschulen vor Ort. Insbesondere die Sandwüsten locken nun mit erträglichen Tagestemperaturen und sternenklaren, sehr frischen Winternächten (Wollpullover und dicke Jacke nicht vergessen!).

Hohe Passstraßen sind mitunter wegen punktuell starker Schneefälle gesperrt, wie der Tizi n'Tichka (S. 155). Trecks im Atlas wollen gewissenhaft vorbereitet sein. Marokko bietet aber auch Skigebiete, etwa der Dschebel Mischliffen bei Ifrane (S. 102) oder Oukaïmeden im Hohen Atlas (S. 137) unweit von Marrakesch. Behalten Sie stets den Wetterbericht im Auge und informieren Sie sich bei geplanten Ausflügen in abgelegenere Atlastäler über Pässe und auf Hochebenen vor der Abreise über den Straßenzustand.

Entspannung pur im Café des Majorelle-Gartens in Marrakesch

Orientalischer Küchenzauber

Die Küche Marokkos ist eine einmalige Mischung aus uralter Berber-Tradition, Orient-Aromen und mediterranen Einflüssen sowie französischem Touch. Als Vertreterin der »Mittelmeerdiät« zählt sie zum immateriellen UNESCO-Weltkulturerbe.

DIE GROSSEN DREI DER MAROKKANISCHEN KÜCHE

Die drei wohl berühmtesten Speisen des Maghreb-Königreichs sind das Nationalgericht Tajine, eine marokkanische Variante des »Römertopfes« – in Keramikschalen geschmorte Köstlichkeiten, seien es Sardinen, Huhn, Lamm (ein Klassiker: mit Dörrpflaumen, Mandeln und Honig), Rind, Kefta-Fleischbällchen oder eben vegetarisch. Dann natürlich der Weizengries Couscous, der seine Zeit braucht: Mehrere Stunden nimmt die typische Zubereitung in Anspruch – ein Aufwand, der sich zweifelsohne lohnt. Und schließlich die famose »Pastela« (auch »Pastilla«), eine süß-salzig gewürzte Füllung, oft mit Zimt und anderen intensiven Aromen, in Blätterteig gewickelt und knusprig gebacken, meist mit Huhn, Nüssen (Mandeln, Pistazien), Trockenfrüchten (Rosinen, Dörrpflaumen, Aprikosen). Das Ergebnis ist ein Gaumentraum wie aus Tausendundeiner Nacht.

Ohne Gewürze wie Kreuzkümmel (Kumin), Kurkuma oder Safran, die sich auch im »Ras al-Hanut« (S. 25) finden, ist die marokkanische Küche ohne-

hin undenkbar. Sie hauchen jedem Gericht jenen unverwechselbaren Geschmack des Orients ein.
Street Food ist als Teil der Alltagskultur omnipräsent und zudem eine preiswerte Art, satt zu werden. Selbst an Raststätten der Landstraßen werden an Grillständen Kebab-Spieße, zumeist vom Lamm oder Rind, sowie Lammkoteletts auf Holzkohle zubereitet.
Suppen wie die traditionelle Harira, eine schmackhafte Gemüse- oder Fleischbrühe mit Linsen oder Kichererbsen, die traditionelle Speise zum Fastenbrechen im Ramadan, wird auch als »Take-away« angeboten. Eine Spezialität der Garküchen auf dem Platz Djemaa el Fna (S. 143) in Marrakesch sind gegarte Schnecken.

SPEISEKULTUR

Gasthäuser bieten stets ein Mittagsmenü mit Vor- und Hauptspeise sowie Dessert an. Für 60 bis 80 Dirham speist man in gehobenen Restaurants, von denen sich einige aus der Protektoratszeit einen stark französischen Touch bewahrt haben. Die Franzosen forcierten auch den Weinbau und eröffneten Brauereien. Im Norden indes und an der Mittelmeerküste offenbart sich am Gaumen das Erbe der spanischen Protektoratsherren. Die Nähe zum Nachbarn auf der anderen Seite der Straße von Gibraltar macht sich mit Fischgerichten (frittierte Calamari, Gambas, Paella-Reisgerichte) bemerkbar. Selbst »Tapas« sind hier, etwa in Tanger oder Tétouan, vielfach präsent.
Fladenbrote (arabisch u. a. »Kesra«, aus der Pfanne »Batbout«, schichtenreich gefaltet »Msimin«) werden auch aus Hartweizengries (»Harcha«) hergestellt. Sie ersetzen das Besteck, gegessen wird mit der rechten Hand. Aber keine Sorge: Sollten Sie aufgrund der riesigen Gastfreundlichkeit der Marokkaner in den wahrscheinlichen Genuss kommen, privat zum Abendessen in eine Familie eingeladen zu werden, wird man Ihnen gerne Messer, Gabel und Löffel reichen. Gleiches gilt für die meisten Restaurants.

Tajines sind geschmorte Köstlichkeiten, die oft mit süß-salzigen Geschmacksnoten und immer mit orientalischen Aromen begeistern

BRIOUAT, SFENJ UND MADFOUNA

Der Blätterteig, ohnehin eine arabische Erfindung, kommt variantenreich zum Einsatz, wie bei dreieckigen Briouat-Teigtäschchen (auch »Briwat«), pikant salzig oder aber süß ein idealer Snack für zwischendurch oder auch als Reiseproviant. Zu Kaffee oder Minztee, dem Nationalgetränk (S. 96), werden gerne süße »Sfenj«, eine Art marokkanischer Donut, gereicht. Die Pfannkuchen ähnlichen »Beghirs« bekommt man meist zum Frühstück, das für Marokkaner übrigens genauso wichtig ist wie für unsereins und dementsprechend üppig ausfällt. Neben exzellentem Olivenöl aus heimischer Produktion ist auch Arganöl (oft auch Bestandteil der Mandelpaste »Amlou«) verbreitet, als gesunde Alternative zur Butter oder Margarine.

Auch der Einfluss der Berber-Nomadenvölker, die stets auf Haltbarkeit und Zubereitungsformen für unterwegs bedacht sind, ist in der Küche Marokkos unübersehbar. Das gefüllte Fladenbrot, die »Berberpizza« (»Madfouna«), hat man stets im Wüstensand unter der Glut gebacken.

Marokkos Nationalgetränk aus frischer Minze, starkem Grüntee und mitunter exorbitant bemessenen Zuckermengen hat je nach Aufguss einen lieblich-starken bis bitter-herben Geschmack

SÜSSE GAUMENFREUDEN

Marokkos Patisserie-Kunst ist famos. Zum Minztee wird stets köstliches, oft mit Orangenwasser aromatisiertes Nuss- oder Pistaziengebäck gereicht oder aber an Baklava erinnernde, von Zucker- oder Honigwasser triefende Kaloriengeber (typisch sind frittierte »Chebakayas«, mit Sesam, Honig, Zimt u. Safran). Auch Datteln von den Millionen Dattelpalmen der Oasen oder importiert aus Tunesien sind ein idealer, süßer, magnesiumreicher Snack auf Reisen, auch für die Kleinsten. In Marokko sind sie zudem ein Zeichen des Wohlstands und bei Familienfeiern, Geburten oder Hochzeiten unverzichtbar. Ein weit verbreitetes Dessert sind Orangenscheiben mit Zimt, Rosenwasser und Orangeblüten, herrlich erfrischend und leicht bekömmlich nach einem üblicherweise üppigen Mahl.

ADAC *Service Marokko*

Beim **ADAC Infoservice**, in den **ADAC Geschäftsstellen** sowie auf dem **Internetportal des ADAC** (adac.de) erhalten Sie Informationen zu den Dienstleistungen des Automobilclubs und zu Ihrem Reiseziel. Rufen Sie bei Notfällen und Pannen den **ADAC Notruf** bzw. den **ADAC Auslandsnotruf** an. Unser Team steht Ihnen rund um die Uhr zur Verfügung.

ADAC Infoservice

Tel. 0 800/510 11 12
Infos zu allen ADAC Leistungen
(Mo–Sa 8–20 Uhr, gebührenfrei)

ADAC Notruf Deutschland

Tel. 0 180/222 22 22
(24 Std., ca. 6 ct/Anruf, max. 42 ct/Min. aus deutschem Mobilfunknetz)

ADAC Notruf Mobil-Kurzwahl

Tel. 22 22 22
(Gebühren variieren je nach Netzbetreiber)

ADAC Auslandsnotruf

Tel. +49/89/22 22 22
(Gebühren variieren je nach Netzbetreiber und Land)

Internet-Serviceangebote des ADAC für Ihre Reiseplanung

Service	**Webadresse**
Aktuelle Verkehrslage	adac.de/verkehr
ADAC Routenplaner	adac.de/maps
Infos zu Tankstellen und Spritpreisen	adac.de/tanken
Infos zu mautpflichtigen Strecken	adac.de/maut
Infos zu Fährverbindungen	adac.de/faehren
ADAC TourMail (Aktuelle Infos vor Anreise)	adac.de/tourmail
Informationen für Camper	adac.de/camping
Informationen für Motorradfahrer	adac.de/motorrad
Informationen für Segler und Skipper	adac.de/sportschifffahrt
ADAC Reiseangebote	adacreisen.de
ADAC Autovermietung	adac.de/autovermietung
ADAC Versicherungen für den Urlaub	adac.de/versicherungen
Weltweite Preisvorteile für ADAC Mitglieder	adac.de/vorteile-international

Diese **Produkte des ADAC** könnten Sie interessieren: **ADAC Reiseführer Andalusien, ADAC Reiseführer Portugal, ADAC Reiseführer Teneriffa** und **ADAC Reiseführer Gran Canaria** – erhältlich im Buchhandel, bei den ADAC Geschäftsstellen und in unserem ADAC Online-Shop (adac.de/shop).

Anreise und Einreise

Auto und Autofähre

Die Fahrt von Berlin nach Marrakesch dauert im Idealfall 35 bis 40 Stunden: Über Lyon, Marseille, Barcelona und Málaga geht es zum Hafen von Algeciras, wo man mit der **Fähre nach Tanger** übersetzt. Von Algeciras nach Tanger MED oder in die Enklave Ceuta (1–1,5 Std. Fahrzeit) gibt es fast stündlich Abfahrten. Zu Ferienbeginn, wenn es die in Europa lebenden marokkanischen Familien in ihre Heimat zieht, steuern rund 250 000 PKWs die Meerenge bei Gibraltar an. Es ist mit langen Wartezeiten am Hafen in Algeciras zu rechnen (Tickets im Voraus buchen!).

Flugzeug

Der schnellste, bequemste, günstigste und gängigste Weg nach Marokko zu kommen, ist ohne Zweifel das Flugzeug. Rechnen Sie mit vier bis fünf Stunden Flugzeit im Direktflug – etwa mit der staatlichen **Royal Air Maroc (RAM)** (www.royalairmaroc.com) von Berlin, München, Frankfurt, Düsseldorf oder Zürich. Zudem bedienen viele der großen Linien die wichtigsten Airports Marokkos (darunter Lufthansa, Eurowings, Austrian, Swiss, Air France, TAP Portugal oder Iberia, 400–600 € für Hin- und Rückflug). Billigflieger wie Ryanair, AirArabia, Tuifly, Norwegian und Easy Jet steuern ebenso Marokko an (ab 100–300 € hin und zurück).

Bahn und Bus

Warum auch nicht? Bahnfahren wird immer schneller, mit Hochgeschwindigkeitszügen wie dem ICE, Frankreichs TGV und Spaniens AVE kommt man in rund 24 Stunden von Berlin, Wien oder Zürich ins andalusische Málaga. Von dort kann man mit der Fähre nach Melilla übersetzen, oder man nimmt den Bus nach Algeciras. Mit der marokkanischen Bahn gelangt man von Tanger-Ville nach Rabat und Casablanca (4 Std.), Fès (5.30 Std.) oder Marrakesch (8–9 Std.).

Einreise und Dokumente

Erforderlich ist ein mindestens noch sechs Monate gültiger **Reisepass**. Ein vorläufiger Pass oder Kinderreisepass gilt ebenso. Ein 90-tägiges Geschäftsreise- oder Touristenvisum erhält man kostenlos (nicht verlängerbar). Wer im Pass ein Visum aus Israel oder Algerien hat, muss sich auf eine längere Befragung einstellen. Die Einreise über die Grenze aus Algerien ist nicht möglich.

Auto- und Straßenverkehr

Führerschein und Papiere

Ein **EU-Führerschein** wird in Marokko akzeptiert. Dasselbe gilt für das eidgenössische Pendant. Wer mit dem eigenen Fahrzeug einreist, muss die Fahrzeugpapiere mitführen und unbedingt auch wieder mit dem selben Wagen ausreisen, sonst drohen empfindliche Zollstrafen, auch bei Unfallfahrzeugen. Unabdingbar ist die **Grüne Versicherungskarte**, die für Marokko gültig sein muss. Ist »MA« durchgestrichen, dann klären Sie dies vor der Reise ab.

Tempolimits in Marokko

(Ausnahmen siehe Verkehrsvorschriften)

Straße	Tempolimit
Autobahn	max. 120 km/h
Landstraße	max. 100 km/h
Ortschaft	40–60 km/h
Wohngebiet	20–30 km/h

Verkehrsvorschriften

Es herrscht seit der Reform des »Code de la Route« **Gurtpflicht**, ein **Handyverbot** beim Fahren und ein absolutes **Alkoholverbot**. Auch geringste Promillewerte werden nicht nur mit hohen Bußgeldern belegt (bis 10 000 Dh), es drohen Haftstrafen bis zu einem Jahr.
Radarkontrollen sind sehr häufig. Die Strafen (Übertretung von 10 km/h kostet 100 Dh, über 30 km/h 400 Dh) sind nicht hoch, können sich aber summieren. Sie sollten bar entrichtet werden. Wer später zahlt, muss mit 30–40% höheren Geldbußen rechnen.

Straßennetz und Sicherheit

Marokko unternimmt erhebliche Anstrengungen, sein Straßensystem zu modernisieren und auszubauen. Die **Mautautobahnen** (A) sind in sehr gutem Zustand, Schnellstraßen sind kostenlos und streckenweise sanierungsbedürftig. Wie auf den **Nationalstraßen** (N) werden Sie vielerorts auf Baustellen treffen. Auf **Regional- und Provinzstraßen** (R, P) sind Schlaglöcher und abgefahrener Belag nicht selten. Nach der Regenzeit ist mit Schäden und Sperren durch Hangrutsche zu rechnen, und im Winter sind die Pässe nach Schneefällen mitunter tagelang gesperrt.
Entlegene Bergdörfer, Schluchten und Pässe im Atlas sind nur mit **Allradantrieb** zu erreichen, der zudem Pflicht für Fahrten in die entlegenen Oasen der Wüste ist. Nach Merzouga, M'Hamid oder Figuig gelangt man auf asphaltierten Straßen problemlos mit dem Pkw. Mietwagenanbieter (S. 183) verbieten Pistenfahrten, daraus resultierende Schäden sind nicht gedeckt. Wenn Sie abgelegenere Landesteile bereisen, wählen Sie zumindest ein Modell mit mehr Bodenfreiheit.
Rechnen Sie vor allem im ländlichen Raum damit, kuriose Fortbewegungsmittel auf den Straßen anzutreffen: Eselskarren, von Männern gezogene Lastenzüge, überladene Kleinlaster und Lkws oder langsame Mopeds. Besonders in der Nacht ist viel Schwerverkehr unterwegs, Tiere und streunende Hunde verirren sich auf die Fahrbahn.

Maut

Mautgebühren fallen auf allen Autobahnen an (Infos, Gebührenrechner und Routenplaner auf www.adm.co.ma). Die **A 1** von Tanger über Rabat und Casablanca (ca. 90 Dh für etwa 240 km), endet in Safi. Die **A 2** führt von Rabat über Fès (ca. 50 Dh, 204 km) weiter nach Taza und Oujda, über die **A 7** gelangt man von Casablanca über Marrakesch (76 Dh, ca. 200 km) bis Agadir.

Tanken

In den Ballungsräumen, an Autobahnen und den wichtigen Nationalstraßen findet man stets **Tankstellen**, die zumindest von 8–20 Uhr geöffnet haben. Der Preis variiert stark, je nach Region und Tagesverlauf (Benzin 95 10–11,5 Dh/l, Diesel 8–10 Dh/l). Das Tanken übernimmt der Tankwart, der sich damit ein kleines Trinkgeld verdient. Für Fahrten in abgelegene Gebiete ist es ratsam, zuvor vollzutanken.

Parken

In den wichtigen Städten, wo es auch moderne **Parkhäuser** mit elektronischer Abrechnung gibt, oder bei touristisch interessanten Orten sowie regionalen Provinzzentren befinden sich stets in Zentrumsnähe Parkplätze mit **Parkwächtern** (Gebühr ist Verhandlungssache!). Geben Sie für zwei Stunden etwa 5 Dh, über Nacht 15–20 Dh.

Unfall und Panne

Sollte es zum Umfall kommen, bleiben Sie ruhig. Legen Sie wenn möglich eine Sicherheitsweste an und stellen Sie ein Pannendreieck auf. Rufen Sie dann die **Polizei** (Notruf bei Personenschäden 112, 190, Gendarmerie Royal im ländlichen Bereich 177), die jedoch oft nur einschreitet, wenn Personen zu Schaden gekommen sind. Kontaktieren Sie außerdem Ihren Mietwagenanbieter. Erstellen Sie einen **Bericht**, den Sie und die Unfallpartei unterschreiben. Der dem Europäischen Unfallbericht ähnelnde Vordruck (»constat à l'amiable«) ist auch bei der Abwicklung der Versicherungsforderungen in der Heimat hilfreich. Das darauf befindliche Kästchen zum Schuldeingeständnis sollten Sie frei lassen.

Kinder im Auto

Für Kinder unter drei Jahren ist ein Kindersitz und bis zehn Jahren eine Sitzerhöhung Pflicht. Bei Mietwagen können Sie diese gegen einen geringen Aufpreis hinzumieten.

Barrierefreies Reisen

Marokko lässt sich auch im Rollstuhl erkunden. Insbesondere das eher ebene **Marrakesch** bietet sich dafür an. Neben den Souks kann auch die überwiegende Zahl der Sehenswürdigkeiten weitgehend problemlos besichtigt werden. Auch der neue TGV Maroc ist barrierefrei. Einige **Hotels**, insbesondere in Marrakesch oder um Agadir, bieten auch Lösungen für besondere Bedürfnisse an (Hebevorrichtungen, Shuttleservice). Beachten Sie, dass in ländlichen Gebieten die **Stromversorgung** und damit die adäquate Kühlung von Medikamenten nicht immer rund um die Uhr gewährleistet ist. Tipps finden sich auf www.reisenmitrollstuhl.de. Es sollte aber erwähnt werden, dass Marokko in punkto Barrierefreiheit noch lange nicht mit europäischen Standards vergleichbar ist.

Diplomatische Vertretungen

Die Auslandsvertretungen Ihres Heimatlandes helfen Ihnen, wenn Sie Dokumente verloren haben, oder vermitteln, falls es zu Problemen mit der Polizei und Behörden kommt.

Deutsche Botschaft

■ 10000 Rabat, Zankat Madnine 7, B.P. 235, Tel. (+212) (0) 537/21 86 00, www.rabat.diplo.de

Deutsche Honorarkonsulate

■ 80000 Agadir, Rue de Madrid 6, Tel. (+212) (0) 528/84 10 25

■ 20120 Casablanca, Rue Haj Omar Riffi 310, Tel. (+212) (0) 522/45 05 45

Österreichische Botschaft

■ 10010 Rabat, Zankat Tiddas 2, B.P. 135, Tel. (+212) (0) 537/76 40 03 oder 76 16 98, www.bmeia.gv.at/oeb-rabat

Österreichisches Honorarkonsulat

■ 40000 Marrakesch, Derb el-Hammam 51, Mouassine, Medina, Tel. (+212) (0) 524/37 76 15

Schweizer Botschaft

■ 10020 Rabat, Square de Berkane, Tel. (+212) (0) 537/26 80-30, -31, -32, www.eda.admin.ch/rabat

Schweizer Konsulat

■ 20100 Casablanca, c/o Kettani Law Firm, Rue Lahcen el-Basri 8, Tel. (+212) (0) 522/43 89 00

Feiertage

Zivile Feiertage: 1. Januar (Neujahr), 11. Januar (Jahrestag der Rede zur Unabhängigkeit v. Mohammed V., 1944), 1. Mai (Tag der Arbeit), 30. Juli (»Thronfest«, Jahrestag des Regentschaftsantritts v. Mohammed VI.), 14. August (Allégeance, Annektierung der Sahara), 20. August (Gedenktag der Exilierung v. Mohammed V., 1953), 21. August (»Fest der Jugend«, Geburtstag v. Mohammed VI.), 6. November (Jahrestag des »Grünen Marsches«), 18. November (Unabhängigkeitstag).

Religiöse Festtage orientieren sich am islamischen Kalender und dem Mond (12 Monde zu 29–30 Tagen), woraus sich alljährlich Verschiebungen ergeben (pro Jahr zum Sonnenkalender um 10–11 Tage nach vorne).

Der Fastenmonat **Ramadan** (2019: vsl. 6. Mai–3. Juni, 2020: 23. April–23. Mai) endet mit dem Fest des Fastenbrechens (arab. al-'id as-saghir). Das »kleine Fest« am Beginn des zehnten Monats markiert den zweitwichtigsten muslimischen Feiertag (2019: vsl. 3.–4. Juni, 2020: 23.–24. Mai). Das **Opferfest** (arab. al-'id as-khebir), auch das »große Fest«, ist der höchste muslimische Feiertag. Man gedenkt dem Opfer des Propheten Ibrahim (Abraham) (2019: ab 11. Aug., 2020: ab 1. Aug.). Es handelt sich um ein viertägiges Fest, zu dem unglaublich viele Lämmer geschlachtet und gegrillt werden. Der Geburtstag des Propheten Mohammed (arab. Maulid an-Nabī) fällt 2019 auf den 9./10. November (2020: 28./29. Okt., 2021: 18./19. Okt). Zudem wird der Flucht Mohammeds aus Mekka nach Medina (arab. al-hidschra) mit einem Feiertag gedacht, dem Neujahrsfest der Muslime (2019: 31. Aug.–1. Sept., 2020: 19.–20. Aug.)

Geld und Währung

Die Landeswährung ist der **Marokkanische Dirham** (Dh, MAD). Banknoten existieren von 20 bis 200 Dirham, gängige Münzen sind 1, 2 und 5 Dh bis zu den praktischen und beliebten 10 Dh-Münzen. In den größeren Städten und touristischen Orten wird oft auch der **Euro** akzeptiert, wobei mitunter stark zu Ihrem Ungunsten gerechnet wird.

Die Ein- und Ausfuhr von Dirham ist untersagt, Summen bis 1000 Dh werden meist toleriert. **Wechselstuben** finden sich in touristischen Städten: primär um die wichtigen Plätze, an Flughäfen, Häfen und Bahnhöfen (tgl. von 9–20/21 Uhr). Auch in Bankinstituten (meist jedoch nur Mo–Fr 8.15–14.30 Uhr) können Sie wechseln.

Wechselkurse

(Stand: Dezember 2018)

1 €/1 CHF	10,89 Dh/9,62 Dh
10 €/10 CHF	108,93 Dh/96,18 Dh
100 €/100 CHF	1089 Dh/961 Dh
1 Dh	0,09 €/0,10 CHF
10 Dh	0,92 €/1,04 CHF
100 Dh	9,18 €/10,40 CHF

EC-Automatenabhebung ist bei den meisten Banken möglich, aber versichern Sie sich bei Ihrer Hausbank, ob dies mit Ihrer Karte auch klappt. Die marokkanischen Banken erheben dabei geringe Gebühren (etwa 20 Dh pro Abhebung) und die Hausbank mitunter bis zu 5 €. **Bargeld** wird überall, wie bei dem traditionellen Feilschen (siehe ADAC Spartipp, S. 47) üblich, bevorzugt. Das gilt auch für viele Hotels und Riads, wo man Bares dem »Plastikgeld« (MasterCard, Visa etc.) oder auch der

Bezahlung über Online-Buchungsplattformen nicht selten vorzieht.
In Unterkünften von Hotelketten oder in Vier- und Fünf-Sterne-Hotels bzw. in gehobeneren europäisch-französischen Restaurants hingegen werden **Kreditkarten** akzeptiert. Das gilt auch für Bus- oder Zugfahrkarten, etwa bei ONCF, Supratours oder CTM.

Kosten im Urlaub
(durchschnittliches Preisniveau)

Glas Minztee	6–20 Dh
Kaffee mit Milch	8–25 Dh
Softdrink (Limonade)	15–25 Dh
Glas oder Dose Bier	30–60 Dh
Glas Wein (0,2 Liter)	30–50 Dh
Hauptgericht (Restaurant)	50–80 Dh
Eintritt staatl. Museum	10–40 Dh
Mietwagen/Tag	ab 130 Dh

Gesundheit

Unabdingbar ist für Marokko ein **Reiseversicherungsschutz**, im Idealfall sollte er auch einen Rettungsflug nach Deutschland abdecken. Auslandskrankenscheine oder die Europäische Krankenversicherungskarte bieten nur einen sehr geringen oder gar keinen Versicherungsschutz. So kann ein Krankheitsfall teuer und ein Rücktransport ruinös sein. Der **ADAC-Schutzbrief** deckt hier im Krankheitsfall auch den Rücktransport in die Heimat ab.
Mit einfachen, aber konsequenten Hygienemaßnahmen können **Durchfallerkrankungen** weitgehend vermieden werden: Waschen Sie regelmäßig die Hände und trinken Sie, auch wenn das Leitungswasser in den größeren Städten sehr gute Qualität hat, ausschließlich Mineralwasser (achten Sie auf die korrekte Versiegelung der Flasche!). Auch wenn es schwerfällt: Frische Salate, Fruchtsäfte, vor allem mit Eiswürfeln, sollte man besser meiden.
Für die **Reiseapotheke** bieten sich neben Kohletabletten (gegen Durchfall), Schmerzmittel, Aspirin, Pflaster, Mullbinden und Betaisadona-Lösung an, aber übertreiben Sie nicht. Sollten Sie viele Medikamente brauchen, lassen Sie sich – primär für den Zoll – Ihre Beschwerden vom Arzt attestieren.
Pflichtimpfungen gibt es nicht, es ist aber ratsam, etwa acht Wochen vor der Abreise Ihren Hausarzt zu konsultieren. Neben der meist vorhandenen Polio- und Tetanusimpfung (sonst auffrischen) sollte man einen Schutz gegen Pertussis (Keuchhusten) sowie Hepatitis A (evtl. auch B) in Erwägung ziehen. Bei langen Aufenthalten bietet sich auch ein Typhus-Impfschutz an.
Wenn Sie viel in ländlichen Gebieten unterwegs sind und dabei in Kontakt mit streunenden Hunden kommen: Schützen Sie sich vor **Tollwut**, die in Marokko noch nicht ausgerottet ist. Bei einem Hunde- oder Wildtierbiss gilt: Suchen Sie rasch das nächste Krankenhaus oder einen Arzt auf. **Malaria** indes kommt in der gut behandelbaren Variante des Plasmodium vivax in Nordmarokko nur äußerst isoliert bzw. nur in feuchten Gebieten von Mai bis Oktober vor. Eine Prophylaxe ist nicht notwendig. Grundsätzlich ist man mit einem Mückenschutz für die Haut und in der Kleidung sowie einem Moskitonetz besser beraten. Wer vor hat, die Oasen des Südens zu besuchen, und kein Risiko eingehen will, packt das Selbstdiagnoseset »RIDA Quick-Malaria« (r-biopharm) und ein Schlangenbissset mit ins Urlaubsgepäck.

Festivals und Events

Hinweis: Religiöse Feste orientieren sich am islamischen Kalender.

Januar/Februar

Mandelblütenfest In Tafraoute bei Agadir feiert man die feine Mandel.

März/April

Kerzenfest Highlight ist der Laternenumzug in Salé mit einer Prozession zum Grab des Stadtgründers Sidi Abdallah Ibn Hassun.

Mai

Rosenfest Neben marokkanischer Musik, traditioneller Tracht und Tanz wird in El-Kelâa M'Gouna freilich auch die Rosenkönigin gewählt.

Das Gnaoua-Festival von Essaouira

Juni

Festival Gnaoua et Musiques du Monde Bei diesem weltberühmten Festival Ende Juni in Essaouira geben sich über drei Tage die Stars der Szene sowie der Weltmusik mit Fokus auf Afrika ein buntes Stelldichein.

Juli

Moussem Culturel International d'Asilah Das berühmte Straßenkunst-Festival, begleitet von Musik und Poesie, findet alljährlich von Mitte bis Ende Juli statt.

Kirschenfest In Sefrou bei Fès steht alles im Zeichen der Kirsche.

Moussem von Tan-Tan Reiternomaden aus der Sahara kommen zu den spektakulären »Fantasias«.

August

Volkskunstfestival Marrakesch feiert mit Events im El-Badi-Palast, und am Djemaa el Fna tummeln sich noch mehr Straßenkünstler, Gaukler, Feuerschlucker und internationale Artisten als sonst.

September

Moussem Moulay Idris (Moulay Idris, Meknès und Fès) Musiker und Handwerksgilden gedenken dem Stadtgründer in einer der buntesten Feiern des Landes.

Hochzeitsfestival Im Atlas-Bergdorf Imilchil geht es schon längst nicht mehr nur um die Partnerwahl. Musik, Tanz und Kulinarik spielen eine nicht unbedeutende Rolle.

Oktober

Dattelfest Am Monatsanfang feiert die Wüstenstadt Erfoud drei Tage lang die süße Frucht.

November

Jahrestag des »Grünen Marsches« (6. Nov.) – Marokko zeigt sich in seinem ganzen Nationalstolz. Am 18. Nov., wenn die Unabhängigkeit gefeiert wird, gleich noch einmal.

Ärzte und Krankenhäuser

Die Gesundheitsversorgung Marokkos hinkt noch weit hinter den europäischen Standards zurück, wenngleich es in den Großstädten Rabat und Casablanca, aber auch in Tanger hervorragende **Privatkliniken** gibt. Im Fall der Fälle wird Ihnen aber die Hotelrezeption einen Arzt vermitteln oder ein Taxi für die Fahrt ins nächstgelegene Krankenhaus organisieren.

Apotheken

Insbesondere in städtischen Ballungsräumen sowie in den Regionalhauptstädten ist die Apothekendichte sehr hoch, aber auch in Kleinstädten und Provinzorten finden Sie stets eine, oft auch auf Französisch mit »pharmacie« gekennzeichnete, Apotheke (arab. »sādālia«). Man erkennt sie an der grünen Schrift und meist auch am typischen Äskulap-Schlangenlogo.

Abseits der regulären Öffnungszeiten (meist Mo–Fr 8.30/9–12, 15–19.30/16–20.30, Sa 9–12 Uhr, in großen Städten und an wichtigen Plätzen bisweilen auch Mo–Fr 9–20, 9–13 Uhr) stehen stets die nächstgelegenen Apotheken mit Nacht- und Wochenenddiensten angeschrieben. Die Medikamentenpreise sind vergleichsweise niedrig, für eine Vielzahl von Präparaten besteht keine Rezeptpflicht.

Haustiere

Hunde und Katzen müssen gechippt sein und eine aktuelle **Tollwutimpfung** aufweisen, die vor weniger als sechs Monaten verabreicht wurde. Vielerorts werden in Hotels auch Haustiere akzeptiert. Und anders als man vielleicht denkt, sind auch Hunde bei Marokkanern beliebt. Viele halten sie selbst als Haustiere. Informieren Sie sich bei Ihrem **Tierarzt** über etwaige Risiken für Ihr Tier sowie mögliche Schutzmaßnahmen (z.B. Leishmaniose: Impfung bzw. Halsband) und bedenken Sie die deutlich andere Tierwelt – insbesondere in der Wüste und um die Oasen.

Information

Marokkanische Fremdenverkehrsämter

- 40210 Düsseldorf, Graf-Adolf-Str. 59, Tel. +49 (0) 211/37 05 51
- 1010 Wien, Kärntner Ring 17/2/23, Tel. +43 (0) 1/512 53 26
- 8001 Zürich, Schifflände 5, Tel. +41 (0) 442/52 77 52

Marokkanisches Nationales Büro für Tourismus

- www.visitmorocco.com/de

Botschaften Marokkos

- 10117 Berlin, Niederwallstr. 39, Tel. +49 (0) 30/206 12 40
- 1180 Wien, Hasenauerstr. 57, Tel. +43 (0) 1/586 66 51
- 3005 Bern, Helvetiastr. 42, Tel. +41 (0) 313/51 03 62

Klima und beste Reisezeit

So facettenreich wie das Land sind auch seine Klimazonen. Dennoch ist die beste Reisezeit für Marokko der **Frühling** ab dem Februar sowie der **Herbst** ab Oktober bis in den Dezember hinein. Wenn es in Deutschland, Österreich und der Schweiz noch bitterkalt ist, blüht hier alles auf, der wasserreiche Norden präsentiert sich sattgrün, und die Mandelblüte entfaltet ihre rosa-weiße Pracht. Ende März duftet Marrakesch nach Orangenblüten.

Die nördliche Mittelmeerküste ist mit ihren milden **Wintern** vergleichbar mit dem Süden Spaniens und daher ein ganzjährig attraktives Reiseziel. Niederschlagsreicher ist es am Atlantik zur kalten Jahreszeit, und auch im Hinterland um Meknès und Fès kann es ausgesprochen nass und kalt werden. Ganz besonders gilt das für das Rif-Gebirge, den Mittleren und vor allem natürlich den Hohen Atlas, wo im Winter mit ergiebigen Schneefällen (und gesperrten Passstraßen) zu rechnen ist.
Dafür ist die Region um Ifrane auch in den **Sommermonaten** wegen ihrer Höhenlage ausgesprochen mild, während die Königsstädte in der Sommerhitze eher zu meiden sind. Das gilt umso mehr für die südlicheren Gefilde um Marrakesch sowie die Wüstenstädte. Auch Trips in die Sanddünen sind dann im Juli und August nicht möglich. Im Hochsommer bieten sich dagegen die Traumstrände direkt an der Atlantikküste für einen Badeurlaub an.

Klimatabelle Marrakesch

Monat	Luft (°C) (min./max.)	Sonne (h/Tag)	Regentage
Jan.	6/19	7	4
Feb.	8/20	7	4
März	10/23	8	4
April	12/25	9	4
Mai	15/28	9	3
Juni	17/33	11	2
Juli	20/37	11	0
Aug.	21/37	10	0
Sept.	19/32	9	2
Okt.	15/28	8	3
Nov.	11/23	7	4
Dez.	7/20	7	4

Notfall

Die wichtigste Notrufnummer ist – wie auch in der EU – der **Notruf 112** (kostenfrei), wo man Sie prompt weiterverbindet, etwa zu Polizei (190), Gendarmerie Royale (177), einer Polizei, die ländliche Gebiete abdeckt, Rettungsdienst (141, 150) und Feuerwehr (150). ADAC-Mitglieder können sich an den **Auslandsnotruf des ADAC** unter Tel. +49 89/22 22 22 wenden. Bei Bedarf werden Dolmetscher vermittelt.
Bei Verlust oder Diebstahl der EC- oder Kreditkarte wählen Sie Tel. +49/11 61 16, Mobil-Kurzwahl 11 61 16, bzw. besuchen Sie die Seite www.sperrnotruf.de.

Öffnungszeiten

Wie in muslimischen Ländern und in der islamischen Kultur üblich, ist der **Freitag** heilig, der Sonntag hingegen nicht. Das gilt insbesondere für die Souks und die Basare, die am Freitag meist gar nicht öffnen oder wie viele Museen und Sehenswürdigkeiten bereits zwischen 12 und 13 Uhr schließen. Den **Dienstag** haben dagegen viele staatliche Museen und Sehenswürdigkeiten als Ruhetag ausgewiesen. Besonders während des Fastenmonats **Ramadan** müssen Sie mit stark reduzierten Öffnungszeiten oder geschlossenen Monumenten rechnen.
Banken, Postämter und Behörden öffnen an »normalen« Arbeitswochen Mo–Fr von etwa 8.30 bis 16.30 Uhr ihre Türen. In touristischen Zentren und Großstädten sind die Geschäfte freilich länger geöffnet (oft bis 23 Uhr), große Supermärkte von Ketten wie Carrefour haben auch freitags und sonntags offen (8.30/9–22 Uhr), Cafés und Restaurants natürlich auch.

Post

Postämter (Poste Maroc) finden Sie in allen größeren Ortschaften (Mo–Sa 8–16.30, max. 18 Uhr), Briefmarken erhalten Sie auch an Kiosken. Ein Brief (20 g) in die EU-Staaten kostet 8,60 Dh, eine Postkarte 6,60 Dh. Briefkästen erkennt man am gelb-blauen Design (www.poste.ma).

Rauchen und Alkohol

Zigaretten sind in Marokko um vieles günstiger. Ein Päckchen kostet am Kiosk 22–33 Dh. Tabak zum Selberrollen indes ist teurer (30 Gramm 40–50 Dh). **Alkohol** wird toleriert und auch in Supermärkten, verkauft. Alkoholkonsum in der Öffentlichkeit sollte man jedoch, abgesehen von Hotelbars und in Restaurants, generell vermeiden.

Der **Nichtraucherschutz** ist nicht besonders ausgeprägt, und Nichtraucherzonen setzen sich nur langsam durch. Nur in öffentlichen Gebäuden wie Supermärkten, Ämtern und Bahnhofsgebäuden ist Rauchen untersagt. Auch auf Flughäfen, doch gibt es dort Raucherzonen. Frauen mit Zigaretten werden allgemein nicht gern gesehen.

Sicherheit

Marokko ist ein sehr sicheres Reiseland, in dem Sie sich frei und ohne Angst bewegen können. Beachten Sie dennoch mögliche Sicherheitshinweise auf der Website des Auswärtigen Amtes Ihres Heimatlandes (S. 173). Die auch andernorts übliche Vorsicht ist an stark frequentierten Orten vor **Taschendieben** geboten. Nehmen Sie zudem Kopien Ihres Reisepasses mit. Für den Fall, dass Ihnen dieser abhandenkommt, kann Ihnen von der Botschaft unbürokratisch ein Ersatzdokument ausgefertigt werden. Bringen Sie einen Diebstahl des Passes zur Anzeige, sonst erhalten Sie kein provisorisches Reisedokument.

Armut und soziale Missstände sowie die Benachteiligung der Berber in Nordmarokko führen immer wieder zu spontanen, nicht genehmigten **Protesten**, zuletzt Anfang 2018 in Jerada in Nordmarokko sowie 2017 in der Rif-Hauptstadt Al Hoceïma. Die Proteste werden oft von gewalttätigen Auseinandersetzungen mit der Polizei und anderen Sicherheitskräften begleitet. Generell gilt: Meiden Sie Demonstrationen und informieren Sie sich in den Medien über aktuelle Entwicklungen.

Im Rif-Gebirge wird **Cannabis** in Massen für die Haschischproduktion kultiviert. Die Drogenhändler sind mitunter sehr aufdringlich, wahren Sie also tunlichst Abstand. Der Drogenbesitz und -handel wird mit empfindlichen Haftstrafen von bis zu zehn Jahren geahndet. »Agrar-Ausflüge« zu Cannabis-Feldern sollte man meiden.

Reisen in die **Westsahara** entlang der Atlantikküste sind möglich, und besonders um das Surferparadies Ad-Dakhla mit seinen traumhaften Stränden oder in El Aaiún stößt man auf eine sich stetig verbessernde touristische Infrastruktur. Die Botschaften können im Zweifellsfall hier keine Hilfe leisten. Rechnen Sie mit Checkpoints und starker Militärpräsenz.

Sport

Golf

Nicht nur um Saïdia an der Mittelmeerküste werden Golfsportfans von den Grüns entzückt sein. Das staatliche

Tourismusamt bewirbt Marokko als »Königreich des Golfsports«. 26 Plätze gibt es bislang: Im Herzen von Fès, bei Marrakesch, in Agadir oder um Essaouira, ja selbst in der Wüste bei Ouarzazate können Sie nach Herzenslust Ihre Hölzer, Eisen und Putter schwingen. Weitere Infos unter www.moroccogolfservices.com.

Schwimmen, Surfen und Segeln

Ob an den Traumstränden des Mittelmeers oder am Atlantik bis weit in den Süden: Marokko ist prädestiniert für einen unvergesslichen **Strandurlaub**. Am Mittelmeer, aber auch am Atlantik finden Sie ideale Abschnitte, auch für Familien mit kleinen Kindern (Lagunen von Oualidia, Khenifiss, Saïdia) mit einigen Top-Ressorthotels und moderner Infrastruktur. Das Mittelmeer ist wärmer als der Atlantik und von Mai bis Oktober angenehm. Am Atlantik muss man kälteresistenter sein und teils mit hohem Wellengang rechnen. Wassersportfans können jedoch Neoprenanzüge mieten und sich an den zahllosen Surfspots und in Surfschulen entlang der gesamten Küste von Asilah bis Tan-Tan in die Wellen stürzen. Entlang der Uferlinie Marokkos finden sich Jachthäfen, in den Metropolen auch top-moderne Anlagen wie etwa in Rabat und Tanger. Jacht- und Segelclubs bieten vor Ort ihre Dienste an, auch Tagesturns werden offeriert.

Reiten

Nein, es gibt nicht nur Kamele! Marokko ist weltberühmt für seine Pferdezucht und das seit Jahrhunderten. Wer bei Essaouira einen Ausritt machen will, findet zahlreiche Anbieter (www.ranchdediabat.com). Aber auch um Agadir gibt es Ranches (www.reiterreisen.com), und um Meknès hat sich eine Schweizerin ihren Pferdetraum verwirklicht, an dem sie auch Urlauber teilhaben lässt (www.clubfarah.com).

Fahrrad

Immer beliebter wird das Königreich auch bei **Radfahrern**, insbesondere für längere Touren, die mehrere Tage oder auch Wochen dauern. Tipps geben hier Online-Foren wie http://marokko-per-rad.de. **Mountainbiker** werden im Rif, aber auch im Mittleren Atlas sowie in der Gegend um Tafraoute Routen in allen Schwierigkeitsgraden finden.
Beste Infrastruktur sowie kommerzielle Guides, auch für mehrtägige Touren, gibt es im Hohen Atlas, u.a. bei Imlil (www.mountain-bike-morocco.com). Profis sollten einen Blick auf die Seite www.freeridemorocco.com werfen.

Wandern

Mit seinen Gebirgszügen ist Marokko eine beliebte Wander- und Trekkingdestination. Eine Vielzahl von Anbietern organisiert auch mehrtägige oder mehrwöchige Touren (www.weltweitwandern.at). Viele Routen sind jedoch nicht gut markiert, weshalb es sich anbietet, lokale **Bergführer** zu engagieren bzw. Ihren Alpenverein zu kontaktieren (www.alpenverein.de, www.alpenverein.at, www.sac-cas.ch). Wanderkarten liegen für den Atlas und das Rif vor.
Infos vor Ort zu Routen und Hütten gibt der marokkanische **Club Alpin Français (CAF)**, 20250 Casablanca, Bd. Sidi Abderahmane 50, Tel. (+212) (0) 522/99 01 41, http://cafmaroc.ffcam.fr. Eine Vereinsmitgliedschaft bringt Ermäßigungen in Schutzhütten, etwa am Dschebel Toubkal, und einen Versicherungsschutz. Vergessen Sie nicht Ihre Vereinskarte oder eine Kopie davon!

Strom und Steckdose

Die **Spannung** beträgt 220–240 V. In vielen Hotels findet man mittlerweile europäische Steckdosen (Typ C) vor, wobei auch der französische Stecker (Typ E) sehr verbreitet ist. Die **Stromversorgung** ist in den Städten stabil, im ländlichen Marokko kann es bisweilen zu Ausfällen kommen.

Telefon und Internet

Wer mit seinem Handy oder Smartphone in Marokko telefonieren oder im Internet surfen will, muss mit exorbitant hohen **Roaming-Kosten** (Anrufe bis 2 € pro Minute eingehend, bis zu 4 € ausgehend, 1 MB Daten 10–14 €) rechnen. Informieren Sie sich daher am besten vor Ihrer Abreise bei Ihrem Anbieter über spezielle Urlaubs- und Auslandspakete, die auch für Marokko gültig sind und Datentransfers zulassen. Oder deaktivieren Sie vor der Ankunft auf Ihrem Handy die mobilen Datendienste. Die praktischste Variante ist eine **marokkanische SIM-Karte**, die man in ein altes, aber zur Schaffung eines WLAN-Hotspots fähiges Handy einlegt. Anschließend kann die ganze Familie im Internet surfen.

An Flughäfen werden bei der Ankunft oft SIM-Karten gratis (10 Dh Guthaben) verteilt. Die Anbieter ähneln sich sehr im Preis. Für Maroc Telecom, Inwi oder Orange etwa kann man Auflade-Bons an Kiosken, Tankstellen und in Supermärkten erwerben (10, 20, 50, 100 und 200 Dh, etwa 2 GB Datenvolumen für 20 Dh). In den meisten Hotels und vielen Cafés wird ein kostenloses **WLAN** bereitgestellt. Auch an Bahnhöfen betreibt die Bahn ONCF kostenlose Hotspots, die meist gut funktionieren.

Internationale Vorwahlen:

- Marokko 00 212
- Deutschland 00 49
- Österreich 00 43
- Schweiz 00 41

Trinkgeld

Fast überall wird von Ihnen ein Trinkgeld erwartet, auch für noch so kleine Gefallen wie eine Auskunft oder eine Wegbeschreibung. Geben müssen Sie nichts, aber bedenken Sie die weitverbreitete Armut. Falsche **»Fremdenführer«** gibt es so gut wie überall, mitunter sind sie der größte Störfaktor im Urlaub. Waren sie hilfreich, verdienen sie ein Trinkgeld. Mehr als 50 Dh für eine Stunde sollten Sie aber nicht zahlen.

In **Restaurants** versteht sich die Rechnung ohne Trinkgeld. Waren Sie zufrieden, geben Sie 10–20 % oder runden Sie einfach auf, ebenso bei Taxifahrten. Zimmermädchen und das Personal in Hotels verbessern den Service spürbar, wenn man sich erkenntlich zeigt.

Umgangsformen

Respektieren Sie die religiösen Gefühle der muslimischen Gesellschaft und seien Sie insbesondere während des Fastenmonats Ramadan in höchstem Maße achtsam. Die linke Hand gilt als unrein, geben Sie stets die rechte Hand. Auch (verheiratete) Paare sollten sich nicht in der Öffentlichkeit küssen oder Zärtlichkeiten austauschen. Homosexualität ist ein mit Gefängnisstrafe geahndeter Straftatsbestand.

Alleinreisende Frauen können sich sicher bewegen, müssen aber bisweilen mit unangenehmen Aktionen von seiten junger marokkanischer Männer rechnen. Übergriffe sind äußerst selten, und nach der jüngsten Reform des Strafgesetzbuchs ist auch verbale Belästigung ein mit Haftstrafen geahndetes Delikt. Mit selbstsicherem Auftreten, angemessener, keinesfalls freizügiger Kleidung, einem Kopftuch, einem Ehering am Ringfinger (egal ob man verheiratet ist oder nicht) kann man solche unangenehmen Situationen auf ein Minimum reduzieren. Im Gespräch den (fiktiven oder realen) Ehepartner, Kinder und Familie zu erwähnen, bremst Avancen meist ebenso prompt. Suchen Sie bei längeren Zug- oder Busfahrten ein Abteil mit Frauen oder setzen Sie sich neben Familien.

FKK ist in Marokko, wo immer mehr Burkinis in Mode kommen, ein absolutes No-Go. Nicht einmal an abgelegenen Stränden sei hierzu geraten.

Auch wenn sie farbenfroh gekleidet sind, Marokkaner werden nicht gerne ungefragt **fotografiert**. Und sie verlangen mitunter ein Trinkgeld, wenn man ihr Einverständnis höflich erfragt.

Heikle Themen sind die **Westsahara** (siehe »Im Blickpunkt«, S. 84). Marokkaner haben einen großen Nationalstolz und betrachten das riesige Gebiet im Süden schlicht als ihr Land. Ebenso ist es keine gute Idee, den auf Fotos omnipräsenten König zu kritisieren.

Unterkunft und Hotels

Der Standard der **Hotels** und **Riads** ist hoch, aber noch nicht mit dem europäischen vergleichbar. Die vergebenen Sterne entsprechen nicht immer dem gewohnten Luxus. In Marokko werden bei Hotels 3 € Tourismustaxe pro Nacht und Person einbehalten.

Ferienwohnungen und **Apartments**, für Familien eine praktische Alternative, findet man immer öfter auf den bekannten Online-Buchungsplattformen (AirBnB, booking.com, etc.).

Campingplätze gibt es in großer Zahl, Stellplätze für Wohnmobile ebenso. Was Sanitäranlagen betrifft, schrauben Sie Ihre Erwartungen bitte herunter.

Verkehrsmittel im Land

Bahn

Das Schienennetz in Marokko erstreckt sich über rund 2100 km und wird sukzessive ausgebaut. So fährt seit Mitte 2018 der **TGV Maroc** (bis zu 320 km/h) in 2 Stunden und 15 Minuten von Casablanca nach Tanger planmäßig. Weitere TGV-Strecken nach Agadir und Marrakesch sowie über Meknès und Fès nach Oujda sind geplant. Bequeme, klimatisierte Nachtzüge verkehren zwischen Tanger und Marrakesch (rd. 11 Std., 370 Dh).

Für reguläre Zugfahrten ist es ratsam, die etwa 40 % teurere **erste Klasse** zu buchen. Die **zweite Klasse** ist indes eine äußerst kostengünstige Variante, um etwa für 90 Dh von Tanger nach Meknès (4.30 Std.) oder für 110 Dh nach Fès (5.30 Std.) zu gelangen. Ein Bordservice hält Snacks und Kaffee bereit (Infos unter www.oncf.ma).

Bus

Supratours, die Tochter der Staatsbahn ONCF, bietet preiswerte Verbindungen. Der Aufpreis für die Comfort-Klasse lohnt sich (www.supratours.ma). Ebenso bequem sind die Busse des Konkurrenten **Compagnie de Transport Marocains** (CTM, www.ctm.ma). An Busbahnhöfen findet man zahlreiche private Anbieter, die einen nicht ganz so komfortabel, aber günstiger ans Ziel bringen. Die Destinationen werden dabei lauthals ausgerufen.

Mietwagen

Ein Leihwagen ist wohl die beste Variante, um das Land zu erkunden. Neben den führenden Anbietern (Sixt, Hertz, Avis, Enterprise etc.), die stets an den wichtigen Flughäfen Büros unterhalten, gibt es auch viele private Unternehmen, bei denen man vor Ort mit Verhandlungsgeschick Rabatte erzielen kann (bezahlt wird bar). Es bietet sich an, bereits vor der Abreise den Mietwagen zu buchen. Voraussetzung ist ein Führerschein (mindestens ein Jahr gültig), ein Mindestalter von 25 Jahren (selten 21 Jahre) und eine Kreditkarte.

Inlandsflüge

Die **Royal Air Maroc** punktet mit günstigen Inlandsflügen zu 18 Flughäfen (vom Hub Casablanca Mohammed V.) im ganzen Land (Marrakesch-Menara, Rabat-Salé, Tanger-Boukhalef, Fès-Saïss, Essaouira-Mogador, Ouarzazate, Oujda, Nador, Agadir, Al-Hoceïma u.a.).

Taxis

Im Stadtverkehr gibt es **»Petits Taxis«**, je nach Region sind sie anders gefärbt und deutlich zu erkennen. In den Städten des Nordens, aber auch in Casablanca und Rabat verfügen sie über Taxameter. Ansonsten muss man den Preis vor Fahrtantritt aushandeln.

Überlandfahrten werden häufig mit **»Grands Taxis«** unternommen. Noch sind es viele Mercedes-Limousinen der 1970er- und 1980er-Jahre, die als Sammeltaxis an eigenen Taxiständen (»Place des Grands Taxis«) warten. Und zwar so lange, bis sechs bis acht Fahrgäste darin Platz genommen haben. »Grands Taxis« verbinden die Städte mit dem Umland. Sie sind auch für längere Strecken geeignet, besonders wenn man als Familie oder Gruppe reist oder Tagesausflüge zu Sehenswürdigkeiten unternimmt. Das Fahrservice-Unternehmen Uber war nur kurzzeitig bis Anfang 2018 aktiv.

Zeitverschiebung

In Marokko gilt ganzjährig die **Mitteleuropäische Zeit**. Während der europäischen Sommerzeit muss man die Uhr um eine Stunde zurückstellen. Die Zeitumstellung während des Ramadan wurde Ende 2018 abgeschafft.

Zoll

Alles, was Reisende aus EU-Ländern oder der Schweiz für ihre Marokkoreise an **persönlichem Reisebedarf** mitnehmen, ist abgabefrei. Pro volljähriger Person darf jedoch nur eine Flasche Wein oder Spirituosen nach Marokko mitgebracht werden, maximal 200 Zigaretten oder 400 g Tabak. Medikamente dürfen nur für den persönlichen Bedarf eingeführt werden. Die Mitnahme von Flugdrohnen wie von Funkgeräten ist strikt verboten. Die Ein- und Ausfuhr marokkanischer **Devisen** ist untersagt, wobei bei Ein- und Ausreise Beträge von bis zu 2000 Dh toleriert werden. Detaillierte Bestimmungen auf der Website der marokkanischen Zollbehörde: www.douane.gov.ma.

Die meisten **Souvenirs** können zollfrei in die Heimat mitgebracht werden. Beachten Sie dabei, dass der Freibetrag bei 430 € (Deutschland und Österreich) bzw. 300 CHF (Schweiz inkl. Alkohol und Tabak) liegt. In die EU-Staaten dürfen pro Person maximal 200 Zigaretten oder 250 g Tabak, 1 l Spirituosen und vier Flaschen Wein eingeführt werden. Weitere Infos unter www.zoll.de, www.bmf.gv.at und www.ezv.admin.ch.

Die Geschichte Marokkos

8000–6000 v. Chr. Erste Ackerbausiedlungen im Rif-Gebirge.

1000–800 v. Chr. Phönizier errichten erste Handelsstützpunkte an der Küste.

500 v. Chr. Karthago kolonisiert die westliche Atlantikküste. Berberstämme bilden das Königreich Mauretanien.

146 v. Chr. Mit dem Fall von Karthago gerät das Numider-Reich unter römischen Einfluss.

40 n. Chr. Rom annektiert das Königreich Mauretanien, Hauptstadt wird Volubilis bei Meknès.

429 Vandalen erobern Tanger, es folgt der Niedergang der antiken Kultur.

664 Beginn der arabischen Eroberung und Islamisierung des Maghreb.

789 Idris I., direkter Nachkomme des Propheten, gründet die erste Dynastie Marokkos: die Idrisiden.

1046 Die Almoraviden-Dynastie kontrolliert weite Teile von Marokko, Al-Andalus, Portugal und Algerien.

1147 Eroberung Marrakeschs durch die berberischen Almohaden.

1269–1465 Die Meriniden-Dynastie dominiert mit der Hauptstadt Fès den westlichen Maghreb.

1492 Die Kapitulation des Königreichs Granada führt zur Immigration unzähliger Muslime und Juden aus Spanien.

Ab 1500 Portugiesische Eroberung der Küstenstädte Nordmarokkos und am Atlantik. Auftakt der Ära der gefürchteten Berberkorsaren mit der Piratenrepublik Bou-Regreg von Salé.

1549–1664 Unter den Saadiern beginnt eine Epoche des Wohlstands.

1672 Moulay Ismail begründet die Alawiden-Dynastie aus Südmarokko, die bis heute an der Macht ist.

1912–1956 Das Land ist in das Französische Protektorat und Spanisch-Marokko sowie die Zone Tanger aufgeteilt.

1912–1927 Der Konflikt im Rif eskaliert mehrmals und mündet in den Krieg der Berberstämme gegen Spanien.

1956 Marokko wird vereinigt und unabhängig. Mohammed V. nimmt 1957 den Königstitel an.

1961 Hassan II. besteigt den Thron.

1975 Mit dem »Grünen Marsch« am 6. November annektiert Marokko die bis dahin spanische Kolonie Westsahara.

1991 Die UNO vermittelt einen Waffenstillstand im Westsahara-Konflikt.

1999 König Mohammed VI. tritt nach dem Tod von Hassan II. dessen Nachfolge an und zeigt mit der Stärkung der Frauenrechte, der sozialen Belange und des Parlamentarismus Reformwillen.

2011 Im »Arabischen Frühling« fordern Massenproteste Demokratisierung und soziale Gerechtigkeit. Mohammed VI. gewährt kleinere Zugeständnisse.

2018 LGV-Zugverbindung zwischen Tanger und Casablanca eröffnet.

Autostopp ist in Marokko Usus, und das war er auch beim »Grünen Marsch« 1975

Französisch und Arabisch für die Reise

Das Wichtigste in Kürze	Französisch	Aussprache Arabisch (marokkanischer Dialekt in blau)
Ja/Nein	*Oui/Non*	*na'am/lâ a(h)/la*
Bitte/Danke	*S'il vous plaît/Merci*	*'afwan/schukran*
Hallo!/Auf Wiedersehen!	*Salut!/Au revoir!*	*marhaba!/ma'a s-salama!*
Guten Morgen!/Guten Tag!	*Bonjour!*	*sabâh al-chair!/as-salâmu 'alaikum!*
Guten Abend!/Gute Nacht!	*Bonne nuit!*	*masâ al-chair!/laila sa'îda!*
Mein Name ist …	*Je m'appelle …*	*ismi…*
Entschuldigung!	*Pardon!/Excuse(z)-moi!*	*ana âsif (âsifa*)! smah li/smahi* li*
Achtung!/Vorsicht!	*Attention!*	*Intabih! 'andek!*
Ich verstehe Sie nicht.	*Je ne vous comprends pas.*	*ana la afhamuk ma fhemt*
Wie viel kostet das?	*Cela coûte combien?*	*kam yukallif hadâ? be-schal hadâ?*
Damen/Herren	*femmes/hommes*	*an-nisa/ar-rijal*
geöffnet/geschlossen	*ouvert/fermé*	*maftûh/mughlaq*
gestern/heute/morgen	*hier/aujourd'hui/demain*	*al-bâriha/al-yaum/al-ghad*
Wo ist …?	*Où se trouve …?*	*aina…? fayn…?*
Ist das der Weg nach …?	*Est-ce que c'est le chemin pour…?*	*hal hadâ huwa at-tarîq ilâ…? wasch hadi hiya et-triq l-…?*
Nord/Süd/West/Ost	*nord/sud/ouest/est*	*schamâl/janûb/gharb/scharq*
Ich möchte …	*Je voudrais …*	*urîd… bgît…*
Die Rechnung, bitte!	*L'addition, s'il vous plaît!*	*al-hisâb min fadlik!*
Auto	*voiture*	*sayyâra*
Tankstelle	*station d'essence*	*mahattat benzîn ponp desans*
Super/bleifrei/Diesel	*super/sans plomb/gasoil*	*benzîn/châlî min ar-rasâs/dîzil*
Panne	*en panne*	*mu'attal châsar*

Hinweise zur Aussprache

Französisch

ai	wie ›ä‹, Bsp.: lait
au	wie ›o‹, Bsp.: auto, gauche
eu	wie ›ö‹, Bsp.: peu, deux
ou	wie ›u‹, Bsp.: rouge
c	vor ›e‹ und ›i‹ wie ›s‹, Bsp.: ce, cide
c	vor ›a‹ und ›o‹ wie ›k‹, Bsp.: cabinet
ch	wie ›sch‹ Bsp.: chips
h	am Wortanfang ist immer stumm
g	vor ›e‹ und ›i‹ wie ›dsch‹, Bsp.: gentille
p, s, t	am Wortende meist stumm, Bsp.: trop, très, mot
-tion	bei dieser Silbe ›t‹ wie ›s‹, Bsp.: nation
q, qu	wie ›k‹, Bsp.: coq, qui
v	wie ›w‹, Bsp.: vie

Arabisch

â, û, î, ô, ê	lange Vokale wie in Hahn, Huhn, Miete, Bohne, Meer
ch	wie ›ch‹ in Buch
d	wie das stimmhafte englische ›th‹ in the
gh	›r‹ wie in Rand
j	›dsch‹ wie in Journal
t	wie das stimmlose englische ›th‹ in thing
w	wie das englische ›w‹ in wall
z	wie ›s‹ in sehr
'	stimmhafter Kehllaut, klingt wie ein aus der Kehle gepresstes ›a‹
()*	die jeweilige weibliche Form

Register

A

Ad-Dahkla 132
Agadir 128
Agoudal 161
Agouim 155
Aguelmame-Azigza-Nationalpark. 103
Aguelmame Sidi Ali 57
Aguelmouss 155
Agzd 158
Aïn-Diab 121
Aït Arbi 161
Aït Ben Haddou 38, 54
Aït-Ben-Haddou 156
Aït-Bougoumez-Tal 104
Aït Mansour 133
Aït Youl 161
Al Hoceïma 80
Al-Hoceïma-Nationalpark 81
Alkohol 179
Anima-Garten 154
Anreise 171
Apotheken 177
Architektur, islamische 36
Arganie 129
Ärzte 177
Asilah 76
Asserdoun 105
Assif Melloul 104
Auto 171
Autobahnen 172
Autofähre 171
Auto- und Straßenverkehr 171
Azilal 103
Azrou 57

B

Bab Mansour 98
Bahn 171, 182
Barrage Al-Hassan Addakhil 57
Barrage El Mansour Eddahbi 54
Barrierefreies Reisen 173
Beni Mellal 105
Berber 82
Berkane 83
Blaue Medina, Chefchaouen 78
Blaue Quelle von Meski 162
Botschaften 173
Boulaajoul 57
Boulaouane 123
Boumalne Dadès 55
Boumalne-Dadès 161
Bus 171, 182

C

Cabo Negro 75
Cannabis 81
Cap Spartel 73
Casablanca 119
Casablanca (Film) 122
Cascades d'Akchour 80
Cascades d'Ouzoud 104
Cèdre Gouraud 102
Centre d'art moderne de Tétouan (CAMT) 75
Ceuta (Spanien) 73
Chefchaouen 14, 78
Cîterne Portugaise 124
Croco-Park Agadir 128

D

Dadès 55
Dadès-Schlucht 55, 161
Daït al-Amir 102
Daït-Aoua 102
Daït Hachlaf 102
Daït Yfrah 102
Diplomatische Vertretungen 173
D'Iriqui-Nationalpark 160
Drâa-Tal 158
Dschebel Attar 137
Dschebel Bani 134
Dschebel Mischliffen 102
Dschebel Tamejour 83
Dschebel Tassemit 105
Dschebel Tazzeka 89
Dschebel Toubkal 137

E

Einreise 171
El Aaiún 132
El Jadida 123
El Kelâa M'Gouna 55
El-Kelâa M'Gouna 160
Erfoud 163
Erg Chebbi 165
Erg Chegaga 159
Errachidia 57, 162
Essaouira 126
Events 176

F

Fahrrad 180
Fahrzeugpapiere 171
Feiertage 174
Feilschen 95
Felsbrücke von Imi N'Ifri 104
Fès 57, 90
- Alte Medina 91
- Andalusische Moschee 96
- Bab Bou Jeloud 91
- Borj Nord 98
- Dar al-Makhzen 97
- Fès el-Bali 91
- Fès el-Jedid 97
- Foundouk el-Nejjarine 92
- Gerberviertel 95
- Kairaouine-Moschee 93
- Kairaouine-Universität 93
- Mausoleum Zaouia Moulay Idris II. 93
- Medersa al-Attarine 94
- Medersa Bou Inania 37, 39, 92
- Mellah 97
- Meriniden-Gräber 98
- Musée Dar el-Batha 92
- Place R'Cif 96
- Souks 91

Festivals 176
Figuig 166
Flora und Fauna 32
Flugzeug 171
Führerschein 171

G

Gartenanlagen 153
Geld 174
Gesundheit 175
Golf 179
Gouffre du Friouato 89

Grottes d'Hercule 73

H

Haarlem, Jan Janszoon van 118
Handwerkskunst 94
Haschisch 81
Hassan-II.-Moschee 119
Hassilabied 164
Haustiere 177
Hochgebirgsseen des Mittleren Atlas 102

I

Ibn Battūta 68
Ifrane 102
Igdaoun 158
Ighrem n'Ougdal 157
Imi n'Ifri 104
Imlil 137
Information 177
Inlandsflüge 183
Internet 181

J

Jardins exotiques de Bouknadel 118

K

Kamelritte 165
Kasbah Amridil 54, 157
Kasbah de Boulaouane 123
Kasbah Moulay Ismail 105
Kasbah-Route 156
Kasbah Taourirt 157
Kasbah von Telouet 157
Kasbah von Tiout 135
Kasba Tadla 105
Kef 81
Ketama 81
Khenifiss-Nationalpark 133
Kinder im Auto 173
Klima 177
König Mohammed VI. 115
Königsstädte 86
Konsulate 173
Kosten im Urlaub 175
Krankenhäuser 177
Küche 22
- Ras al-Hanut 25

L

Lac Daït Aoua 57
Lac d'Isli 162
Lac Tislit 162
Larache 77
Legzira 130
Lévy, Simon 49
Literaten 70
Lixus 78
Loudaghir 166

M

Maler 70
Marrakesch 142
- al-Mansūr-Moschee 12
- Anima-Garten 154
- Bab Agnaou 147
- Dar Mellakh 150
- Djemaa el Fna 143
- El-Badi-Palast 147
- Fondation Dar Bellarj 150
- Jardin Majorelle 152
- Koutoubia-Moschee 143
- Kubba der Almoraviden 149
- Medersa Ben Youssef 39, 149
- Medina 142
- Mellah 148
- Menara-Garten 153
- Moschee al-Mansur (Kasbah-Moschee) 146
- Musée de Mouassine 150
- Musée Yves Saint Laurent 38, 152
- Palais Bahia 148
- Palmeraie 154
- Paroisse des Saints Martyrs 151
- Saadier-Gräber 146
- Souks 149
- Ville nouvelle 151
Martil 75
Maut 172
M'diq 75
Meknès 98
Melilla (Spanien) 81
Merzouga 164
Meski 162
M'Hamid El Ghizlane 159
Midelt 57
- Kasbah Outhmane 57
- Kloster Notre Dame de l'Atlas 57
Mietwagen 183
Minztee 96
Mittelmeerküste 64
Mittlerer Atlas 86
Mohammed VI. 115
Moulay Idris 102
Moulay Ismail 100
Moulouya 57
Msemrir 55
Musée Antoine de Saint-Exupéry 131
Musée d'archéologie de Tétouan 74
Musée Dar Jamaï 99
Musée des Sources de Lalla Mimouna 162
Musée Fondation Abderrahman Slaoui 121
Museé National de la Céramique 125
M'Zoura 77

N

Nationalpark Aguelmame-Azigza 103
Nationalpark D'Iriqui 160
Nationalpark Khenifiss 133
Nationalpark Souss-Massa 128
Nationalpark Tazzeka 89
Nationalpark Toubkal 137
Notfall 178

O

Oasis sacrée d'oum Lâalag 159
Öffnungszeiten 178
Opferfest, islamisches 40
Oualidia 126
Ouarzazate 54, 157
Oued Dadès 161
Oued Laou 78
Oued Loukos 78
Oued Souss 128
Oued Tamraght 129
Oued Todra 162
Oued Zat 155
Oued Ziz 32
Oued-Ziz-Tal 163
Oukaïmeden 137
Oum er-Rbia 103

P

Panne 173

Parken 172
Plage Kaf Lahmam 77
Post 179

Q

Quarzazate
- Kasbah Taourirt 54

R

Rabat 110
- Alte Medina 111
- Andalusische Gärten 112
- Cathédrale Saint-Pierre 114
- Chellah 115
- Hassan-Turm 16, 114
- Jardins exotiques de Bouknadel 118
- Jardin Zoologique National 116
- Kasbah Oudaïa 112
- Mausoleum Mohammed V. 114
- Musée de l'histoire et des civilisations 114
- Musée Mohammed VI d'Art moderne et contemporaine (MMVI) 115
- Stadtmauern 111
- Téâtre National Mohammed V 116
- Ville nouvelle 114

Rauchen 179
Reisedokumente 171
Reisezeit 18, 177
Reiten 180
Rif-Gebirge 33, 78
Rmillate 77

S

Safi 125
Saïdia 82
Salé 117
- Bab el-Bahr 117
- Borj Addomoue 118
- Medersa Abu l-Hasan 118
- Medina 117

Schlangen 164
Schwimmen 180
Segeln 180
Settat 122
Shopping 26
Sicherheit 179
Sidi Ifni 130
Skorpione 164
Skoura 157
Solarkraftwerk Noor 158
Sources du Oum er-Rbia 103
Souss-Massa-Nationalpark 128, 129
Sport 179
Steckdose 181
Steinkreis von M'Zoura 77
Straßennetz 172
Straßensicherheit 172
Strom 181
Surfen 180
Synagogen 49

T

Tafilalet-Palmenhaine 163
Tafoughalt 83
Tafraoute 133
Taliouine 135
Tamazight 82
Tamegroute 158
Tamnougalt 158
Tamtetoucht 56
Tanger 46, 66
- Europäische Neustadt 70
- Hotel El Minzah 46
- Kasbah 67
- Librairie des Colonnes 70
- Medina 67
- Musée la Kasbah des Cultures Méditerranéennes 67
- Nahon-Synagoge 68
- Nekropole von Marshan 71
- Parc Perdicaris 71
- Place du 9 Avril 1947 (Grand Socco) 67
- Playa Blanca 71
- Tangier American Legation Museum 68

Tanken 172
Tan-Tan 130
Tarfaya 131
Taroudant 134
Tata 133
Taxis 183
Taza 88
Tazzeka-Nationalpark 89
Telefon 181
Telouet 157
Tempolimits 171
Tétouan 74
TGV 71, 182
Tifnit 129
Timiderte 158
Tinejdad 163
Tinfou 159
Tinghir 56, 161
Tinmal 136
Tiout 135
Tizi n'Bou Oudi-Pass 55
Tizi-n'Tichka-Pass 52, 155
Todra-Schlucht 56, 161
Töpferzentren 94
Toubkal-Nationalpark 137
Trinkgeld 181

U

Übernachten 84, 106, 138, 167
Umgangsformen 181
Unfall 173
Unterkunft 182

V

Vallée de Zegzel 83
Vallée de Ziz 163
Verkehrsmittel im Land 182
Verkehrsvorschriften 172
Volubilis 101
Vorwahlen 181

W

Währung 174
Wandern 180
Wechselkurse 174
Westsahara-Konflikt 132
Wüstenstrom 158
Wüstentiere 164

Z

Zagora 158
Zegzel-Schlucht 83
Zeitverschiebung 183
Zenaga 166
Zoll 183

Bildnachweis
Titel: Berber in der Wüste Sahara, Erg Chebbi, Marokko
Foto: **AWL Images** (Nadia Isakova)

Alamy Stock Photo: age fotostock 57; Alvaro German Vilela 117 – **AWL Images**: Michele Falzone 124; Neil Farrin 135 – **Bildagentur Huber:** Jan Wlodarczyk 58/59 – **Douar Samra:** 139 – **Getty Images:** Robert Harding World Imagery 8.1, 66/67; AFP 63.1, 132 – **Glow Images:** Prisma 155 – **Huber Images:** Hans-Georg Eiben 6/7, 12/13; Jan Wlodarczyk 90/91 – **imago stock & people:** 160 – **laif:** Monica Gumm 148, 152 (Wh. 61.2); Martin/Le Figaro Magazine 167 – **look-foto:** Photononstop 76; age fotostock 119, 120, 166 – **mauritius images:** imageBROKER/Wigbert Röth 9, 99, 103; Hemis.fr/GARDEL Bertrand 22; Peter Forsberg/Alamy 31; Jerónimo Alba/Alamy 35; John Warburton-Lee 39; AB Historic/Alamy 43; ASK Images/Alamy 46, 65.2; AGF/Hermes Images 49; ClickAlps 62.3; guichaoua/Alamy 71; Lucas Vallecillos/Alamy 75, 97; Maria Galan/Alamy 80; keyb/Alamy 83; Zoonar GmbH/Alamy 87.2; Brahim MNII/Alamy 88; Eduardo Blanco/Alamy 89; Westend61/Martin Moxter 128; Stelios Michael/Alamy 151 – **picture alliance:** Jalal Morchidi/Anadolu Agency 40, 41; Mary Evans/Grenville Collins P 44; NurPhoto/Guillaume Pinon 45; AFP 184 – **Seasons Agency:** Gräfe & Unzer Verlag/Kramp + Gölling 23; Jalag/Mogensen, Mads 3.1, 24; Jalag/Georg Knoll 61.3; Jalag/Marion Beckhäuser 4.1, 62.1, 123, 176; Gräfe & Unzer Verlag/Jana Liebenstein, Jana 63.3; – **Shutterstock.com:** Ruslan Kalnitsky 4.2; Chyzh Galyna 7.2; saiko3p 8.2, 110/111, 116; cdrin 8.3, 159 (Wh. 7.1); Vixit 10/11, 14/15; saschanti17 11.1; Waj 16/17; ANDREA DELBO 18; posztos 2, 19; Monik-a 20; J.K2507 21; Adisa 25; Pe3k 26; Adam Darvas27.1; canyalcin 27.2; javarman 3.3, 28; KELENY 29; Natalia Dereviagina 30; TinasDreamworld 32; Felineus 33; Kristian Bell 2, 34; Maurizio De Mattei 36; Jose Ignacio Soto 37; aaabbbccc 38; Rudolf Tepfenhart 42; KajzrPhotography 48; Philip Lange 50; Kagan Kaya 51; SCP255 52; Mikadun 54; Laurens Hoddenbagh 55; Leonid Andronov 3.1, 56, 87.1; Christophe Cappelli 60.1; Ppictures 60.2; WeAreProductions 61.1; AndrewMarwan 63.2, 72; haraldmuc 100; Alberto Loyo 109; Olga Kot Photo 127; Migel 131; Isabel2016 136; Anibal Trejo 141 (Wh. 165); Ser Borakovskyy 142/143; Samo Trebizan 156; Jerónimo Alba/Alamy 163; Shutterstock.com: Matej Kastelic 192 – **stock.adobe.com:** jon_chica 62.2; olenatur 65.1; siempreverde22 79; ShutterDivision 147

Herausgeber: GRÄFE UND UNZER VERLAG GmbH, Postfach 86 03 66, 81630 München
Leitender Redakteur: Benjamin Happel
Autor: Jan Marot
Verlagsredaktion: Gernot Schnedlitz (verantw.), Larissa Köpp, Silke Tauscher, Nadia Terbrack
Redaktion: Matthias Liesendahl
Satz: Mediendesign Anne Tegler, Berlin
Bildredaktion: Iris Kaczmarczyk, Dr. Nafsika Mylona
Schlusskorrektur: Ulla Thomsen
Reihengestaltung: Independent Medien Design, Horst Moser, München; Eva Stadler, München
Kartografie: Kunth Verlag GmbH & Co. KG, München
Herstellung: Mendy Willerich
Druck + Bindung: Drukarnia Dimograf Sp z o.o. (Polen)

Ansprechpartner für den Anzeigenverkauf:
KV Kommunalverlag GmbH & Co. KG, MediaCenter München, Tel. 089/928 09 60

GRÄFE UND UNZER

Ein Unternehmen der
GANSKE VERLAGSGRUPPE

ISBN 978-3-95689-678-1
1. Auflage 2019

LESERSERVICE
adac@graefe-und-unzer.de
Tel. 00800/72 37 33 33 (gebührenfrei in D, A, CH)
Mo–Do: 9–17 Uhr, Fr: 9–16 Uhr

Bei Interesse an maßgeschneiderten B2B-Produkten:
gabriella.hoffmann@graefe-und-unzer.de

Die exotischste Zutat?
Deine Neugier.
G|U
So gut schmeckt die Welt.
Koch Dich einmal um den Globus mit der erfolgreichsten Kochbuchreihe der Welt und aufregenden Ideen für Köstlichkeiten aus aller Herren Länder. Für Dein leckerstes Ich.
VIETNAM
TEX-MEX KÜCHE
TAJINE
Überall, wo es Bücher gibt, und auf GU.de/kuechenratgeber

Unterwegs in Marokko

TGV Maroc

Der erste Hochgeschwindigkeitszug Afrikas nahm im Sommer 2018 zwischen Tanger und Casablanca – vorbei an Kenitra und der Hauptstadt Rabat – seinen fahrplanmäßigen Betrieb auf. Dabei verkürzt er die Fahrzeit zwischen den beiden Wirtschaftszentren des Königreichs von über vier auf knapp über zwei Stunden. Bis 2030 soll das Netz bis nach Agadir sowie über Fès nach Oujda erweitert werden.

■ www.tgvmaroc.ma, S. 182

Grands Taxis

In die verlässlichen, doch mittlerweile deutlich in die Jahre gekommenen Mercedes-Limousinen der 1970er und 1980er-Jahre passen sieben Fahrgäste. Das beweist die marokkanische Form der Mitfahrbörse schon seit Dekaden. Sie stellen eine überaus günstige Variante dar, um sich abseits der großen Städte (»collectif«) oder auch über lange Strecken fortzubewegen. Leider wird die Automobil-Nostalgie bald der Vergangenheit angehören, denn Dacia-Kleinbusse lösen die legendären Modelle langsam, aber sicher ab.

■ Details auf S. 183

Kamelreiten

In den Sanddünen der Sahara, etwa bei Merzouga am Erg Chebbi oder bei M'Hamid am Erg Chegega, kommt die Abenteuerromantik der alten Karawanenrouten auf, verlangt aber richtig Sitzfleisch. Denn so wirklich bequem sind die Wüstenschiffe nicht. Achten Sie jedoch auf das Wohlbefinden der Tiere, die in den allermeisten Fällen allerdings liebevoll behandelt werden.

■ Details auf S. 165

Ruderboote

Für gerade einmal 2,5 Dh bringen einen die freundlichen Bootsmänner vom Ufer des Oued Bou-Regreg in der Hauptstadt Rabat zum gegenüberliegenden Ufer der einstmals gefürchteten Basis der Berberkorsaren-Republik von Salé. Die Fahrtdauer ist entsprechend kurz, knapp fünf Minuten. Gekapert wird heute glücklicherweise keine der blauen hölzernen Nussschalen mehr.

■ Details auf S. 112

Bis zu 30 Zutaten oder mehr machen »Ras al-Hanut« zum Geschmackswunder

In aller Munde

Ras al-Hanut

Die »Königin« der Gewürzmischungen gibt ganz Marokko und vor allem den typischen Tajine-Schmortöpfen seinen Geschmack. Das unverwechselbare Aroma ist auf den Gewürz-Souks ein allgegenwärtiger Nasenschmeichler.

Alle Gewürzhändler, die auf den Souks ihre bunten Gaumenschätze anpreisen, haben »Ras al-Hanut« als die »beste Mischung« im Sortiment. Jeder hat seine streng geheime Mischung, die auch regional innerhalb von Marokko variiert. Wobei es von mindestens vier bis über 30 Gewürze, Kräuter, Harze und seltene Essenzen enthalten kann – fragen Sie den Händler nach den Inhaltsstoffen. Kümmel, Kreuzkümmel, Pfeffer, Ingwerwurzel, Kurkuma, Kardamom, Muskatnuss und -blüte (Macis), Zimt, Paprika, Anis, Galgant, Nelke, Piment, Lavendel und Chilischoten sind in unseren Breiten längst allbekannt. Darüber hinaus enthält die Mischung aber auch seltene Ingredienzen wie Rosensamen, Schwertlilienwurzel sowie scharfe, aber nicht brennende Paradieskörner bzw. Guineapfeffer, der in Europa nur noch in ausgefallenen Lebkuchenrezepten vorkommt und dessen Geschmack sich insbesondere bei langen Schmorzeiten exzellent entfaltet. Auch Mönchspfeffer, ja selbst unbedenkliche Kleinstmengen an Tollkirsche können im »Ras al-Hanut« vorhanden sein – woraus sich übrigens der von vielen Händlern werbewirksam angepriesene aphrodisierende Effekt ergeben soll.

Der einzigartige Geschmack des »Ras al-Hanut« findet sich fast überall, in Couscous-Rezepten, im marokkanischen Tomaten-Gurken-Zwiebel-Minze-Salat, in Kefta-Fleischbällchen und natürlich auch in der Harira-Suppe. Preislich wird der Händler sicherlich hoch ansetzen, feilschen Sie trotzdem ein wenig. Denn selbst wenn es sich laut Händler um die »exklusivste« Mischung handelt: Wie Safran mit Gold aufwiegen lassen müssen Sie sich das Gewürz-Souvenir nicht!

Souks wie hier in Marrakesch betören ihre Besucher mit Farben und Düften

Shopping mit allen Sinnen

In den Souks und Medinas haben Sie die Qual der Souvenir-Wahl: von filigran gearbeitetem Kunsthandwerk über Teppiche, Schmuck und Keramik bis hin zu Dschellaba-Kleidern und orientalischen Gewürzen. Auch Datteln, Rosenwasser und Arganöl sind beliebte Mitbringsel und lassen das Urlaubsfeeling daheim weiterpflegen bzw. weitergeben.

Ein Fläschchen Arganöl (S. 129) geht bis 100 Milliliter auch ins Handgepäck, ebenso Gewürze wie »Ras al-Hanut« oder der berühmte marokkanische Safran sowie der beliebte Schwarzkümmel (100 Gramm rd. 80–100 Dh). Geknüpfte und gewebte Berber-Teppiche (S. 82) sind mit das Begehrteste, was in Marokko hergestellt wird. Im Atlas-Gebiet bieten Straßenhändler Mineralien und Kristalle an. Um Erfoud und Merzouga (S. 163 und 164) finden Sie zahlreiche Souvenirshops mit Fossilien.
In den Souks der Eisenhandwerker entstehen unter Hämmern Minzteekannen, Kupferkessel und Zierteller aus Messing sowie orientalische Lampen und Laternen aller Art, mitunter aus massivem Silber. Die Bandbreite des Angebots ist so immens wie die der Preise. Das gilt auch beim Schmuck, primär für Goldarbeiten, aber auch solchen aus Silber, etwa die Stücke im Damaszener-Stil aus Meknès, dem letzten Zentrum dieser hohen Kunst (S. 98). Holzschnitzarbeiten aus Zeder, Arganie, Berber-Thuja und Zitrushölzern, sind typisch für Essaouira (S. 126). Auf den Souks werden Sie auch auf kunstvolle Schnitzarbeiten stoßen, Kriegerstatuetten, Tiere und antiquarische Masken. Geben Sie aber etwas acht beim Basarbummel, es sind immer mehr Fälschungen sowie Importware aus China im Umlauf.

Ebenfalls schöne Mitbringsel sind Keramiken (aus Safi, S. 125, Fès S. 90, Marrakesch S. 142), seien es Zellij-Kacheln, Objekte der Gebrauchskeramik oder dekorative Schalen, Teller, Teelichtlaternen, Krüge oder ganz typisch: eine Tajine-Form aus emailliertem, gebranntem Ton. Doch Obacht: Nur die nicht-verzierten Objekte eignen sich auch zum Kochen!

Das perfekte Souvenir

Bunte Babouche-Lederpantoffeln

In fast allen Farben des Regenbogens sind die teils mit orientalischer Ornamentik verzierten bequemen Schlappen, die meist als Hausschuhe getragen werden, zu haben. Erst kürzlich haben Modedesigner die Babouches für ihre Kreationen wiederentdeckt. Sie sind je nach Qualität für 80 bis 250 Dh zu haben, passen in jedes noch so volle Handgepäck und schmiegen sich an jeden Fuß.

Entstanden dürfte das über alle Trends erhabene Modeprodukt bereits im alten Persien sein. Denn auch das Wort »Babouche« im Arabischen leitet sich aus dem persischen Farsi ab, »Pa« ist der Fuß und »Push« heißt bedecken. Der im Maghreb verbreitete »Balgha« ist an der Ferse offen und wird von Frauen und Männern gleichermaßen getragen. Für festliche Anlässe gibt es auch Modelle mit Stickmustern und Goldfäden, Brokat, und selbst edler Seide anstatt Leder. Das Lederhandwerk generell wird in Marokko ohnehin seit Jahrhunderten gepflegt. Sein Zentrum ist Fès (S. 90), aber auch in Safi (S. 125), Marrakesch (S. 142), Taroudant (S. 134) oder Tétouan (S. 74) gibt es lohnenswerte Manufakturen. Allerdings ist es ratsam, sich etwas unter die Nase zu halten, das den mitunter doch heftigen Geruch überdeckt, beispielsweise einen Bund Minze! Ein simpler Gürtel ist ab 100 bis 200 Dh zu haben. Reichverzierte Sitzkissen, Ledertaschen, -jacken, -rucksäcke oder auch Geldbörsen kosten je nach Aufwand (und Ihrem Verhandlungsgeschick!) mitunter deutlich mehr.

Bestickte »Babouche«-Pantoffeln aus Leder gibt es in allen Farben des Regenbogens

Sonne, Strand und Souks

Marokko ist ein absolut kinderfreundliches Land, und für die allermeisten Marokkaner sind die Kleinsten die Könige. Überall wird man sie herzlich empfangen und umsorgen. Auch das Freizeitangebot für Kinder lässt kaum Wünsche offen, Gleiches gilt für die mitunter speziellen kulinarischen Ansprüche des Nachwuchses.

DIE URLAUBSKASSE SCHONEN

Marokko ist ein preiswertes Reiseland. Der Eintritt in viele Sehenswürdigkeiten und Museen ist für an vergleichbare europäische Einrichtungen gewöhnte Besucher fast geschenkt (10–20 Dh), für die Kleinsten ohnehin kostenlos und für Schüler und Studenten stark reduziert. Auch Zoos wie der in Rabat (S. 110) oder der Croco-Park in Agadir (S. 128) sowie Vergnügungs- und Wasserrutschenparks belasten die Urlaubskasse nicht übermäßig. Die allermeisten Restaurants an touristischen Orten bieten auch sehr preiswerte Kindermenüs an, die durchaus am europäischen Gaumen orientiert sind. Selbst Beistellbetten in Hotels sind kostengünstig zu haben.

ÜBERNACHTEN MIT KIND

Orientalische Riad-Hotels liegen meist zentral in der Altstadt und bieten ein fremdartig-bezauberndes Flair, das gerade auch Kinder in seinen Bann zieht. Ab der mittleren Kategorie verfügen solche Riads meist über Familiensuiten oder Mehrbettzimmer für 4 oder sogar 6 Personen. Oft haben sie zudem einen kleinen Swimmingpool und gut funktionierendes WiFi. Geimpfte Hauskatzen bieten sich in den Anlagen gerne als nicht-digitale Spielkameraden an. Und in den schattigen Innenhöfen kann die ganze Familie nach dem Stadtbummel entspannt Kraft tanken.

Kamelausritte in die Wüste sind auch für Kinder ein unvergessliches Erlebnis

Wer es lieber westlicher hat: Ab drei Sternen sind auch »normale« Hotels mit leichten Abstrichen eine Alternative zu den Riads und zudem durchaus willkommener Kontrast zum die Sinne fordernden orientalischen Treiben. Solche Hotels sind meist in den eher europäisch wirkenden Neustädten (»Ville Nouvelle«) zu finden.

An der Atlantikküste und dem Mittelmeer gibt es komfortable All-Inclusive-Hotelresorts mit großzügigen Abenteuerpools, Privatstränden und Animationsprogramm. Ferienwohnungen sind in den Königsstädten, aber auch um die Tourismushochburg Agadir (S. 128) eine praktische Alternative. Für Familien eignen sich die reichlich vorhandenen Aparthotels.

Vor allem bei Unterkünften im Zentrum oder in der Nähe zu einem der vielen Minarette: Ohrenstöpsel können den allmorgendlichen Weckruf des Muezzins im Morgengrauen dämpfen und so grantig-unausgeschlafenen Kindern vorbeugen.

Die landestypischen Mähnenspringer, auch Berberschafe genannt, sind im Zoo von Rabat Kindern gegenüber alles andere als kontaktscheu

STRAND UND MEHR

Marokkos sonnenverwöhnte Mittelmeerküste um Saïdia (S. 82) und Al-Hoceïma (S. 80) bietet ungetrübten Badespaß für die ganze Familie. Am Atlantik mit seinen weiten Sandstränden eignen sich wegen des stets höheren Wellengangs für die Kleinsten insbesondere vor Brandung und gefährlichen Unterströmungen geschützte Buchten und Lagunen wie die von Oualidia (S. 126). In Sachen Sauberkeit hat sich in den letzten Jahren vieles zum Besseren gewandelt. An wichtigen Stränden wachen zumindest während der Ferienzeit ausgebildete Rettungsschwimmer. Auch Liegen und Sonnenschirme, Süßwasserduschen sowie Spiel- und Spaßangebote für Kinder werden geboten. Am Mittelmeer ist an steinigen Stränden mit Seeigeln zu rechnen und, vor allem bei hohen Wassertemperaturen, mit Feuerquallen im Strandbereich. An Atlantik und Mittelmeer sind Petermännchen mit Stacheln am Rücken verbreitet, die große Schmerzen auslösen, wenn man auf sie tritt. Plastiksandalen oder Badeschuhe aus Gummi bieten Schutz.

LIEBER NICHT!

Achten Sie insbesondere bei den Kleinsten auf größtmögliche Hygiene, um Durchfallerkrankungen vorzubeugen (S. 175). Der Kontakt zu den vielen streunenden Hunden sowie zu Straßenkatzen, aber auch Ziegen in ländlichen Regionen, ist wegen der Gefahr einer Tollwutinfektion (S. 175, Impfschutz) möglichst zu vermeiden. Der Souk-Besuch ist für Kinder ein Abenteuer und bietet Unmengen an Eindrücken, dazu zählen freilich auch die vor Fleischereien aufgetürmten Ziegenköpfe. Achten Sie in jedem Fall darauf, dass ihre Sprösslinge nicht zufällig eine Schächtung miterleben, was insbesondere zur Zeit des Opferfests (S. 40) passieren kann und durchaus Stoff für Alpträume liefert. Auch der Blick in ein Gerberviertel kann – abgesehen vom bestialischen Gestank – wegen der Tierkadaver und Innereien negativ in Erinnerung bleiben. In engen Souk-Gässchen können die Menschenmassen mit Eseln und Mofas durchaus wirken. Kleinkinder nimmt man hier am besten auf den Arm.

Der Atlantik zeigt sich vielerorts an Marokkos Küste von seiner ruhigeren Seite. Sandstrände mit sanft abfallendem Uferbereich wie bei Agadir sind ideal für Familien

SCHNEEWITTCHEN-TELLER

Kindermenüs bieten praktisch alle Restaurants in touristischen Orten und Gaststätten an Raststellen an. Marokko wartet generell mit Gaumenfreuden auf, die auch dem wählerischsten Nachwuchs munden werden. Couscous, egal ob mit Gemüse oder Fleisch, schmeckt eigentlich jedem Kind. Zumindest der geschmackgebende Saft der geschmorten Stücke in der Tajine, vermengt mit Couscous, wird nie verschmäht. Teurere Restaurants haben zudem stets internationale Speisen auf der Karte, von Spaghetti Bolognese über Pizza bis zu Burgern, Steak und Lachs. Street Food und Garküchen, etwa am Djemaa el Fna in Marrakesch (S. 142), haben immer irgendetwas auf der Karte, das auch den Kleinsten schmeckt, zum Beispiel Kefta-Fleischbällchen, Kebab-Spießchen, Würstchen vom Grill, aber auch vegetarische und vegane Optionen, gegrilltes Gemüse, Tajine, eingelegte Paprika, Hummus- und Auberginen-Pasten.

Leuchtende Augen

Kindersurfkurse am Atlantik

Während die Kleineren sich noch in Ufernähe mit dem Bodyboard an die anbrandenden Wellen herantasten, ist es für Jugendliche und Teenager, die im Umgang mit Skate-, Long- und Snowboard versiert sind, sicherlich ein Traum, das Wellenreiten zu lernen. Dafür ist Marokko ideal. Surfer schätzen die Küste um Agadir (S. 128) und kommen vor allem ins 23 km nördlich gelegene Taghazout. Generell wird von Asilah bis Tarfaya überall an der Atlantikküste an Aberhunderten beliebter Spots gesurft.

Im Herbst und Winter (Oktober bis Mitte März) herrschen die besten Bedingungen für Surf-Profis. Für die ersten Versuche auf dem Surfbrett sind dagegen niedrigere Wellen hilfreich, um sein Gleichgewicht auf dem Brett zu finden. Eben hierfür bieten sich, praktisch für Familien, insbesondere die Sommer-, aber auch die Herbst- oder Osterferien an. Eine Institution in Taghazout ist das Hashpoint Surf Camp (www.hashpointsurfcamp.com), das bereits in der dritten Generation geführt wird und in der Surf-Sommernebensaison deutlich reduzierte 7-Tages-Kurse für unter 400 € anbietet, Unterkunft und Verpflegung inklusive. Allerdings ist der Küstenabschnitt oft ziemlich frequentiert. Etwas weiter südlich ist weniger los. Daher steht Sidi Ifni (S. 130, rund 5–6 Std. Fahrtzeit vom Flughafen Agadir) mittlerweile hoch im Kurs. Die spanisch angehauchte Stadt mit ihren Traumstränden hat den Charme eines Geheimtipps bewahren können. Zur Surfsaison bieten Surfcamps wie das »Camino« (www.caminosurf.com) Kurse, vom Einsteiger-Level (4 Std., 60 €, 1 Std. 40 €, 5-Tage-Kurs, 20 Std. 239 €) bis zum Profi. Die Miete des Neopren-Anzuges und Surfboards kostet dabei pro Tag 27 €, pro Woche 138 €). Unter den Surflehrern sind hier Österreicher und teils auch Deutsche.

Zertifizierte Surfschulen bieten auch Kurse für Kinder und Teenager an

Achten Sie bei der Wahl der Surfschule darauf, dass diese und die Surflehrer eine Lizenz besitzen, insbesondere bei Taghazout bieten einige Schulen Kurse an, ohne eine solche zu besitzen.

Infos zu zertifizierten Surfschulen in Marokko gibt Ihnen gerne der Deutsche Wellenreitverband: https://wellenreitverband.de, aber auch die International Surfing Association ISA, www.isasurf.org, im Regelfall finden Sie deren Logos in den Prospekten, auf den Webseiten und vor Ort bei den Surfschulen.

Einmaliges Ökosystem bis in luftige Höhen

Dass weite Teile Marokkos alljährlich ergrünen, ist den Atlas-Gebirgsmassiven zu verdanken, deren Hänge und spärlich besiedelte Täler mit Zedern- und Aleppokieferwäldern einer einzigartigen Tier- und Pflanzenwelt Lebensräume bieten. Vergessen Sie bei Wanderungen oder Trecks keinesfalls das Fernglas oder Teleobjektiv für Ihre Kamera!

Das Atlas-Gebirge ist essenziell für das Leben der Menschen und für die Natur im Maghreb. Das Hochgebirge erstreckt sich über eine Länge von mehr als 2300 km vom Osten Algeriens bis weit in den Süden Marokkos hinein. Es dient als Wetterscheide zwischen feuchteren, milderen Strömungen von Mittelmeer und Atlantik und der extremen Trockenheit der Sahara. Das Atlasgebirge ist dank ergiebiger Schneefälle im Winter zudem ein wichtiges Wasserreservoir und somit Garant für die lebensspendenden, Wadis genannten Wasseradern, die von den Höhenlagen bis weit in die kargen Landstriche hineinmäandern. Viele der Wadis führen nur zeitweise im Jahr Wasser, und auch die malerischen türkisblauen Gebirgsbäche des Oued Ziz (S. 163) oder die Schmelzwasserseen im Mittleren Atlas bei Ifrane (S. 102) verwandeln sich je nach jährlicher Niederschlagsmenge mit dem Spätsommer in kleine Rinnsale, Teiche und Lachen.

Der Oued Ziz ist eine wichtige Lebensader im unwirklichen Mittleren Atlas, sein Wasser ermöglicht ein einzigartiges Ökosystem

AFRIKAS ALPEN

Die marokkanischen Gebirge sind facettenreiche Lebensräume für eine einzigartige Tier- und Pflanzenwelt. Im Norden Marokkos (S. 78) erstreckt sich das im Winter niederschlagsreiche Rif (bis zu 2000 mm pro m²). Der Atlas prägt den Maghreb-Staat: Vom Tellatlas an der Grenze zu Algerien über den Mittleren Atlas mit der »Schweiz Marokkos« (S. 102) hinauf zum Dach der antiken Welt am Hohen Atlas, wo der Titan Atlas am 4167 m hohen, fast ganzjährig mit Schnee bedeckten Dschebel Toubkal das Himmelsgewölbe stützte, bis zum Antiatlas im Süden des Maghreb-Königreichs. Land- und Viehwirtschaft haben in Jahrtausenden eine in weiten Teilen von Terrassen geprägte Kulturlandschaft geschaffen, wie es sie mit ihren Oliven-, Mandel-, Granatapfel- und anderen Obstbäumen nirgendwo sonst auf der Welt gibt. Geologisch fällt die Entstehung des Atlas in dieselbe Zeit wie die der Alpen und der Pyrenäen, wobei sich etwa in Kalksteinformationen durchwegs Parallelen erkennen lassen.

Der Atlaslöwe ist in freier Wildbahn seit 1920 ausgestorben, in einigen Zoos wie dem in Rabat leben noch einige Tiere dieser Art

Einzigartig ist auch die Tierwelt Marokkos. Der letzte in der Wildnis lebende Atlaslöwe wurde Anfang des 20. Jh. abgeschossen. Omnipräsent und dennoch vom Aussterben bedroht sind die Berberaffen, die letzte wildlebende einheimische Makakenart. Die diebisch-frechen Zeitgenossen posieren stets gerne für ein Foto. Putzig anzusehen ist der Eigentliche Gundi, ein Nagetier, das man auf bis zu 2300 m Seehöhe insbesondere abends zu Gesicht bekommen kann.

WO DIE ADLER KREISEN

Aber auch für Vogelfans gibt es eine Menge zu sehen. Alljährlich passieren unzählige Zugvögel Marokko auf dem Weg nach Süden. Der Rotflügelgimpel findet nur in sehr luftigen Höhen oberhalb von 2800 m seine Nistplätze. Seltene Zwergadler schweben in den Lüften, neben Goldadlern, Habichtsadlern, Weißkopfseeadlern und zahlreichen Geierarten (Bartgeier, Schmutzgeier). Die teils schroff abfallenden Felswände bieten auch dem Mähnenspringer, einem Vertreter der so genannten Ziegenartigen, ein ideales Habitat. Auch die kleinen, versprengten Populationen der als Mufflons bekannten Wildschafe fühlen sich in den gebirgigen Landschaften Marokkos pudelwohl.

Ein fast ebenso seltener Anblick sind auch Landschildkröten, ganz im Gegensatz zu Eidechsen, Chamäleons und Geckos, die sich häufiger in Felsritzen zeigen, z. B. der Mauergecko und die Smaragdeidechse. Das Atlasgebirge bietet auch einen idealen Lebensraum für giftige Tiere, Insekten wie Skorpione und Schlangen, z. B. die bis in Höhen von mehr als 2000 m verbreitete Atlasotter, die Puffotter und die Eidechsennatter. Hornvipern und Kobras, in erster Linie die Uräusschlange (ägyptische Kobra) beschränken sich in ihrem Lebensraum auf die (Halb-)Wüsten. Bei Wanderungen und mehrtägigen Trecks und beim Campieren achten Sie dennoch stets darauf, Ihre Schuhe und Kleidung auszuschütteln. Gehen Sie festen Schritts, und greifen Sie nicht unbedarft in Felsspalten oder vor allem abends unter größere Steine. Schlangen ziehen sich gerne zum Abend hin wärmesuchend an vergleichbare Plätze zurück (S. 164).

Den giftigen Biss der Uräusschlange soll angeblich schon Kleopatra für ihren Freitod gewählt haben

ZEDERN, KIEFERN, EICHEN

Ab etwa 600 m Meereshöhe bis über 2700 m und mehr erstreckt sich das »Grüne Marokko«. Typisch für die Region ist die Atlaszeder, die majestätische Höhen von bis zu 50 m erreicht und um Ifrane (S. 102) im Parc national d'Ifrane noch ausgedehnte Waldflächen bedeckt. Hier lassen sich auch die berühmte Atlaszeder, die »Cèdre Gouraud« (S. 102), sowie Berberaffen und -hirsche bestaunen. Die Wälder des Atlas sind zudem gesäumt von Kork- und Steineichen, Aleppokiefern und Johannisbrotbäumen, Arganien und den für ihr Hartholz begehrten Berberthujen sowie in höchsten Lagen von Wacholder. Aber auch wilde Olivenbäume säumen die Hänge. Wilder Lavendel, Salbei oder Rosmarin umschmeicheln mit ihrem intensiven Aroma die Nase. In Mittelmeernähe des Rifgebirges trifft man außerdem auf Erdbeerbäume, Akazien, Eukalyptus- und Zitrusfruchtbäume.

Die majestätische Atlaszeder

Sie ist charakteristisch für die Flora des Mittleren Atlas, aber auch im Rif-Gebirge und an den Hängen des Hohen Atlas verbreitet. Sie wächst über 40, ja bis zu 50 m hoch, und das in durchwegs extremer Hanglage: die Atlaszeder (lat. *Cedrus atlantica*). Ihr mächtiger Stamm kann dabei bis zu 2 m im Durchmesser erreichen. Sie hat eine breite Krone und eine stumpf erscheinende Spitze. Ihre dunkelgrünen Nadeln mit etwa 2 cm Länge sind äußerst spitz. Die Blüte ist unscheinbar, doch die Zapfen, glänzend-braun und bis zu 7 cm lang, sind ein durchwegs dekoratives Souvenir. Die Bäume sind allerdings zunehmend bedroht und werden immer seltener. Seit 2013 steht die Atlaszeder deshalb auf der Liste der bedrohten Arten. Selbst wenn die blaue Variante (»Glauca«) in Mitteleuropa, etwa am Rhein und

am Bodensee wachsen kann, bei Gartenarchitekten beliebt und winterhart ist: Der Klimawandel, der in Marokko für längere und vor allem extremere Hitze- und Trockenperioden sorgt, die damit einhergehende Wasserknappheit, aber auch punktuelle Überschwemmungen setzen dem Bestand massiv zu. Und nicht zuletzt die massive Abholzung, unter anderem für die Hamam-Befeuerung, dezimiert die malerischen Atlaszeder-Wälder sukzessive. Aufholzungsprojekte werden hingegen nur zögerlich in Angriff genommen. Beim Hausbau spielt die Atlaszeder heute nur noch eine untergeordnete Rolle. Vor über 800 Jahren fand ihr Holz noch in der prächtigen Medersa Bou Inania von Fès (S. 90) Verwendung. Einige der dekorierten Balken sind noch Originale, andere wurden im Zuge der Renovierung in den 1990er-Jahren ausgetauscht.

»Marokkos Schweiz« wird der Mittlere Atlas um Azrou und Ifrane wegen der sattgrünen Zedernwälder genannt

Medersa Bou Inania von Fès – ein Höhepunkt der maurischen Architektur

Maghrebinische Baukunst

Seit über einem Jahrtausend und bis in die Gegenwart hinein ist die Architektur des Maghreb-Königreichs stilprägend. Marokko birgt einzigartige Schätze und atemberaubende Zeugnisse höchster Kunstfertigkeit von Generationen von Handwerkern und Baumeistern.

HÖCHSTE PRACHT FÜR GOTT UND DIE WELT

Sultane, Kalifen und Könige, aber auch »Paschas«, lokale Machthaber, setzten sich glanzvolle weltliche Monumente wie Paläste und Karawansereien. Sie förderten aber auch den muslimischen Glauben mit dem Bau von Moscheen, Koranschulen (Medersen) wie die Bou Inania in Fès (S. 92) und in Meknès (S. 100) oder etwa die berühmte Kairaouine-Universität in Fès (S. 93).

Hinter äußerlich meist schlicht gehaltenen Gebäudefassaden verbergen sich Innenräume und -höfe von atemberaubender Pracht, in ihrem Dekor überschwänglich, meist aus edelsten, zum Teil aus fernen Ländern herbeigeschafften Materialien errichtet: Säulen aus dem besten Marmor, einzigartige Stuckmeisterwerke wie die »Schwebedecken«, Ziergitter (Maschrabiyya) aus Zedernholz an Türen und Fenstern oder filigran verzierte Holzbalken, Plafonds und gar an Tropfsteinhöhlen erinnernde, gewölbegleiche Kuppeln. Auch heutige Besucher zeigen sich überwältigt angesichts des Glanzes Abertausender kleinster, in geometrischer Perfektion aneinandergefügter Zellij-Keramikfliesen-Ornamente.

EINE GESCHICHTE DER UNENDLICHKEIT

Höchstes Ziel islamischer Kunst war und ist es, die (göttliche) Unendlichkeit zu versinnbildlichen und gleichzeitig das religiöse Tabu figürlicher Darstellungen zu befolgen. Als eins der wichtigsten Merkmale des maurischen Architekturstils fand der Hufeisenbogen schon unter den Almoraviden (1046–1147) Eingang in die Baukunst des Maghreb. Die Almohaden verewigten ihre Herrschaft mit Monumenten wie der Moschee Koutoubia (S. 143) in Marrakesch, dessen Minarett fast baugleich ist mit der Giralda in Sevilla, sowie dem Hassan-Turm von Rabat (S. 114). Die Moschee in Tinmal (S. 136) wurde unter Schirmherrschaft deutscher Architekten originalgetreu restauriert und ist, anders als die meisten islamischen Gotteshäuser in Marokko, auch Nicht-Muslimen zugänglich.

ANDALUSISCHE HÖCHSTLEISTUNGEN AM HOF DES SULTANS

Die Leistungen der den Almohaden nachfolgenden Berberdynastie der Meriniden zählen generell zu den Höhepunkten der islamischen Architektur in Marokko. Unter ihrer Herrschaft entstanden in Fès und Meknès Ende des 13. Jh. die prächtigsten Medersen (S. 92 und 100), beide nach ihrem Stifter Sultan Abū ʻInān Fāris als »Bou Inania« benannt. An beiden zeigen sich deutliche Einflüsse aus Andalusien, von wo damals viele Handwerker und Baumeister an den Hof des Sultans gerufen wurden.

Das »blaue Stadttor« Bab Bou Jeloud ist die Pforte zu Fès el-Bali, im Hintergrund das Minarett der Medersa Bou Inania

Als eines von nur sehr wenigen religiösen Bauwerken Marokkos ist die Medersa Bou Inania in Fès Nicht-Muslimen zugänglich. Das mit einem herrlichen grün-weißen Gittermuster glänzend verzierte Minarett der angegliederten Moschee ist eines der schönsten der Königsstadt. Im Inneren der Medersa überwältigen die reichen Zellij-Keramikornamente am Boden und an den Fassaden, komplettiert von arabischer Kalligrafie. Sie zeigt sich ebenso auf Keramiken und als Friese in Stuck, wo sich auch Sultan Abū ʻInān Fāris (S. 92) selbst verewigte. Die Doppelpforte am Eingang wie auch die Maschrabiyya-Gitter zum Sichtschutz der Koranschüler sind aus feinstens geschnitztem Zedernholz.

FESTUNGEN UND STILE DER MODERNE

Von blutigen Konflikten zeugen Festungen im ganzen Land und labyrinthartige Medina-Altstadtkerne. Aber auch Ksar-Lehmburgen wie bei Aït-Ben-Haddou (S. 156), Kasbahs (»Festung«) und Ighrem- oder Agadir-Speicherburgen berberischer Bauart sowie die massigen Bastionen der Küstenbefestigungen der Hafenstädte sind beredte Zeugnisse jener kriegerischen Zeiten.

Französische und spanische Architekten des Art déco und des Modernisme bedienten sich wiederholt arabischer Motive und des heimischen Handwerks in ihren Jugendstil-Prachtbauten (19. und 20. Jh.), die die breiten Boulevards der Neustädte (»Ville Nouvelle«) von Casablanca, Rabat und Marrakesch aufwerteten. Auch in den spanischen Enklaven Ceuta und Melilla finden sich variantenreiche Beispiele dieses oft überaus verspielten Baustils (S. 73 und 81).

Beim Bau von Gotteshäusern werden typische Elemente, insbesondere solche aus der Almohaden-Dynastie, sowie die islamische Handwerkskunst generell bis in die Gegenwart gepflegt. Sie halten Einzug in Monumentalbauten wie der Hassan-II.-Moschee in Casablanca (1993, S. 119), wo Handwerker, Bauarbeiter und Ingenieure ein weltweit einzigartiges religiöses Bauwerk geschaffen haben. Das Musée Yves Saint Laurent in Marrakesch (S. 152) ist eine moderne Hommage an die Baudenkmäler des Almohaden-Kalifats.

Die Medina von Ouarzazate mit der Kasbah Taourirt ist eines der besten Beispiele für die traditionelle Lehmbauweise in Marokko

Die unter den Meriniden errichtete Medersa Ben-Youssef in Marrakesch ist die größte Koranschule Marokkos

Der Meriniden-Sultan Abū 'Inān Fāris (1329–1358)

Nur rund zehn Jahre währte seine Herrschaft, die ihn zu einem der bedeutendsten Sultane der Meriniden-Dynastie werden ließ. Von der intensiven Bautätigkeit zu seinen Zeiten zeugen bis heute die wichtigsten Medersen, so nennen sich Koranschulen, deren Stifter Abū 'Inān Fāris war. Herausragend sind die Medersa Bou Inania von Fès (1357, S. 92), für deren Bau sich die religiösen Führer der al-Qarawīyīn-Universität (S. 93) beim Sultan einsetzten, mit angegliederter Moschee und Minarett sowie einem mit Wasser betriebenen Glockenspiel (»Dar al-Magana«, wörtlich »Haus der Uhr«) und die gleichnamige, ältere »kleine Schwester« in Meknès (1350, S. 100), die beide den Namen des Stifters tragen. Ebenso aus der Meriniden-Ära stammt die größte Medersa Marokkos, die Ben Youssef in Marrakesch (S. 149). Ein Kleinod seiner Ära ist auch die Zaouia Annoussak. Das Mausoleum (1356) dient dem Sufi-Kult und »Moussem«-Wallfahrten, es befindet sich in der Medina von Salé (S. 117). Der Sultan gab sich den Titel »Befehlshaber der Gläubigen«, »Amīr al-Mu'minīn«, nachdem er weite Teile des heutigen Algerien und Tunesien erobern konnte. Doch währte die Meriniden-Herrschaft dort nur kurz, eine Revolte beendete das Intermezzo. Mit Zellij-Ornamenten, den Maschrabiyya-Sichtgittern, Zedernholzbalken und Stuckschwebedecken erinnert die Medersen-Architektur an die prächtigen Vorbilder aus Andalusien, die sie an Pomp sogar übertrifft. Gleichzeitig markierte Abū 'Inān Fāris' von den Revolten in Tlemcen und Tunis sowie von Pestepidemien überschattete Herrschaft den Anfang vom Ende der Meriniden in Marokko.

Gemeinschaftliches Gebet in Salé (2017) anlässlich des Opferfestes

Das islamische Opferfest

Es ist zweifellos das wichtigste muslimische religiöse Fest und wird in ganz Marokko im Familien-, Freundes und Bekanntenkreis gefeiert: das »Große Fest« (arab. al-'id as-khebir). Dabei wird alljährlich in Gedenken an das Opfer des Propheten Ibrahim, des alttestamentarisch-biblischen Abraham, ein Tier geschlachtet, gemeinschaftlich geteilt und geschmaust.

Weiter zu gehen, als Ibrahim oder eben Abraham, um seinen festen Glauben in Allah zu beweisen, kann man kaum. Er hätte nämlich auf Gottes Weisung hin seinen Sohn Isaak töten sollen, um seine Gottesfürchtigkeit unter Beweis zu stellen. Erst in allerletzter Sekunde hielt ein Engel den biblischen Abraham davon ab, und Gott belohnte ihn für seinen bewiesenen Willen. Im Koran wie in der Bibel, aber natürlich auch im Judentum spielt die Überlieferung eine äußerst gewichtige Rolle.
Im Koran bleibt der zu opfernde »brave Junge« allerdings namenlos. In der volkstümlichen Auslegung der alttestamentarischen Geschichte geht man jedoch vom »Erstgeborenen« aus, also von Ismail, der im Koran eine zentrale Figur darstellt. Die Opfergeschichte, die im Arabischen als »Schlachtung« bezeichnet (arab. Dahia) wird, steht sinnbildlich für die Unterwerfung unter Gottes Willen, was Ibrahim zu einem vorbildlichen Muslim macht. Ja selbst der Junge befiehlt im Koran seinem Vater zu tun, was Gott ihm befiehlt. In der muslimischen Erzählung greift allerdings Allah selbst ein, um das Opfer zu verhindern. Ibrahim und sein Erstgeborener Ismail schlachten daraufhin voller Dankbarkeit im Freundes- und Familienkreis einen Widder für Allah – eben jenes »Opfer«, das heute Muslime in aller Welt alljährlich zelebrieren.

Das Opferfest markiert zugleich den Höhepunkt des Pilgermonats (arab. Dhū l-Hiddscha), dem letzten der zwölf am Lauf des Mondes orientierten Monate des islamischen Kalenders (S. 174). Es wird am 10. Tag der Pilgerfahrt (arab. Haddsch) nach Mekka zur »Kaaba«, »dem Haus Abrahams«, gefeiert. In Marokko dauert das Fest drei oder vier Tage. Der überwiegende Teil der Arbeiter und auch der Beamten hat dabei einige Tage frei oder stark reduzierte Arbeitstage. 2019 startet das Opferfest am 11. August, 2020 am 31. Juli.
In der Regel werden ein ganzer Hammel, eine Ziege oder ein Schaf, aber auch Kamele oder Rinder geschächtet und im Kreis der erweiterten Familie und Freunde sowie der im sozialen Gefüge überaus wichtigen und geschätzten Nachbarn gegrillt. Gemäß dem Wohlfahrtsgrundsatz im Islam wird ein Teil des Fleisches dabei auch an Arme und Bedürftige verschenkt. Üblicherweise begnadigt der König Mohammed VI. zum Opferfest verurteilte Häftlinge.

Sensible Gemüter und Kinder sollten sich um den Festtag von den Fleischer-Souks fernhalten. Aber auch viele Familien schlachten die Opfertiere selbst im kleinen Kreis, im eigenen Haus, unmittelbar davor in den Gassen oder im Innenhof.

Festtagsvorbereitungen und -bräuche

Anlässlich des Opferfestes wird üblicherweise schon im Vorfeld das Haus oder die Wohnung penibel geputzt. Während der Festtage tragen Männer und Frauen sowie die Kinder ihre besten und oftmals neuen Dschellaba-Kleider. Den ersten der vier Festtage beginnt man mit einem gemeinschaftlichen Morgengebet in oder an einem eigens für den Anlass vorbereiteten Platz vor der Moschee. Im Anschluss ist es üblich, den Friedhof zu besuchen, um auch für die Verstorbenen der Familie ein Gebet zu sprechen. Verwandtenbesuche sind ebenso üblich über die Festtage. Der gängige Glückwunsch, den man ausspricht, ist dabei »gesegnetes Fest« (arab. Īd mubārak, gesprochen »Eid Mubarak«), wie auch beim »Kleinen Fest«, das »Fest des Fastenbrechens« (arab. Eid al-Fitr) nach dem Fastenmonat Ramadan. In den letzten Jahren hat sich der Brauch durchgesetzt, dass Kindern Geschenke gemacht werden. Zudem wird in kleineren und größeren Städten mit Attraktionen und Süßigkeitenständen eigens für die Unterhaltung der Jüngsten gesorgt.

Zahllose Ziegen, Schafe, aber auch Rinder oder gar Kamele werden anlässlich des Opferfestes geschlachtet

Berber, Kalifen und moderne Monarchen

Als Pforte zu den Reichtümern Afrikas weckte Marokko seit jeher das Interesse von Händlern, Heerführern und ausländischen Großmächten. Vor allem die handwerklichen und architektonischen Meisterleistungen der großen muslimischen Dynastien überdauern bis heute. Die Berbervölker konnten indes stets ihre Identität bewahren, auch in der modernen Monarchie.

42 n. Chr.
Die Ermordung des Ptolemaeus in Rom auf Befehl Caligulas markierte das Ende des eigenständigen Vasallenkönigreichs Mauretanien.

KÖNIGREICH MAURETANIEN

Während an den Küsten erst die Phönizier um 7000–8000 v. Chr. mit Mogador, den »Purpurinseln« (Essaouira, S. 126) und Lixus (S. 78) Kolonien errichteten, waren ab dem 4. Jh. v. Chr. erste antike Berberreiche wie Mauretanien – »Maure« bedeutete bei den Römern »Berber« – und Numidien von Tanger (Tingis) über den Osten Marokkos sowie bis nach Algerien entstanden. Nach dem Zweiten Punischen Krieg (201 v. Chr.) dehnte Rom seine Macht in Nordafrika über Karthago aus. Die Romanisierung brachte Wohlstand, wachsende Landwirtschaft, regen Handel, Straßen- und Städtebau und ab dem 1. Jh. das Christentum. Wesentliche historische Stätten der Ära sind neben Lixus bei Larache (S. 77), Iulia Valentia Banasa am Ufer des Sebou-Flusses, Colonia Sala bei Chellah (S. 115), drei Gründungen von Augustus (rd. 33–25 v. Chr.) und natürlich das UNESCO-Weltkulturerbe von Volubilis (S. 101).

Sultan Moulay Ismail wurde in Meknès ein prächtiges Mausoleum errichtet

DIE ALMOHADEN-DYNASTIE

In Tinmal (S. 136) im Hohen Atlas begann der Aufstieg des mächtigen Kalifats der Almohaden. Im Jahr 1121 gründete hier Ibn Tūmart (1077–1130) die radikal-islamische Reformbewegung der »Verteidiger der Einheit Gottes«. Ihr Ziel war es, der Dynastie der Almoraviden ein Ende zu setzen. Im Jahr vor

Die Schlacht von Las Navas de Tolosa markierte den Niedergang der Almohaden-Herrschaft in Spanien

seinem Tod misslang Ibn Tumarts Angriff auf die »Rote Stadt«. Erst sein Nachfolger, Abd al-Mu'min, 1130–1163 erster Almohaden-Kalif, konnte Marrakesch erobern (1147). Abu Yaqub Yusuf I., Sohn von Abd al-Mu'min und zweiter Kalif, baute Rabat zu einer befestigten Stadt aus. Über Generationen von Kalifen setzte die Almohaden-Dynastie architektonisch und städtebaulich neue Maßstäbe. Die Koutoubia- und Kasbah-Moschee (Marrakesch, S. 143 und 146), die von Tinmal und Taza (S. 88), der Giralda-Glockenturm im andalusischen Sevilla sowie der Hassan-Turm (Rabat S. 114) sind bis heute im Maghreb stilprägend. Den Niedergang der Dynastie beförderten interne Rivalitäten, andauernde Kriege in den unterworfenen Gebieten, Führungsschwäche sowie Revolten der Berbervölker. Entscheidend aber war wohl die Niederlage der Almohaden in der berühmten Schlacht bei Las Navas de Tolosa gegen die Christen im Jahr 1212.

Abid al-Makhzen *Die »Diener der Regierung« und Leibgarde des Kalifen stellten dunkelhäutige versklavte Kämpfer aus den Sahel-Staaten Mali und Mauretanien. Sie waren loyal bis in den Tod.*

DIE RIF-REPUBLIK

Mit dem Berberstamm der Rifkabylen war nicht zu spaßen. Das mussten die Spanier schmerzhaft erfahren, nachdem ihnen in einem bilateralen Abkommen mit Frankreich 1904 die gebirgige Region zugesichert worden war. Das Rifgebirge war reich an Rohstoffen. 1909 eskalierte erstmals die Gewalt mit dem Melilla-Krieg. Bis zum Dezember sollten knapp 2000 Spanier und 8000 Rifkabylen ihr Leben verlieren. 1912 wurde der Norden Marokkos, die Mittelmeerküste und das Rif zum spanischen Protektorat. Der Widerstand mündete in den »Rif-Krieg« und für die spanischen Protektorats-

Der Hassan-Turm in Rabat (Aufnahme aus den 1920er-Jahren) steht sinnbildlich für den raschen Zerfall des Almohaden-Reichs im 13. Jh.

truppen im Juli 1921 im »Desaster von Annual«. Die von ihrem militärischen Erfolg gestärkten Rifkabylen proklamierten am 18. September 1921 die Gründung der unabhängigen »Rif-Republik«. Unter Abd al-Karim konnte sich der junge Staat bis 1926 gegen die Spanier zur Wehr setzen. Erst die Landung französischer Truppen bei Al Hoceïma am 8. September brachte die Wende. Die Rif-Republik wurde aufgelöst, das Gebiet 1927 befriedet und Abd al-Karim ins Exil geschickt. Das Angebot von König Mohammed V., in seine Heimat zurückzukehren, lehnte er ab. Al-Karim starb 1963 in Kairo, nachdem der Maghreb, Marokko und Algerien in die Unabhängigkeit entlassen worden waren.

Die Schlacht von Annual
Im Hochsommer 1921 erlebten die spanischen Streitkräfte im Kampf gegen die Rifkabylen unter Führung von Abd al-Karim eine der verheerendsten Niederlagen in ihrer jüngeren Geschichte mit rund 13 400 gefallenen Soldaten.

DER WEG ZUM UNABHÄNGIGEN MAROKKO

Die Unterstützung der USA im und nach dem Zweiten Weltkrieg gab der marokkanischen Unabhängigkeitsbewegung Rückenwind. 1944 wurde in Marokko die Istiqlal-Partei der Unabhängigkeit gegründet. Am 9. April 1947 betonte Sultan Mohammed Ben Jussuf, der spätere König Mohammed V., in Tanger die Unabdingbarkeit der Unabhängigkeit. Nach gescheiterten Verhandlungen mit Frankreich wurde er am 20. August 1953 erst nach Korsika und dann nach Madagaskar ins Exil verbannt. Die teils gewaltsamen Proteste für die Unabhängigkeit hielten an, sodass der Sultan 1955 zurückkehrte. Mit der Entlassung in die Unabhängigkeit seitens Frankreichs am 2. März 1956 – die Spanier zogen wenig später nach – wurde er am 14. August 1957 König des unabhängigen Königreichs Marokko. Unter Hassan II. fiel Sidi Ifni (S. 130) 1969 an Marokko. Die Westsahara-Frage ist bislang ungelöst.

Am Puls der Zeit

»Hirak«-Proteste im Rif

Bereits unter König Hassan II., der von 1961 bis 1999 Marokko mit eiserner Hand regierte, wuchs die Opposition, nicht zuletzt angefacht durch die Entführung und Ermordung des linken Oppositionellen Mehdi Ben Barka 1965 in Paris. Und auch wenn das Porträt seines Sohnes in Marokko omnipräsent und Kritik am amtierenden König Mohammed VI. (S. 115) zu den Tabus im Land zählt: Der Monarch sieht sich mit Widerständen konfrontiert. Vor allem im Norden Marokkos, den von Berbern dominierten Regionen um das Rif, ist er Zielscheibe von Kritik.

Die Protestwelle des 20. Februar im Zuge des »Arabischen Frühlings« ab 2011 konnte Mohammed VI. noch mit einer eher symbolischen Verfassungsreform, kleinen Zugeständnissen sowie subventionierter Preisstützung von Grundnahrungsmitteln bändigen. Doch nachdem in Al Hoceïma Ende Oktober 2016 der Fischhändler Mouhcine Fikri fangfrischen Schwertfisch aus einem Müllwagen retten wollte, den Polizisten weggeworfen hatten, und dabei vor den Augen der Beamten zerquetscht wurde, entlud sich eine Welle wütender Empörung. Angesichts dieser »Hirak Rif« (»Rif-Bewegung«) schaltete der König auf massive Repression. Hunderte Demonstranten wurden verhaftet. Bei Polizeieinsätzen kam es zu mehreren Todesfällen von jungen Marokkanern, die von Tränengas-Granaten getroffen wurden. In umstrittenen Gerichtsverfahren wurden für die Anführer und aberhunderte Teilnehmer der Protestbewegung, allen voran Nasser Zefzafi, exorbitante Haftstrafen von bis zu 20 Jahren verhängt. Um Kritiker zu besänftigen und zu übertönen, billigte der Monarch zeitgleich Infrastruktur-Projekte, wie ein lange im Rif gefordertes neues Krankenhaus, den Ausbau der Straßenverbindungen zur Ankurbelung der Wirtschaft und mehr Mittel für die hiesige Universität. Und zum Opferfest 2018 begnadigte Mohammed VI. 188 Verurteilte der »Hirak«-Proteste.

Hohe Haftstrafen für Hunderte »Hirak«-Demonstranten waren in Al Hoceïma Anlass neuerlicher Proteste der Rif-Bewohner

Das Hotel El Minzah, in der »Interzone« Tanger

Wenige Hotels im Maghreb atmen so viel Geschichte wie das El Minzah, dessen Bar zudem cineastisch verewigt wurde. Kommen auch Sie auf einen Drink in Caid's Piano Bar, der Vorlage von »Rick's Café Américain« in »Casablanca« mit Ingrid Bergman und Humphrey Bogart.

»Spiele es nochmal, Sam!«, der legendäre Satz von Humphrey Bogart in »Rick's Café Américain« (S. 122), der Nachtclub im Hollywood-Klassiker »Casablanca« (1942), ist wohl jedem in Erinnerung, genauso wie der Song »As Time goes by«. Doch den Drehbuchautoren dürfte vielmehr als die Atlantikmetropole das seinerzeit verruchte Tanger der »Internationalen Zone« als Vorlage für das Spionage-Melodram gedient haben. Ganz konkret war die Bar des Luxushotels El Minzah in der europäischen Neustadt Vorbild für »Rick's Café«. 9200 US-Dollar hat der möglichst originalgetreue Nachbau für den Studiodreh gekostet. Tanger war seinerzeit einer *der* Treffpunkte für Agenten der Großmächte ab den 1930er-Jahren und über den Zweiten Weltkrieg hinaus. Der Freihafen Tanger sorgte zudem für ein lukratives Geschäft mit Schmuggelware. Aber auch für Kriegs-

Das Hotel El Minzah ist längst nicht mehr so exklusiv wie einst in den 1930er-Jahren, zählt aber noch heute zu den besten Herbergen in Tanger

flüchtlinge sowie politisch oder religiös Verfolgte war Marokko, das von der französischen Vichy-Regierung verwaltet wurde, oftmals eine Zwischenstation auf dem Weg in die Freiheit in Portugal oder Übersee. Während des Zweiten Weltkriegs stand Tanger unter spanischer Verwaltung. Im El Minzah nächtigte nicht nur Winston Churchill, sondern auch Bohemiens, Künstler, Filmstars und Jetset-Sternchen der 1930er-, 1940er- und 1950er-Jahre. Ob die Weltgeschichte hier maßgeblich beeinflusst wurde, lässt sich nicht belegen, aber es kann gut sein, dass hier das eine oder andere weltbewegende Geheimtreffen stattfand – oder die eine oder andere entscheidende Information beschafft wurde.

Caid's Piano Bar im 5-Sterne-Hotel El Minzah (€€€)

Das El Minzah hatte längst etwas Patina angesetzt und verlor 2016 zwei seiner fünf Sterne. Unter neuer Führung und als Teil der Le-Royal-Luxushotelgruppe ist es mit 140 Zimmern, 17 noblen Suiten, einem Spitzenrestaurant sowie der berühmten Hotelbar, die heute »Caid's Piano Bar« heißt, wieder in der Topkategorie gelistet. Insbesondere die Bar versetzt einen zurück in die »wilden Jahre«, mit Glamour (tgl. ab 22 Uhr, bis weit in die Nacht). Es ist der ideale Ort, um einen marokkanischen oder internationalen Spitzenwein zu goutieren oder um bei einem Drink oder Cocktail den Sightseeing-Tag im Flair der 1930er- und 40er-Jahre bei Live-Klaviermusik ausklingen zu lassen.

MA-90000 Tanger, Rue de La Liberté 85, Tel. 0539/333444, www.leroyal.com/en/AFRICA/el-minzah-hotel

Von 1923 bis zur Unabhängigkeit Marokkos 1956, aber vor allem nach dem Zweiten Weltkrieg, war Tanger für seine Freizügigkeit und sein ausschweifendes Nachtleben berühmt-berüchtigt. Nicht einzig das Minzah war ein Hotspot, auch das ebenso berühmte Hotel Muniria. Hier schrieb Beat-Autor William S. Burroughs »Naked Lunch« unter massivem Einfluss von Heroin und dem typisch marokkanischen Cannabis-Konfekt »Majoun«. Auch die Lieblingsbar der »wilden Jahre« existiert noch. Die Bar »The Tangerinn Pub« (S. 72) beim Hotel Muniria frequentierten Burroughs, aber auch Jack Kerouac, Alan Ginsberg, Truman Capote und Tennessee Williams sowie Barbara Hutton, amerikanische Kaufhauserbin, Ex-Gattin von Cary Grant und lange Tangers unangefochtete Partylegende.

Die Ibn-Danan-Synagoge in Fès birgt einen holzverzierten Thora-Schrein

Rabbiner, Gelehrte und Gesandte

Über Jahrtausende waren Juden in Marokko präsent. Sie lebten unter Kalifen und Sultanen weitgehend unbehelligt. Erst mit der Staatsgründung Israels und der Unabhängigkeit Marokkos im Jahr 1956 setzte ein Exodus der jüdischen Bevölkerung ein.

Bis zur Staatsgründung Israels 1948 lebten über 240 000 Juden in Marokko, die mit Abstand größte Gemeinschaft in einem muslimischen Land weltweit. Die Aussicht auf einen eigenen Staat setzte eine rapide Massenauswanderung in Gang, forciert durch anti-jüdische Gewalttaten und Pogrome, die das Vichy-Regime zumindest nicht verhinderte. Obwohl König Mohammed V. und sein Nachfolger Hassan II. die Emigration zu unterbinden suchten, verließen alleine zwischen 1961 und 1963 über 100 000 jüdische Bürger ihre marokkanische Heimat. Aktuell umfasst die jüdische Bevölkerung Marokkos kaum noch 3000 Bürger.

Mündlichen Quellen zufolge erreichten die ersten Juden bereits im 6. Jh. v. Chr. das heutige Marokko. Die jüdische Religion fand auch schon lange vor Christentum und Islam vereinzelt bei Berbervölkern Anklang. Über Jahrtausende waren Juden fester Teil der Gesellschaft in Nordafrika. Zahlreiche hebräische Inschriften existieren aus jener Zeit.

Ab dem Mittelalter lebten Juden in eigenen Stadtteilen, sogenannten »Mellahs«, von denen heute noch zahlreiche Spuren existieren, u.a. in

Fès (S. 97), in Marrakesch beim Juwelen-Souk (S. 149) und in Salé (S. 117). Die erste Mellah wurde nach dem Pogrom von 1438, das Tausende Tote forderte, zum Schutz der jüdischen Bevölkerung direkt an den Königspalast in Fès angegliedert.

Zahlreiche Synagogen im Land, etwa in Tanger, Fès, Marrakesch oder Essaouira, kann man besichtigen. Auch einige jüdische Friedhöfe sind erhalten, etwa in Fès, Marrakesch oder Essaouira, drei der herausragenden Zentren jüdischen Lebens über Jahrhunderte.

Der jüdische Friedhof in der Mellah von Fès

Mit dem Sieg der Christen über das letzte muslimische Königreich in Al-Andalus und der »Alhambra-Edikte« (1492) der »Katholischen Könige« Ferdinand II. und Isabella I. flohen vor allem sephardische Juden vor Zwangskonvertierung und Todesstrafe nach Marokko. Im 15. und 16. Jh. folgten ihnen Muslime und Morisken. In Tanger und Tétouan fanden Andalusier beider Glaubensrichtungen eine neue Heimat. Unter den Saadiern ab dem 16. Jh. waren jüdische Kaufleute die ersten Nicht-Muslime, die Handel treiben durften und so am Karawanenhandel teilhaben konnten. Aber auch in der Diplomatie setzten die Sultane oft auf jüdische Gesandte.

Simon Lévy, Gründer des jüdischen Instituts von Marokko (1934–2011)

Zeitlebens war er bedacht, das jahrtausendealte jüdische Erbe in Marokko zu bewahren. Geboren 1934 in Fès, im französischen Protektorat, war Lévy unermüdlicher Kämpfer für die Unabhängigkeit seiner Heimat sowie der des Nachbarn Algerien. Er war überzeugter Kommunist und als Anti-Zionist einer, der die Massenauswanderung von Hunderttausenden seiner Glaubensbrüder und -schwestern mit der Staatsgründung Israels 1948 bedauerte. Lévy, studierter Linguist und Universitätsprofessor, war Meister des arabisch-marokkanischen Dialekts und Gewerkschafter der in Marokko bis heute gewichtigen Union Marocaine du Travail (UMT). 1965 wurde er Opfer von Folter durch die Geheimpolizei, die gegen die Opposition vorging. Von 1976 bis 1983 war Lévy Stadtrat in Casablanca. In den 1990er-Jahren rief Lévy die Fondation du Patrimoine Judéo-Marocain ins Leben, die Stiftung jüdisch-marokkanischen Erbes, und gründete das Musée du Judaïsme Marocain, das Marokkanisch-Jüdische Museum. Das auch El Mellah Museum genannte Haus ist das einzige seiner Art im gesamten arabischen Raum.

Rue Chasseur Jules Gros 81, Oasis-Casablanca, Tel. 0522/99 49 40, 50 Dh, Mo – Fr 10 – 17 (im Sommer 18), So 11 – 15 Uhr, www.jewishmuseumcasa.com

Ein »Grand taxi« lässt die Stadtmauern der Medina von Salé hinter sich

Die letzten ihrer Art: »Grands taxis«

Fast wie die Kuba-typischen US-amerikanischen Oldtimer, die in La Habana noch liebevoll gepflegt vor sich hin knattern, sind es alte Mercedes, die auf Marokkos Straßen omnipräsent sind. Es ist *das* Fortbewegungsmittel schlechthin, vor allem für Überlandfahrten zu abgelegenen Sehenswürdigkeiten, in umliegende Dörfer und Kleinstädte, aber auch für längere Strecken zwischen Metropolen: Noch fahren die »Grands taxis«, die »großen Taxis« (S. 183), wie die legendären Mercedes-Limousinen der 1980er und 1990er, darunter noch viele W123 240 TD Diesel, genannt werden, als »Sammeltaxi« im ganzen Land. Bis zu sieben Personen finden darin Platz, exklusive des Fahrers, kein Witz! Und der Preis ist – wie könnte es anders sein – stets ein bisschen Verhandlungssache, vor allem für Touristen und Ausländer, denn die Stammgäste wissen sehr wohl, was eine Fahrt von etwa 80 km eingequetscht kosten darf. Aber beim Anblick der Diesel-Limousinen wird Automobil-Fans warm ums Herz, auch wenn heutzutage durch die Fertigung des Fahrzeugherstellers PSA bei Tanger und Kenitra sukzessive Dacia-Lodgy-Kleinbusse die Rolle der »Grands taxis« übernehmen und Online-Taxidienste Fuß fassen. Leider, denn durch die Bestückung der Taxiflotten mit mehr oder weniger charakterlosen Neuwagen geht die Automobilromantik – und der damit verbundene Dieselgeruch und das auch nach 600 000 km runde Brummen des Motors – verloren. Wobei ein bisschen Luxus, wie eine funktionierende Klimaanlage oder Sicherheitsgurte, durchaus Vorzüge hat. Andererseits sind die Ledersitze des Mercedes, wenn man das Glück hat, als Beifahrer vorne mitzufahren, einfach bequemer. Farblich sind sie, wie auch die kleinen städtischen »Petits taxis«, je nach Stadt unterschiedlich lackiert. Ungeachtet des jeweiligen Verhandlungsgeschicks stellen die Taxis eine durchaus günstige Alternative zum ÖPNV, Bahn und Bus dar – auch für Familien und kleine Reisegruppen. Denn wenn man zu viert oder sechs ein Taxi mietet, sei es für die Fahrt zum Flughafen, in die nächste Stadt, oder für einen Ausflug, etwa von Meknès nach Moulay Idris und Volubilis (max. 250 Dh, Fahrer wartet bei den Besichtigungen und passt auf das Gepäck auf!), hält sich der Preis durchwegs im Rahmen. Kurze Strecken wie Tanger – Tanger MED (Hafen) sollten nicht mehr als 10–20 Dh kosten (gemeinschaftlich), ebenso von Ouarzazate nach Skoura zur Kasbah Amridil und den Palmenhainen. Auch ein Tagestarif, der zwischen 500 Dh und 800 Dh liegen sollte, lässt sich ausverhandeln.

»Petits Taxis« am Grand Socco, Tanger

»Grands Taxis« finden sich stets an eigenen Halteplätzen, bei Überland-Busstationen sowie bei Bahnhöfen, Häfen und Flughäfen oder bei Tankstellen und Kreisverkehren an den Ortsausfahrten in Kleinstädten und Dörfern. Aber auch vor größeren Hotels in den Städten warten in der Regel einige Überlandtaxis. Gerne ruft man Ihnen seitens der Rezeption auch einen Taxifahrer, der meist mit dem Hotel kooperiert und folglich einen guten Preis bietet.
Praktisch ist auch der Grand-Taxi-Fahrpreisrechner online, der zwar leicht überhöhte Ergebnisse liefert, aber durchwegs eine valide Verhandlungsbasis zeigt: moroccocab.com/grand-taxi-fare-calculator

---

Atlas-Pässe, Kasbahs, spektakuläre Schluchten

Von der »Roten Stadt« führt die N-9 hinaus in eine ursprüngliche Landschaft. Auf dem Tizi-n'Tichka-Pass geht es über den Hohen Atlas nach Ouarzazate. Ab Errachidia folgen wir dem Fluss Oued Ziz auf das Hochplateau um Midelt. Jenseits der »Schweiz Marokkos« und der Olivenhaine der Saïss-Ebene erreichen wir unser Ziel: die Königsstadt Fès. Die Tour stellt geübte Autofahrer vor keine größeren Probleme, erfordert aber stets hohe Konzentration (siehe Auto- und Straßenverkehr, S. 171). Informieren Sie sich vorab auf der Website des Auswärtigen Amtes über eventuelle Reisewarnungen (siehe Sicherheit, S. 179).

Die Tour auf einen Blick:

Start: Marrakesch **Ziel:** Fès
Gesamtlänge: 999 km, inklusive Abstecher 1000–1200 km
Reine Fahrzeit: 20 Stunden (6-Tages-Tour)
Orte entlang der Route: Marrakesch – Tizi-n'Tichka-Atlas-Pass – Kasbahs von Aït-Ben-Haddou und Telouet – Ouarzazate – Skoura – El Kelâa M'Gouna – Boumalne Dadès – Dadès-Schlucht – Agoudal – Todra-Schlucht – Tinghir – Errachidia – Er Rich (Oued Ziz) – Midelt – Azrou – Ifrane – Fès

E1 VON MARRAKESCH BIS OUARZAZATE
(196 km/4 Std.)

Zum Auftakt geht es gleich über den Hohen Atlas bis in Höhen von 2200 m. Am Tizi-n'Tichka-Pass wandelt sich die grüne Landschaft mit terrassierten Anbauflächen in eine schroffe Halbwüste: Die Sahara ist nah.

Der 2260 Meter hohe Atlas-Pass Tizi n'Tichka ist die Hauptverkehrsader von Marrakesch ins Sahara-Vorland

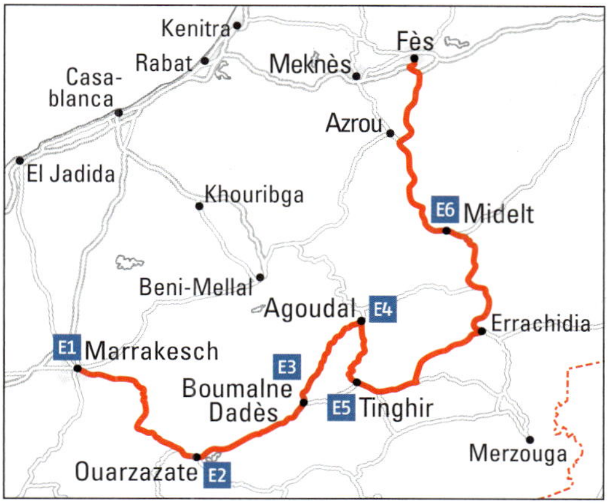

ADAC Traumstraße: Etappen 1 bis 6 (Detailplan siehe Rückseite Faltkarte)

Im morgendlichen Trubel und eher dichten Verkehr der »Roten Stadt« Marrakesch starten wir die Königs- bzw. »Kalifen-Etappe«. Dabei orientieren wir uns an Straßenschildern, die mit N-9 (Route d'Ourzazate) unsere heutige Route über Tizi n'Tichka nach Ouarzazate anzeigen. Schon nach wenigen Kilometern erreichen wir den Gebirgsbach Oued Zat, der uns gemächlich mäandernd bis wild-schäumend lange begleiten wird, vorbei an typischen Atlas-Berberdörfern (wunderbare Fotomotive!) mit ihrer Terrassen-Landwirtschaft, Mandel- und Ölbäumen. Immer weiter hinauf geht es auf dem höchsten Atlas-Pass, dem Tizi n'Tichka (S. 155). Am Straßenrand bieten Händler frisches Obst sowie Mineralien und Fossilien an. Am höchsten Punkt auf 2260 m ist es Zeit für ein Gipfelfoto. Hier gibt es ein kleines Restaurant und einen Lebensmittelladen. Wen bereits zuvor der Hunger gepackt hat, findet im Café-Restaurant Assanfou (rd. 10 km vor der Passquerung) eine tolle Terrasse mit Bergblick und exzellente marokkanische Speisen zu fairen Preisen. Für den Fahrer bzw. die Fahrerin gibt es hier pünktlich zur Etappenhälfte italienischen Espresso (ein Luxus!). Auf der anderen Seite des Atlas wird die Wüste prompt spürbar. Wir passieren die erste Ighrem-Speicherburg (auch Agadir genannt) aus Lehm, die Ighrem n'Ougdal. Bei Tabourathe biegen wir aus gutem Grund kurz von der N-9 ab: Jetzt, wo die Sonne den Abendhimmel rötlich färbt, ist der ideale Zeitpunkt, um von einer der Teehausterrassen den unvergesslichen Panoramablick auf die Ksar-Lehmburg

Übernachten
Neben einem großen Angebot an Hotels im Ort ist das Cinéma Riad in Ouarzazate mit Panoramablick auf den Palmenhain vis-à-vis des Flusses (S. 168) eine preiswerte, saubere Alternative.

Serpentinen vor imposantester Bergkulisse in der Dadès-Schlucht

von Aït-Ben-Haddou (S. 156) zu genießen. Es sind nur etwa 9 km von der Abzweigung der N-9 auf die P-1506, Parkplätze (bewacht, günstig, geben Sie 5 Dh) gibt es vor Ort. Nach Ouarzazate bleiben nur noch knapp 30 bis 40 Minuten Fahrzeit.

Abstecher
Es lohnt sich, ein Fläschchen Rosenwasser aus El-Kelâa M'Gouna (S. 160) als Souvenir mitzunehmen. Zur Rosenblüte im Frühling empfiehlt sich ein Abstecher ins »Rosental«, etwa 20–30 km Richtung Norden entlang des M'Goun bis nach Hdida.

E2 VON OUARZAZATE BIS BOUMALNE DADÈS (117 km/2 Std.)

Nach dem intensiven ersten Tour-Tag geht es heute weitaus gemächlicher weiter: zur Kasbah in Skoura, durch die steinige Halbwüste in die »Stadt der Rosen« und schließlich zum Tagesziel Boumalne Dadès.

Nein, heute weckt uns nicht der Muezzin im Morgengrauen. Wir schlafen ein wenig aus und schauen uns in Ouarzazate die Kasbah Taourirt an (S. 157). Dann nehmen wir die N-10 Richtung Norden und passieren die größten Solarkraftwerke Afrikas, »Noor« genannt (S. 158). Hier erstreckt sich im Süden, einer Fata Morgana gleich, der Stausee Barrage El Mansour Eddahbi. Weiter geht es nach Skoura mit einem schier endlosen Palmenhain und der UNESCO-Weltkulturerbe-Kasbah Amridil (vor der Ortseinfahrt angeschrieben, die Zufahrt ist holprig). Nach einem entspannten Mittagessen bei Panoramablick im Café, Teehaus und Restaurant Chez Talout (mit Hostel, €, www.cheztalout.com) geht es weiter durch die Steinwüste auf der N-10, den Fluss Dadès zu unserer Rechten. Nächstes Ziel ist El Kelâa M'Gouna, die berühmte »Stadt der Rosen« (Rosenfest im Mai, S. 160). Der von Palmenhainen gesäumte Dadès ist die Lebensader der Region und sorgt bis zum Tagesziel Boumalne Dadès für grüne Farbtupfer. Zum Abendessen bietet sich das Café Atlas Dadès an.

E3 VON BOUMALNE DADÈS BIS AGOUDAL – DURCH DIE DADÈS-SCHLUCHT

(126 km/4,5 Std.)

Heute geht es durch die Dadès-Schlucht, das Highlight der Tour. Die Serpentinen und die einzigartige Landschaft sind atemberaubend. Das ultimative Abenteuer ist der Tizi n'Bou Oudi-Pass (2800 m). Versprochen!

Vollgetankt und mit Proviant und Wasser eingedeckt starten wir den Tour-Tag Nr. 3. Wir folgen dem Dadès-Lauf auf der R-704 bis nach Agoudal, anfangs durch die imposante Dadès-Schlucht. Was die Straßenbauingenieure und -arbeiter hier geleistet haben, sucht weltweit seinesgleichen. Entlang des malerischen Flusslaufes, den einige Kasbahs säumen, finden wir am ersten Abschnitt der Route Herbergen, Restaurants und Cafés. Chez Pierre (www.chezpierre.org) bietet sich zum Mittagessen an (S. 161). Ab dem Café-Restaurant Timzzillite Chez Mohamed nimmt der Verkehr deutlich ab. Touristenbusse und Urlauber machen hier kehrt, doch nicht wir! Der Dadès wird immer schmäler, die Dörfer uriger und die Infrastruktur spärlicher, der Asphalt brüchig. Landschaftlich bleibt es bis nach Msemrir (samstags Wochenmarkt) spektakulär. Es ist die letzte Chance vor Agoudal, sich mit Proviant einzudecken. Denn es geht wieder auf den Hohen Atlas, bis hinauf auf 2794 m (!) Höhe – der berühmte Tizi n'Bou Oudi-Pass –, und das heißt: Schotterpiste, Stand 2018 ab etwa 20 km nach Msemrir, auf rund 40 km. Die Route ist jedoch meist in gutem Zustand und mit Pkw mit 2-Rad-Antrieb befahrbar.

Übernachten
Eine saubere, familiäre Herberge in der Abgeschiedenheit von Agoudal ist die Herberge Afoud Restaurant Chez Nacer et Brahim (Tel. 0666/30 35 56).

Die Todra-Schlucht ist an der engsten Stelle nur knapp zehn Meter breit

E4 VON AGOUDAL BIS TINGHIR

(86 km/2,5 Std.)

Durch die imposante Todra-Schlucht geht es zurück auf die N-10 bis Tinghir. Es sind nur vergleichsweise wenige Kilometer, für die wir einen Tag einplanen – wegen des Straßenzustands und -verlaufs, und den herrlichen mehrere Hundert Meter hohen Felswänden

Übernachten
Die Lehm-Ksar des Hotel Tomboctou in Tinghir bietet zu moderaten Preisen (€€) Wüsten-Romantik (www.hoteltomboctou.com).

Die gute Nachricht nach der gestrigen Etappe: Die R-703 durch die Todra-Schlucht ist durchgehend asphaltiert. Es lohnt sich, zeitig aufzubrechen, denn die Schlucht ist am schönsten, wenn die Sonne ihr Licht hineinstrahlt. Tamtetoucht lockt mit Ksar-Lehmwohnburgen. Ab hier beginnt das Kletterparadies der Todra-Schlucht (S. 161). Vor Tinghir wird es zusehends touristisch. Am besten bleibt man nur auf eine Erfrischung und spart den Hunger auf für das Berber-Restaurant El Mabrouk (Av. Hassan II. 30) in unserem heutigen Zielort.

E5 VON TINGHIR BIS MIDELT

(270 km/4 Std.)

Bis zur Oasenstadt Errachidia an der N-10 umgibt uns karge Steinwüste, dann folgen wir dem Oued Ziz durch eine geologisch spannende Landschaft (N-13). Um Midelt ragen schneebedeckte Atlas-Gipfel auf.

Wir folgen der N-10 Richtung Errachidia. Vereinzelt ragen Akazien aus der weiten Ebene auf. Mit zunehmender Hitze flirren am Horizont wiederholt Luftspie-

Je weiter Sie in die Dadès-Schlucht fahren, desto brüchiger wird der Asphalt und umso stiller die Gegend

gelungen. In Tinejdad machen wir kurz halt, um die Ruine der Kasbah Gardmit zu sehen. Dann geht es weiter nach Errachidia, Oase und Hauptstadt der Region Drâa-Tafilalet. Auf der N-13 passieren wir die Talsperre Barrage Al-Hassan Addakhil. Der Aït-Haddidou-Berberstamm lauerte an der engsten Stelle des Defilé de Nzala, einer Klamm, Karawanen auf. Bis Midelt auf immerhin 1500 m haben wir zur Linken die schneebedeckten Gipfel des Hohen Atlas wie den Dschebel Ayachi (3474 m) im Blick. Unser Etappenziel für heute ist eine gemächliche Kleinstadt mit der Kasbah Outhmane (oder Moussa) und dem Kloster Notre Dame de l'Atlas. Zum Abendessen kehren wir im Complexe Touristique Le Pin (€ – €€) ein.

Das Ufer des malerischen Lac Daït Aoua lädt zu Wanderungen, Radfahrten und Ausritten ein

E6 VON MIDELT BIS FÈS

(204 km/3 Std. 10 Min.)

Nach all den Tagen in karger Steinwüste und im Hohen Atlas queren wir nun das »grüne Marokko«, den Mittleren Atlas, mit den Seen bei Ifrane und den Zedernwäldern, ehe wir die Königsstadt erreichen.

Die Schlussetappe bietet ein tolles Finale. Vor Boulaajoul überqueren wir den wasserreichen Moulouya, ehe es bergan geht und erste Steineichen-Wälder die N-13 säumen. Vereinzelt ragen bereits Atlaszedern in den Himmel. Ziegenhirten und ihre Hunde wachen über Herden. Nachdem sich unsere Augen bereits an das Ockerbraun der Steinwüsten gewöhnt haben, erfreut uns die Farbenpracht der dichten Wälder, Weiden und Gebirgsseen. Am Aguelmame Sidi Ali machen wir beim Atlas Lake Inn Rast. Weiter geht es ab Azrou auf der N-8 nach Ifrane (S. 102). Im Park La Prairie nehmen wir uns Zeit für ein Selfie mit dem Atlas-Löwendenkmal. Wer die Seenrundfahrt (S. 102) machen will, sollte zwei extra Stunden einplanen. Am Lac Daït Aoua kommen wir auf der Weiterfahrt ohnehin vorbei. Wer des Fahrens müde ist, kann für das letzte Stück ab dem Flughafen Fès-Saïss die mautpflichtige A-2 nehmen. Oder man folgt weiter der N-8 bis Fès.

Abstecher
Entlang eines glasklaren Gebirgsbaches mit kleinen Wasserfällen zur Quelle Ain Vittel oder zur berühmtesten, leider längst abgestorbenen Atlaszeder, der Cèdre Gouraud (S. 102).

Unterwegs

Atemberaubende Ausblicke bietet das facettenreiche Marokko vielerorts, etwa am mächtigen Lehm-Ksar von Aït-Ben-Haddou, der heute auf der Weltkulturerbeliste der UNESCO steht

Das will ich erleben

Marokko war stets Afrikas Brückenkopf nach Europa, über Jahrhunderte dominierte das Land weite Teile Spaniens. Der rege Handel brachte Wissen, Fortschritt und Wohlstand, den Karawanen entlang malerischer Oasen und über Saharadünen hinweg noch vermehrten. Die Handwerkskunst florierte und wird bis heute gepflegt. In »goldenen Zeitaltern« entstanden Prachtbauten wie die Koutoubia-Moschee in Marrakesch. Die roten Mauern um die verwinkelte Medina der »Perle des Südens« zeugen ebenso wie die Kasbahs und Küstenbastionen am Atlantik von konfliktreicheren Epochen. Das moderne Marokko dagegen ist weltoffen und bildet die weit geöffnete Pforte zum Maghreb.

Lebendige Medinas

Sie sind bezaubernd orientalisch und verwinkelt, mit engen Gassen, Durchgängen, Treppen. Und sie beherbergen prächtige Souks, imposante Baudenkmäler und vor allem herzliche Menschen, die sie bewohnen und ihnen Leben einhauchen: die historischen Altstädte, wobei die Medinas von Tétouan, Fès, Meknès, Rabat oder Marrakesch sogar auf der Liste des UNESCO-Weltkulturerbes stehen.

3 Tétouan 74
Die »Weiße Taube« des Rif thront hoch über dem Meer
11 Fès el-Bali und el-Jedid 91/97
Hier verirren sich Besucher in mehr als 4000 Gassen
34 Marrakesch 142
Innerhalb der roten Mauern warten wahre Schätze

Malerische Dörfer

Sie liegen an den steilen Hängen des Atlas, ziehen Menschen in Scharen zu Pilgerfahrten an oder man wähnt sich am Ende der Welt, wie in den Fischerorten des Südens. Oasendörfer, umgeben von Palmenhainen, kontrastieren mit Bergsiedlungen im Atlas, von denen manche, wie Ifrane oder Oukaïmeden, beinahe schweizerisch wirken.

13 Moulay Idris bei Volubilis 102
Auf zwei Hügeln liegt die heilige Stadt von Idris I.
24 Tifnit im Souss-Massa-Nationalpark ... 129
Das Fischerdorf ist der Gegenpol zum quirligen Agadir
45 Figuig 166
Ruhe pur lautet in der malerischen Oase die Devise

Atemberaubende Panoramastraßen

Über Serpentinen in luftigen Höhen, durch enge Schluchten, vorbei an Tighremt-Wohnburgen und Gebirgsbächen zu Atlasseen: Auf manchen Roadtrips bieten sich fortwährend traumhafte Ausblicke, die Sie nie vergessen werden.

9 Zegzel-Schlucht bei Saïdia 83
Die wohl schönste Route des Nordostens
35 Tizi-n'Tichka-Pass 155
Einmal über den Hohen Atlas mit Blick auf die Gipfel
40 Dadès-Schlucht 161
Malerisch verläuft die R 704 durch das Atlastal

40

Bunte botanische Gärten

Bereits die mächtigen Almohaden-Kalifen haben Gärten wie den Menara oder Agdal, aber auch Oliven- und Palmenhaine angelegt, die bis heute mal üppig, mal prächtig sprießen. Doch auch als Refugium vor der gleißenden Sonne oder um dem Trubel des arabischen Alltags sowie der Hektik der Welt zu entfliehen, haben Botaniker oder Künstler wahrhafte Paradiese auf Erden geschaffen.

18 Jardins exotiques de Bouknadel 118
Einmal in die ganze Welt der Gartenkunst eintauchen
34 Jardin Majorelle, Marrakesch 152
Ein Traum in blau mit vielen Kakteen und Palmen
42 Musée des Sources de Lalla Mimouna 162
Wasser ist Leben, insbesondere in der Steinwüste

34

Unvergleichliche Naturwunder

Das Maghreb-Königreich zählt nicht weniger als elf Nationalparks. Sie zeichnen sich durch einzigartige Höhlensysteme, Wasserfälle, Sanddünen und Lagunen sowie den höchsten Berg Nordafrikas aus. Und sie sind ein Refugium seltener Tier- und Pflanzenarten. Aber auch abseits der Schutzgebiete entdeckt man reizvolle Landschaften.

10 Gouffre du Friouato bei Taza 89
Durch eine Öffnung strahlt Tageslicht in die Höhle
27 Nationalpark Khenifiss 133
Wo Wanderdünen auf den Atlantik treffen
41 Todra-Schlucht 161
Ein Kletterparadies mit 300 m hohen Felswänden

41

Traumhafte Strände

Marokkos Küste ist 1800 km lang, rechnet man die Westsahara hinzu, sogar 2800 km. Dabei ist der Atlantik dank der Sandstrände und seinem Wellengang bei Surfern sehr beliebt. Doch auch hier findet man – ebenso wie am Mittelmeer – Lagunen und geschützte Buchten, wo man herrliche Strandtage verbringen kann.

4 **Plage Kaf Lahmam bei Asilah** 77
Einer der schönsten Strände im Norden Marokkos
9 **Saïdia** 82
Feiner Sand an der Mündung des Moulouya-Flusses
22 **Oualidia** 126
Türkisblaue Lagune mit Süß- und Salzwasser

Prächtige Bauwerke

Marokkos arabische Herrscherdynastien schufen unvergleichliche architektonische Schätze, deren Schönheit uns bis heute verzaubert. Und die rege Bautätigkeit setzt sich fort, aktuell entsteht in Rabat am Oued Bou-Regreg ein gänzlich neuer Stadtteil.

11 **Medersa Bou Inania in Fès** 92
Dekorativer Überschwang im Stil der Meriniden
12 **Bab Mansour in Meknès** 98
Moulay Ismails imposantes Tor zu seiner Traumstadt
34 **Palais Bahia in Marrakesch** 148
Hier fühlte sich der Großwesir so richtig zu Hause

Marokkanische Souvenirs

Ein Souvenir zu finden ist nicht schwer, die Auswahl ist riesig. Objekte der Handwerkskunst präsentieren sich in einer schier unendlichen Vielfalt: Keramik, Teppiche oder auch Tajine-Formen, um den Orient zu Hause auf den Teller zu bringen (Gewürze nicht vergessen!). Aber so ganz ohne Feilschen werden Sie keinen guten Preis erzielen!

11 **Berber-Teppiche aus Fès** 95
Robuste und farbenprächtige Stücke aus den Souks
12 **Silberschmuck im Damaszener-Stil** 99
Er wird so nur noch im Basar von Meknès gefertigt
22 **Tajine-Keramik vom Töpferhügel** 125
Die Exemplare aus Safi sollten nicht dekoriert sein

Die besten Museen

Von Fundstücken der Jungsteinzeit bis zu Artefakten der Phönizier, Karthager und Römer bieten die archäologische Museen in Tanger, Rabat und Tétouan Einzigartiges – ebenso die Museen zur Handwerkskunst. Aber auch wer zeitgenössische Werke sucht, wird fündig werden.

1 Kasbah-Museum in Tanger 67
Einmal in die Steinzeit und zurück ins 18. Jh.

18 Musée Mohammed VI. in Rabat 115
Ein moderner Palast für Marokkos Kunstszene

22 Keramik-Museum von Safi 125
Im Museum erfährt man alles zur Töpferkunst

Unvergessliche Ausblicke

Ob Ihr Blick über die zwei Meere nach Europa schweift oder zur berühmten Kasbah-Burg aus »Lawrence von Arabien«, das Erlebnis wird ewig in Erinnerung bleiben. Auch die Sanddünen, die durch und durch bewegend sind – im doppelten Sinne, sind es doch Wanderdünen.

1 Cap Spartel bei Tanger 73
Vom alten Leuchtturm fällt der Blick auf Europa

36 Aït-Ben-Haddou 156
Hier residierten die Khaleesis aus »Games of Thrones«

44 Erg Chebbi 165
Sahara-Feeling pur in den Dünen von Merzouga

Kulinarische Genüsse

Marokko ist ein exotisches Fest für den Geschmack, die Nase und die Augen: Tajines, Couscous, Kefta-Fleischklöße am Spieß, Fisch am Grill, Austern vom Fischmarkt, die berühmte Harira-Suppe, Pastela und Briouat-Dreiecke. Und das Land wartet mit höchster Pâtisserie-Kunst zum Minztee auf: versetzt mit Nüssen aller Art, Mandeln, Datteln und Feigen. Einfach durchkosten, lautet die Devise!

11 Meschoui-Lamm 96
Es schmort lange im Ofen des Ruined Garden in Fès

16 Pastelas 105
Schmecken besonders gut im Rim Atlas in Beni Mellal

34 Couscous, Tajine, Harira, Kefta 143
Probiert man am besten im Zentrum von Marrakesch

Tanger, die Mittelmeerküste und das Rif-Gebirge

Der dynamische Wandel der modernen Metropole kontrastiert mit dem Rif, wo die Zeit inmitten der wildromantischen Natur still steht

Der Norden Marokkos ist wegen seiner Nähe zum »Alten Kontinent«, seiner bewegten Geschichte, sei es als einstige Grenzprovinz des Römischen Imperiums oder mit seinem kolonialen Erbe, bis in die Gegenwart noch stark europäisch geprägt. Das gilt vor allem für die pulsierende, zuletzt massiv in Erscheinungsbild und Image aufpolierte Millionenmetropole Tanger. Sie ist dank der Industrie im Umland, dem Hafen Tanger MED und der Freihandelszone eines der wirtschaftlichen Zentren des Königreichs. Der spanische Einfluss ist deutlich sicht- und spürbar, was sich im reichen kulturellen Erbe, der Stadtplanung der Neustadt aus der Protektoratszeit im 19. und 20. Jh. oder bei den militärischen Befestigungen von Asilah, Larache oder Ceuta zeigt. Das gilt auch für die mediterrane Lebensart, die Kulinarik und selbst die Sprache – viele Marokkaner sprechen hier auch Spanisch.

Doch vor allem sind die Menschen stolz auf ihre Kultur der Berber, die hier die Mehrheit bilden. Zugleich bieten die Städte verwinkelte Medinas, etwa das große Altstadtlabyrinth von Tanger, die strahlend-weiße Medina von Tétouan oder die in kräftige Blautöne getünchte Altstadt der »Rif-Perle« Chefchaouen. Wer traumhafte Strände sucht, wird keinesfalls enttäuscht werden und am Mittelmeer bei Al Hoceïma, den kilometerlangen Sandstränden bei Saïdia mit modernen Ressorts oder am Atlantik bei Asilah fündig.
Naturliebhaber werden indes von den Schutzgebieten im Rif-Gebirge, den Akchour-Wasserfällen, den Feuchtgebieten bei Al Hoceïma, der Mündung des Moulouya bei Saïdia und dem Hinterland von Berkane mit der Zegzel-Schlucht schlichtweg begeistert sein.

In diesem Kapitel:

1 **Tanger** ... 66
2 **Ceuta (Spanien)** ... 73
3 **Tétouan** ... 74
4 **Asilah** ... 76
5 **Larache** ... 77
6 **Chefchaouen und das Rif-Gebirge** ... 78
7 **Al Hoceïma** ... 80
8 **Melilla (Spanien)** ... 81
9 **Saïdia** ... 82
Übernachten ... 84

ADAC Top Tipps:

1 Blaue Medina, Chefchaouen
| Altstadt |

Blau machen, aber richtig, dachten sich die Rucksacktouristen der Hippie-Bewegung in den 1970ern, die wegen »Kef« ins Rif pilgerten. Heute verzaubert die malerisch gelegene Altstadt Urlauber aller Couleur. 78

ADAC Empfehlungen:

1 Pâtisserie Bab al-Madina, Tanger
| Café |

Frühaufsteher, Nachtschwärmer, Naschkatzen und alle, die frische »Pastelas« lieben, lockt es zur »Pforte der Medina«. 69

2 Café Hafa, Tanger
| Café |

Auf den blauen Terrassen tranken einst die Beatles und Beat-Autor William S. Burroughs den famosen Minztee des 1921 gegründeten Teehauses. 72

3 Medina von Tétouan
| Altstadt |

In der verwinkelten Altstadt, einer der schönsten in ganz Marokko, ist das Leben authentisch geblieben. 74

4 Kunstfestival in Asilah
| Event |

Street-Art-Künstler verzieren im August beim Moussem Culturel die Häuser der malerischen Innenstadt. 77

5 Cascades d'Akchour
| Wasserfälle |

Eine Klamm-Wanderung durch die wunderbare Natur des Rif-Gebirges zu imposanten Wasserfällen. 80

1 Tanger

Goldenes Tor zu Afrika mit verwinkelter Medina

Die untergehende Sonne taucht Tangers Altstadtdächer in ein goldenes Licht

i Information

- DRT (Délégation Régionale du Tourisme), Bd. Pasteur 29, 90000 Tanger, Tel. 0539/94 80 09, www.visittanger.com, tgl. 9–12, 15–18 Uhr
- Parken siehe S. 69

Seit seiner Gründung war Tanger ein Handelsknoten und Treffpunkt der Kulturen: von den Römern »Tingis« genannt, vis-à-vis von Gibraltar gelegen und durch die gleichnamige Meerenge am engsten Punkt nur knapp 14 km von Europa getrennt. Tanger ist heute eine mediterran geprägte Millionenmetropole mit rund 1,1 Mio. Einwohnern und mit seinem kontinuierlichen Wandel beispielhaft für die rasante Modernisierung Marokkos. All jene, die die Hafenstadt vor mehr als einer Dekade besucht haben, werden sie kaum wiedererkennen. Das jahrtausendealte Erbe wird jedoch bewahrt, vor allem in der verwinkelten Medina und dem Kasbah-Viertel mit seinen Souks, den hier Socco genannten Basaren.

Bis heute ist das Erbe der Internationalen Zone (1925–1956), als bis zu neun Staaten – allen voran die Spanier – die Stadt kontrollierten, vielerorts präsent. Neben spanischen Straßenschildern hat Tanger auch eine Stierkampfarena, die längst nicht mehr genutzt wird.

Plan S. 69

In und um die Medina

Bunte Souks, verwinkelte Gassen und Spaniens Küste meist im Blick

Am besten beginnt man den Stadtrundgang an der Place du 9 Avril 1947 oder direkt am Hafen, wo die Fähre anlandet und die neu gestaltete Panoramapromenade bergan führt.

Sehenswert

1 Place du 9 Avril 1947 (Grand Socco)

| Platz |

Dieser gepflegte, weitläufige Platz ist quirliger Treffpunkt an der Pforte zur Medina, mit der Moschee Sidi Boubaid, dem Cinéma Rif und dem Grand Socco, dem großen Basar. In unmittelbarer Umgebung befindet sich das leider stark verfallene Teatro Cervantes (Rue Anoual) von 1913 im Art-déco-Stil.

2 Medina

| Altstadt |

In die Medina führt von der Place du 9 Avril 1947 z.B. die Rue Siaghine (südlich davon liegt der städtische Markt), von der die Rue Synagogues zur Nahon-Synagoge (S. 68) abzweigt und die schließlich in den hübschen Petit Socco mündet. Hier taucht man in die farbenfrohe Vielfalt der marokkanischen Küche und Handwerkskunst ein. Zu entdecken gibt es im engen Labyrinth der Gassen, die mitunter als Sackgassen auch überraschend enden, u.a. das Mausoleum des mittelalterlichen Gelehrten und Weltreisenden Muhammad Ibn Battūta (S. 68). Es wurde zu einer kleinen Pilgerstätte für Weltenbummler, die jedoch meist nur von außen besichtigt werden kann.

3 Kasbah und Musée la Kasbah des Cultures Méditerranéennes

| Archäologisches Museum |

Der liebevoll und penibel renovierte einstige Sultanspalast Dar al-Makhzen aus dem 17. Jh. liegt inmitten der Kasbah hoch auf dem Festungshügel und beherbergt eine der wichtigsten archäologischen Sammlungen Marokkos. Auch weitläufig als Kasbah-Museum bekannt, überzeugt das Haus mit seiner vortrefflichen Kollektion, die nun für jedermann einen leicht rezipierbaren Überblick bietet. Im Innenhof befindet sich ein üppig verwilderter botanischer Garten.

■ Place de la Kasbah, Tel. 0539/91 20 92, Mi–Mo 10–18 Uhr, 20 Dh, erm. 10 Dh., bis 12 J. frei

4 Tangier American Legation Museum

| Museum |

Marokko war das erste Land weltweit, das die USA nach ihrer Unabhängigkeit 1777 anerkannte. Das würdigte der junge Staat mit der Eröffnung seiner ersten diplomatischen Auslandsvertretung im Jahr 1821. Im wunderschönen Stadtpalast bekommen Besucher einen Einblick in die Geschichte der Beziehungen beider Staaten sowie in das Leben der US-Berühmtheiten, die die Metropole besuchten.

ADAC *Wussten Sie schon?*

»Marokkos Marco Polo« reiste weiter, um vieles weiter, als es der berühmte venezianische Weltenbummler nur ein halbes Jahrhundert vor ihm tat: **Abū 'Abdallāh Muhammad Ibn Battūta** (1304–1368 oder 1377). Eine Pilgerfahrt nach Mekka führte ihn kurz nach der Zeit der Kreuzzüge über mehr als 120 000 km bis in den Iran, nach Indien und den Malediven sowie über Vietnam bis nach China, wie man seinen erst im 19. Jh. wiederentdeckten autobiografischen Büchern (»Reisen bis ans Ende der Welt 1325–1353« und »Die Reisen des Ibn Battuta«) entnehmen kann. Seine Erlebnisse hatte er nach seiner Rückkehr 1346 einem Schreiber diktiert.

ADAC *Mittendrin*

Das **Café Baba** ist ein legendäres kleines Teehaus, 1943 gegründet, in dem die Zeit irgendwann in den wilden 1970ern stehengeblieben ist. Hier hat nicht nur Rolling-Stones-Gitarrist Keith Richards Cannabis in einer typischen »Kef«-Pfeife geraucht, wovon ein ganz besonderes Foto unter Aberhunderten an den Wänden des Baba zeugt.
Rue Zaitoun, Tel. 0699/30 99 43, tgl. 10.30–23.30 Uhr

■ Rue d'Amerique 8, Tel. 0539/93 53 17, http://legation.ipower.com/blog, Mo–Fr 10–17, Sa 10–15 Uhr, 20 Dh, erm. 10 Dh

5 Nahon-Synagoge

| Synagoge |

Kleine, sehenswerte Synagoge, die einen exzellent geführten Überblick über das jüdische Leben in Nordmarokko gewährt. Nach den Massenvertreibungen der sephardischen Juden Spaniens (16. Jh.) wuchs die Gemeinde, die Gründung Israels und die Unabhängigkeit Marokkos setzten aber eine massive Auswanderungswelle in Gang. Unweit der Nahon-Synagoge logiert im Mellah-Viertel in einer ehemaligen Synagoge die Lorin Foundation mit ihrer Sammlung an historischen Fotografien von Stars, Monarchen, aber auch der jüdischen Bevölkerung (Rue Abdallah Ben Hachimi 44, Spende erbeten).

■ Rue Synagogues, Tel. 0539/93 16 33, So–Fr 10–17 Uhr, Führung auf Anfrage, Spende erbeten

Verkehrsmittel

Die Medina und die angrenzende Neustadt sind einfach zu Fuß zu erkunden. Das System der **ÖPNV-Busse** (4 Dh) ist sehr unübersichtlich. Besser und vergleichsweise günstig ist man mit den türkis-grünen **Petits Taxis** mit Taxametern unterwegs.

P Parken

Es gibt viele Möglichkeiten sein Auto abzustellen, mit Glück finden sich auch Parklücken am Straßenrand. Das Parkhaus **Parking Playa** an der Hafen- und Küstenpromenade (Av. Mohammed VI) ist bewacht und durchgehend geöffnet (3 Dh/Std.). In der **Rue Hollande** finden sich Parkplätze mit Parkwächtern (bis 2 Std. 5 Dh, über Nacht 15–20 Dh).

Restaurants

€–€€ | **Le Salon Bleu** Exzellente, stets frisch zubereitete typisch marokkanische Küche. Der Ausblick von der Terrasse ist unbezahlbar. ■ Rue Amrah 29 (an der Place Mechouar), Tel. 0539/37 16 18, mobil 0662/11 27 24, Mi–Mo 11.30–21.45 Uhr, Plan S. 69, b1

Cafés

1 **Pâtisserie Bab al-Madina** Am »Tor zur Medina« werden Frühaufsteher mit feinem Kaffee, ofenfrischen Croissants und einer Fülle typischer Brotsorten versorgt. Dazu gibt es köstliche Blätterteigdreiecke (»Briou-

at« oder »Briwat«) mit Gemüse, Huhn oder Fisch und eine kleine, aber famose Pastela. ■ Rue d'Italie, Tel. 0539/93 24 91, tgl. 6–23.30 Uhr, Plan S. 69, a2

Einkaufen

Tiziri Zen Eigene Kreationen von Berberteppichen, Hockern, Taschen, teils modern im Design, aber auf Basis traditionellen Handwerks. Eigene Produktlinie mit Arganöl, Gewürzen und Orangenblütenhonig. ■ Rue Boukoudja 62, Tel. 0539/33 45 12, www.tizirizen.com, Di–Sa 9.30–18.30 Uhr, Plan S. 69, a1

Kinos

Cinéma Rif, Cinématèque Tanger Das Kino mit Art-déco-Elementen bietet eine ausgezeichnete Auswahl internationaler Filme und Programmkino aus Frankreich und Marokko im Original mit Untertiteln. ■ Place du 9 Avril 1947, Tel. 0539/93 46 83, www.cinemathequedetanger.com, tgl. 8–23.30 Uhr, 25 Dh, erm. 20 Dh, Plan S. 69, a3

Europäische Neustadt

Der Charme der Alten Welt auf breiten Boulevards und Europa im Blick

Östlich der Medina verlaufen mehrere Achsen durch die geschäftige europäische Neustadt des 19. und 20. Jh., darunter die Av. Pasteur mit dem berühmten Café de Paris. Die Av. Mohammed VI führt als Küstenstraße mit Strandpromenade zum Corniche-Park und bis zum Malabata-Strand. Besonders zum Sonnenuntergang lohnt es sich vom Kasbah-Hügel Richtung Westen zum einst bei »Beatniks« und Hippies und heute bei der einheimischen Jugend, Urlaubern und Expats beliebten Café Hafa zu flanieren.

6 Librairie des Colonnes
| Buchhandlung |

1949 gegründet, ist diese Buchhandlung eine Institution, die bereits äußerlich mit ihrem Reto-Charme unweigerlich zum Eintreten verlockt. Hier kauften einst die in Tanger ansässigen Autoren wie Paul Bowles, Jean Genet,

Im Blickpunkt

Magnet für Maler, Musiker und Literaten

Jahrzehnte nachdem etwa die französischen Maler Henri Matisse oder Eugène Delacroix in den engen Gassen der Medina mit ihren besonderen Lichtspielen geeignete Motive gefunden hatten, kamen die »Beatniks« nach Tanger. Sie hatten in den Nachkriegsjahren der 1940er- und 1950er-Jahre die verruchte Hafenstadt zu ihrem Refugium erkoren, Truman Capote war dabei erklärtermaßen »auf der Flucht vor sich selbst«. Aber auch Jean Genet oder Tennessee Williams verbrachten einen Abschnitt ihres Lebens hier. Rund um die berühmten Autoren Paul Bowles, William S. Burroughs und Jack Kerouac, die sich in Tanger regelmäßig in das damals noch ausschweifende Nachtleben stürzten und mit Drogen eine Bewusstseinserweiterung suchten, entwickelte sich auch eine Szene aufstrebender marokkanischer Schriftsteller. Bis zum heutigen Tag ist Tanger eine Quelle der Inspiration für Literaten und Künstler geblieben.

Samuel Becket, William S. Burroughs oder der Spanier Juan Goytisolo ihre Bücher. Abends finden oft Lesungen oder Publikumsgespräche statt.

■ Av. Pasteur 54, Tel. 0539/93 69 55, www.librairie-des-colonnes.org, Mo–Sa 10–20 Uhr

7 Nekropole von Marshan
| Antiker Friedhof |

Die frei zugänglichen Steingräber wurden von Phöniziern, Puniern und Römern gleichermaßen genutzt. Zu sehen sind die in den Felsen gehauenen Grabstellen. Die Fundstücke hat man längst in das Kasbah-Museum oder in das archäologische Museum von Rabat gebracht. Der Ausblick vom Felsen auf Europa ist traumhaft.

8 Parc Perdicaris
| Park |

Die grüne Lunge der Millionenmetropole, die zu ausgedehnten Spaziergängen einlädt. Dabei kann man nicht nur exotische Bäume entdecken, sondern bekommt auch durchaus zahme Wildschweine zu Gesicht. Am Rand der Parkanlage liegt das mondäne Villenviertel der Stadt. Zahlreiche Restaurants und Cafés aller Preisklassen laden dort zum Verweilen ein.

Von den Grabnischen der Nekropole von Marshan genießt man einen Traumblick

ADAC *Mobil*

Mit der Eröffnung der ersten Hochgeschwindigkeitsstrecke Afrikas, der **TGV-Bahnverbindung Tanger–Casablanca**, wird sich künftig die Fahrzeit zwischen beiden Städten (via Rabat und Kenitra) von über vier auf 2.15 Stunden bei weitaus größerem Komfort in den Zügen verkürzen. *Fahrpläne und Tickets auf www.oncf.ma, Infos über das Mammutprojekt unter www.tgvmaroc.ma*

9 Playa Blanca
| Strand |

Östlich von Tanger erstrecken sich zwei wunderbare Strände. Zum einen der »weiße Strand«, die Playa Blanca (N-10 und N-16, Abzweigung nach Mnar), wo man sich auch am Abend in den umliegenden Bars und Diskotheken trifft. Eine Alternative ist der Dalia-Beach in Richtung Ceuta (S. 73).

Restaurants

€–€€ | **Restaurant Domahana** Auf Grillspieße und eine köstliche Harira-Suppe spezialisiertes, kinderfreundliches Res-

Der Leuchtturm am Cap Spartel markiert den nordwestlichsten Punkt Afrikas

taurant inmitten des Parc Perdicaris mit Blick auf die zwei Meere. ■ Am Parc Perdicaris und dem Naturreservat Rmilatt, von der Route Rmilate nördlich halten, tgl. 8–20 Uhr, Plan S. 69, westl. a1

€€–€€€ | **El Tangerino** An der Corniche bekommt man hier eine Paella, die besser ist als vielerorts in Spanien. Exzellente Fischgerichte. Reservieren! ■ Av. Mohammed VI 186, Tel. 0539/ 94 39 73, http://eltangerino.com, tgl. 12–2 Uhr, Plan S. 69, südöstl. c4

Cafés

2 **Café Hafa** Das 1921 gegründete Tee- und Kaffeehaus mit Traumblick von seinen blau bemalten Terrassen auf das gegenüberliegende Spanien ist eine Institution. Hier trafen sich nicht nur die Beat-Autoren zum famosen Minztee. Auch die Beatles und die Rolling Stones saßen hier. Marokkos Jugend findet sich gerne am Nachmittag ein, zum Plausch oder für Brettspiele. In den Abendstunden füllt sich das Hafa rasch mit Urlaubern und Expats. Es lohnt sich bereits vor Sonnenuntergang seinen Platz in der ersten Reihe zu suchen. Das angegliederte Restaurant bietet marokkanische Küche. ■ Nach der Nekropolis westlich halten oder von der Av. Hadj Mohamed Tazi beim Restaurant La Posada del Hafa nördlich abzweigen, Tel. 0600/86 76 47 (Café), 0676/01 67 01 (Restaurant), tgl. 9–23 Uhr, Plan S. 69, westl. a1

Kneipen, Bars und Clubs

The Tangerinn Pub Wer an einem der emblematischen Orte der »wilden Jahre«, wo einst die Beat-Autoren William S. Burroughs, Jack Kerouac, Allen Ginsberg weilten, in der Nostalgie der der 1950er-Jahre schwelgen will, der ist hier goldrichtig. ■ Rue Magellan, Eingang beim Hotel Muniria, Tel. 0613/ 32 15 94, tgl. 20–24 Uhr, Plan S. 69, c4

Events

Tanjazz Stets Mitte September lockt dieses traditionsreiche Jazzfestival seit

1999 mit Stars der zeitgenössischen marokkanischen und vor allem internationalen Szene Besucher und Fans nach Tanger. ■ www.tanjazz.org

In der Umgebung

Cap Spartel und Grottes d'Hercule

| Naturerlebnis |

Hier, wo einst bereits die Römer Mühlsteine abgebaut haben, soll in der vom Meer ausgewaschenen Höhle Herkules zwischen seinen Prüfungen Rast gemacht haben. Beeindruckend ist, dass die Öffnung vom richtigen Blickwinkel aus betrachtet den Umrissen des afrikanischen Kontinents gleicht. Der Zutritt zur Grotte ist kostenlos, wobei man allerdings die zahlreichen »Fremdenführer« vor Ort abwimmeln muss. Besonders an Wochenenden und abends zum Sonnenuntergang ist die Höhle geradezu überlaufen.

Etwa 10 km nördlich liegt im gleichnamigen Naturschutzgebiet des Cap Spartel der pittoreske Leuchtturm, ein Postkartenmotiv mit unvergleichlichem Ausblick auf die zwei Meere.

■ Herkulesgrotte: ca. 20 km westlich von Tanger, via Route des Grottes d'Hercule, tgl. 9–20 Uhr; Cap Spartel: ca. 14 km westlich von Tanger, Parkmöglichkeiten vor Ort

2 Ceuta (Spanien)

Spanische Lebensart und einst Portugals Bollwerk an den »Säulen des Herakles«

Information

■ OIT, C/ Edrissis s/n (unweit der Murallas Reales, ES-51001 Ceuta), Tel. (+34) 856/20 05 60, www.ceuta.si, Mo–Fr 8.30–20.30, Sa, So, Fei 8.30–14.30 Uhr

Auf der Halbinsel siedelten bereits die Griechen, die den Ort »Bei den Sieben Brüdern« nannten – wegen der sieben Gipfel, die die Straße von Gibraltar säumen. Diese Meerenge war in der Antike wiederum als »Säulen des Herakles« bekannt. Die Portugiesen errichteten nach der Eroberung im Jahr 1415 massive Befestigungsanlagen, die die Spanier weiter – und bis in die Gegenwart auch mit hohen Grenzzäunen gegen Migranten – verstärkten. Heute ist Ceuta jedoch eine äußerst einladende, mediterran-andalusisch angehauchte Stadt, in der das Leben pulsiert.

Sehenswert

Plaza de África

| Platz |

Der zentrale Platz unter Schatten spendenden Bäumen ist der Treffpunkt der Bewohner. Er wird flankiert von zwei Kirchen, der Iglesia de África (15. Jh.), mit dem Holzschnitt der Schutzpatronin der Stadt, und der Catedral de la Asunción (17. Jh.). An der Plaza liegt auch die Casa de los Dragones, ein mit Drachen verziertes mondänes Wohnhaus, das ein Wahrzeichen der Stadt ist.

Murallas Reales

| Befestigungsanlagen |

Die massiven Befestigungsmauern dominieren das Zentrum Ceutas. Sie sind ein Erbe aus vergangenen Jahrhunderten, das kontinuierlich gepflegt und restauriert wird. Von den Murallas Reales gelangt man zum alten arabischen Stadttor, der Puerta Califal, die unterirdisch in den Kellergewölben der Wehranlage zu besichtigen ist. Sie stammt wohl aus dem Jahr 931 und wurde unter Abd ar-Rahmān III., dem Umayyaden-Kalifen von Córdoba, errichtet.

■ Avda. San Francisco Javier 3, kostenlose Führungen auf Anfrage beim OIT, Tel. (+34) 856/20 05 60, Dauer ca. 1 Std.

Restaurants

€€ | Restaurante Oasis Auch wenn man noch in Spanien ist, locken die Genüsse der Küche Marokkos. Stilecht arabisch eingerichtet, genießt man hoch oben am Monte Hacho als Draufgabe den wunderbaren Ausblick. ■ Crta. del Monte Hacho s/n, Urbanización San Antonio 89, Tel. (+34) 956/51 59 25, www.restauranteoasis.es, tgl. 13.30–17.30, 20.30–0.30 Uhr

3 Tétouan

Die ursprüngliche, strahlende »weiße Taube« an den Ausläufern des Rif

Information

■ DRT (Délégation Régionale du Tourisme), Av. Mohamed V 30, 93000 Tétouan, Tel. 0539/96 19 15, http://visittanger.com, Mo–Fr 8–18 Uhr

Mit über 400 000 Einwohnern ist Tétouan, einst berberisch »Tittawin« (»das Auge«), eine wichtige Hafenstadt am Mittelmeer, unweit von Tanger und Ceuta an den sanften Ausläufern des Rif-Gebirges gelegen. Schon von Weitem strahlt die alte Medina hell mit ihren weiß gekalkten Häusern, die sich den Berghang hinaufschmiegen, was ihr den poetischen Beinamen »Weiße Taube« eingebracht hat. Seit 1997 ist sie UNESCO-Weltkulturerbe. Stark spürbar ist hier bis heute das Vermächtnis der Epoche des spanischen Protektorats, dessen Hauptstadt Tétouan von 1913 bis zur Unabhängigkeit 1956 war.

Sehenswert

Medina von Tétouan

| Altstadt |

3 *Ein Märchen wie aus Tausendundeiner Nacht, ganz in weiß gekalkt*

In der Medina von Tétouan ist man als Europäer mitunter noch für sich allein unter Einheimischen. Das Alltagsleben ist authentischer als andernorts. Und nicht zuletzt darum ist Tétouans Medina für manchen Marokko-Fan auch die schönste des Landes. Man spürt den Hauch vergangener Epochen, wo sich etwa das gemeinschaftliche Brotbacken am Nachbarschaftsofen mit Pâtisserien, Teehäusern und Fleischern, die Ziegenköpfe aufeinanderstapeln, mischt. Handwerker bleiben in weiten Teilen der Medina unter sich, organisiert nach Metier. Kurzum, in Tétouan kann man recht unbehelligt durch die engen Gassen flanieren. Aber man muss sich auf das wenig touristische Treiben einlassen können und wollen.

Musée d'archéologie de Tétouan

| Archäologisches Museum |

Am Rand der Medina neben dem Königspalast gelegen und 1940 eröffnet, zählt das Museum zu den wichtigsten seiner Art in Marokko. Zu sehen sind Funde seit der menschlichen Frühgeschichte, Werkzeuge, Pfeilspitzen aus Feuerstein, aber auch fossile Tierknochen. Der Schwerpunkt liegt auf den Ausgrabungen der Römerstadt Lixus. Besonders hervorzuheben sind die schönen Mosaiken, wie jenes der Venus und des Adonis aus dem 2. Jh., das im Innenhof des Museums zu sehen ist, sowie die Nachbildung des Megalith-Steinkreises von M'Zoura (S. 77).

■ Rue Ben H'Sain 2, Tel. 0539/96 73 03, Mi–Mo 10–18 Uhr, 10 Dh, erm. 3 Dh

Centre d'art moderne de Tétouan (CAMT)

| Kunstmuseum |

Das kleine Museum für moderne Kunst ist in einem ehemaligen Bahnhof im Neomudéjar-Stil am Rand der Medina untergebracht. Der Fokus liegt auf nordmarokkanischer und spanischer Malerei und Bildhauerei seit der Protektoratszeit (etwa von 1920 bis heute). Das Centre d'art moderne wurde vom renommierten Architekten Abdeslam Bencrimo meisterlich zu einem zeitgemäßen Museumsbau umgewandelt und erstrahlt seit 2014 in neuem Glanz.
■ Av. al-Massira, Tel. 0666/04 60 81, Di–Sa 9.30–13, 14–17 Uhr, Eintritt frei

Parken

Sehr zentral an der Av. d'Alger an der Place El-Feddan liegt das größte unterirdische Parkhaus Tétouans, das **Hammadi** beim Stadttor Bab Nouader (350 Stellplätze). Im Sommer füllt es sich zusehends, aber meistens findet man noch einen freien Platz (10 Dh/4 Std.).

Restaurants

€€ | **Blanco Riad Restaurant** Versteckt in einem Stadtpalast aus dem 18. Jh. liegt in der Medina dieses Riad-Hotelrestaurant, das eine exzellente regionaltypische Küche serviert. Hervorzuheben sind dabei der marokkanische Salat mit Ziegenkäse, die »Pastela« und die Ziegen-Tajine. ■ Rue Zawiya Kadiria 25, Tel. 0539/70 42 02, http://blancoriad.com, tgl. 9–22.30 Uhr

In der Umgebung

Mittelmeerstrände um Tétouan

| Strände |

Die Küstenabschnitte etwa bei **Martil**, um das **Cabo Negro** und bei **M'diq** bieten eine hervorragende Infrastruktur, Parkplätze und alles was man sich für einen entspannten Strandtag mit Familie oder einen Spaziergang in den kühleren Monaten wünscht.
■ Die N 16 verbindet Richtung Norden alle wichtigen Küstenorte bis Smir und Restinga

Der ehemalige Bahnhof von Tétouan beherbergt ein Museum für moderne Kunst

Alljährlich verzieren Künstler aus aller Welt die Hausfassaden der Altstadt von Asilah

4 Asilah

Die »Weiße Perle« am Atlantik ist berühmt für ihren Street-Art-Moussem

Information

■ DRT in Tanger, S. 66, http://visitassilah.com

Mit seinen knapp 40 000 Einwohnern, darunter viele europäische Künstler und Literaten, und seiner überaus überschaubaren, von portugiesischen Bastionen und Stadtmauern umrahmten gemütlichen Medina ist in Asilah Hektik ein Fremdwort. Es sind die Kontraste, die diesen Ort etwa 46 km südlich von Tanger an der Atlantikküste dominieren: der blaue Himmel, der Ozean, die Gischt der Wellen und die blauen und weißen Fischerboote im Hafen. Die Häuser der Medina werden im Rahmen des Moussem Culturel International d'Asilah, des alljährlichen Kunstfestivals, von Street-Art-Künstlern aus aller Welt verziert.

Sehenswert

Medina

| Altstadt |

Einst eine der Bastionen Portugals an der marokkanischen Atlantikküste, ist die Altstadt von Asilah von massiven Mauern, die auf das 15. und 16. Jh. datieren, umgeben. In dem engen Geflecht von Gassen, gesäumt von weiß-blauen Häusern, finden sich zahlreiche Handwerks- und Souvenirläden und wegen der großen Präsenz an Kunstschaffenden auch einige Galerien. Am besten beginnt man die Altstadttour am Bab Kasbah und folgt der Rue de la Kasbah zur Place Sidi Ali Hamdusch. Dort erhebt sich das Symbol der Stadt, ein mächtiger und ebenfalls aus portugiesischer Zeit stammender Wehrturm. Neben dem Turm führt das Bab el-Bhar, das Tor des Meeres, zum Hafen und zur Promenade, die entlang der Atlantikmauer verläuft. Der Sonnenuntergang ist in Asilah besonders stimmungsvoll. Dann genießt man den schönsten Postkartenblick am besten wieder außerhalb der Stadtmauern mit Blick auf das Mausoleum von Sidi Ahmed el-Mansur, einem der letzten Herrscher der Saadier-Dynastie. Jeweils am Donnerstag findet übrigens der Wochenmarkt statt.

P Parken

Just vor den Stadtmauern in der **Rue Bab Labhar** gibt es für 20 Dh pro Tag bewachte Stellplätze im Freien. In den Sommermonaten füllt sich der Parkplatz, aber meist ist noch die eine oder andere Lücke frei.

Events

4 **Kunstfestival in Asilah** Das Festival Moussem Culturel International d'Asilah findet alljährlich von Mitte bis Ende Juli statt und bietet neben der Street Art und der Malerei, wobei immer neue Häuser der Medina dekoriert werden, auch der traditionellen Musik und der Poesie eine Bühne.
■ https://c-assilah.com

In der Umgebung

Der Steinkreis von M'Zoura
| Historische Stätte |
Diese einzigartigen, südlichsten Zeugnisse der Megalithkultur befinden sich rund 27 km südöstlich von Asilah. Die etwa 200 Monolithen, zwischen 50 cm und 5 m Höhe, liegen an einer etwas vernachlässigten Stätte, die 55 m im Durchmesser misst, und sind ein Unikum auf dem afrikanischen Kontinent.
■ Von Asilah über die N 1 und die P 4603 bis M'Zoura, dann Route de Mzora (mehr Piste als asphaltiert über etwa 3 km), Eintritt frei, die Bewohner vor Ort, die die Anlage als Hobbygärtner pflegen, freuen sich über eine kleine Spende

Plage Kaf Lahmam, Rmillate
| Strand |
»Paradise Beach« nennt sich dieser traumhafte, lange Strand mit feinstem, weiß-gelbem Sand und wenig Infrastruktur. Doch es gibt Strandbars, Restaurants, Grillstände und die Möglichkeit, Strandliegen und Sonnenschirme zu mieten. Ideal für Familien und Urlauber aus Europa, denn hier herrscht eine sehr offene Atmosphäre.
■ R 415 von Asilah etwa 15 km Richtung Süden, Abzweigung bei Plage Mhibet und Plage Kaf Lahman. Eine etwas beschwerliche Schotterpiste führt fast an den Strand, mit Parkmöglichkeiten vor Ort. Sonst kann man weiter oben parken, und eine Eselskarre als Taxi mieten

5 Larache

Berberpiratennest mit Atlantik-Balkon und den römischen Ruinen von Lixus

i Information

■ DRT in Tanger, S. 66, http://visitlarache.com

Larache ist mit seinen etwa 120 000 Einwohnern die größte der nördlichen Atlantikstädte Marokkos. Die Küstenbefestigungen sind nicht minder imposant als jene von Asilah, jedoch spanischen Ursprungs wie die Storchenburg (Castillo de las Cigueñas). Die kleine alte Medina mit dem Markt in der Rue du Petit Souk und die von blau-weißen Arkadengängen gesäumte Place de la Libération mit Cafés und Teehäusern laden zum Verweilen ein. Hier kann man dem munteren Treiben am Übergang von der Alt- zur Neustadt folgen. An den alten Festungsmauern entlang des Ozeans am Atlantik-Balkon zu flanieren und im Café Balcóny Atlántico (tgl. 7–24 Uhr) einen Kaffee zu trinken, während der Blick über das blau-weiße Szenario streift, ist ein unvergessliches Erlebnis.

In der Umgebung

Lixus

| Römische Ruinen |

Gegenüber der Stadt, am Hügel über dem Fluss Oued Loukos, erstreckt sich diese nach Volubilis zweitwichtigste Ruinenstadt Marokkos aus römischer Zeit. Schon in der Antike gingen die Menschen davon aus, dass dies der Ort gewesen sein muss, wo Herkules die Äpfel – bewacht vom Drachen Ladon – aus den berühmten Gärten der Hesperiden stahl. Zu sehen sind Fundamente von Monumentalbauten, einige Garum-Becken (für die Herstellung der seinerzeit sehr beliebten Fischsoße), die Überreste eines Amphitheaters (des einzigen in Marokko) und die Grundmauern einer spätantiken Kirche (manche Experten meinen, es wäre eine alte Moschee). Dazu gesellen sich zahlreiche Villen, die von der einstigen Bedeutung Lixus' zeugen. Viele Funde sind heute im archäologischen Museum von Tétouan (S. 74) ausgestellt.

■ Über die Nationalstraße N 1, etwa 5 km östlich von Larache, Eintritt frei

6 Chefchaouen und das Rif-Gebirge

Malerisch gelegene blaue Medina und Pforte zum Rif mit seinen Naturwundern

Information

■ DRT in Tétouan, S. 74, Infokiosk in Chefchaouen am Bd. Hassan II nahe Bab el-Aïn, http://visitchefchaouen.com

Chefchaouen verzaubert mit seiner überaus gepflegten, verwinkelten Medina längst nicht mehr nur Hippies, die in den 1970er-Jahren als Rucksacktouristen wegen der dortigen Cannabis-Produktion in das Rif pilgerten. Heute lockt die etwa 40 000 Einwohner zählende »Perle des Rif« mit ihrer stetig wachsenden touristischen Infrastruktur zu Recht Kulturtouristen aus aller Welt zum ausdehnten Bummel durch die Altstadt. Die Alcazaba-Festung beherbergt ein kleines, feines ethnografisches Museum und tolle Gärten.

Ausgesprochen reizvoll sind das Umland und die Natur des Rif – seien es die Wasserfälle von Akchour oder die Bergdörfer, die man auf einer Tagestour mit dem Pkw von Chefchaouen aus erkunden kann. So wird etwa in Oued Laou am Samstag ein Markt abgehalten, und Berberfrauen bieten in typischer Tracht ihre Waren an.

Sehenswert

Blaue Medina

| Altstadt |

1 *Eine Alstadt in Blau, an fast jeder Ecke lockt ein neues Fotomotiv*

Sieben Stadttore, wie das Bab el-Aïn, »das Auge«, oder das Bab el-Souk, das Markttor, führen in die blau getünchte

Die blaue Medina von Chefchaouen schmiegt sich sanft an die Hänge eines Hügels

Altstadt. Das Labyrinth der sich bergan schlängelnden Gassen ist mit Bänken und vielen Topfpflanzen ausgesprochen gepflegt. Und an fast jeder Ecke lockt ein neues Fotomotiv: etwa auf blauen Treppen zwischen blumengeschmückten Fenstersimsen und Hufeisen-Arkadenbögen sitzende Katzen vor dem Bergpanorama im Hintergrund. Ebenso das in den Geschäften angebotene Kunsthandwerk, das stets straßenseitig präsentiert wird, oder der natürlich ebenso blaue, reich verzierte öffentliche Backofen Rif as Sabani (Rue Sidi Ahmed el-Ouafi).

Musée Etnographique/ Kasbah-Museum

| Heimatkundemuseum |

In der Alcazaba, einer Festung, die im Jahr 1471 unter Moulay Ali Ben Rachid, dem Stadtgründer, erbaut wurde, befindet sich das kleine, aber sehenswerte Völkerkundemuseum. Dort wird Besuchern auf drei Stockwerken eine anschauliche Sammlung von Trachten, Werkzeugen, Waffen oder Musikinstrumenten der Berberkultur präsentiert. Der Innenhof der Kasbah birgt zudem wunderschöne Gärten.

■ Kasbah Outa Hammam, Derb Sidi Bellehcen, Tel. 0539/98 63 43, Mi–Mo 10–18.30 Uhr, 10 Dh

P Parken

Am Stadttor, dem **Bab el-Souk** in der Av. Sidi Abdelhamdi, finden sich meist ausreichend bewachte Parkplätze. Wer nur ein paar Stunden bleibt, sollte etwa 5 Dh bezahlen, wer über Nacht den Pkw abstellt 15 bis 20 Dh.

Restaurants

€ | **Café Restaurante Sofía** Eine der beliebtesten, besten und günstigen Adressen, um Hausmannskost auf der überdachten Terrasse zu genießen. ■ Place Outa Hammam Khadarine, vorbei an einigen Restaurants die Treppe hinauf, Tel. 0671/28 66 49, tgl. 11–23 Uhr

Die Architekten des spanischen Modernismo genossen in Melilla alle Freiheit

€€ | **Restaurant Tissemlal (Casa Hassan)** Herzliche Bedienung und landestypische Speisen. Der Menüpreis für drei Gänge ist mit etwa 95 Dirham gehoben, in Anbetracht der Qualität aber absolut vertretbar. ■ Rue Targui 22, Tel. 0539/98 61 53, tgl. 7–24, warme Küche 12–15, 18–22.30 Uhr

Einkaufen

La Botica de la Abuela Aladdin Diese Boutique bietet ein überaus aromatisches und farbenfrohes Sortiment, von Seifen über Massageöle, Cremes und Kräutern zu Räucherwerk. Hier findet sich ein Souvenir – und wenn nicht, ein Fotomotiv. ■ Vom zentralen Platz Outa el-Hammam nach Norden in der Rue Targui, Tel. 0603/61 82 64, tgl. 9–19 Uhr

Wandern

5 **Cascades d'Akchour** Die eineinhalb- bis dreistündige Trekkingtour (einfache Strecke) startet vom Dorf Akchour aus. Die lange Route führt zum Großen Wasserfall sowie zum Felsbogen »Brücke Gottes« (beim Staudamm rechts des Kelaa-Flusses halten). Die kleinere Wasserfallroute führt auf der linken Seite am Farda-Fluss entlang, vorbei an terrassierten Wasserfällen und türkisblauen natürlichen Pools. Wobei es gilt, hin und wieder auf Betonpfosten über den Bach zu springen, was aber auch für Kinder kein Problem darstellt. Es gibt kleine Stände, die Süßigkeiten, aber auch Grillspieße im Angebot haben, sowie zahlreiche Picknickplätze entlang der Route. ■ Etwa 30 km nordöstlich von Chefchaouen, erst auf der N 2, dann auf der P 4105 Richtung Akchour

7 Al Hoceïma

Nordmarokkos Pendant zu Spaniens Costa del Sol – jedoch naturbelassener

Information

■ DPT (Délégation Provinciale du Tourisme), Rue al-Hamra, Quartier Calabonita B.P. 275, 32000 Al Hoceïma, Tel. 0539/98 11 85, http://visitalhoceima.com, Mo–Fr 8–18 Uhr

Al Hoceïma ist mit seinen rund 60 000 Einwohnern in erster Linie wegen der umliegenden Strände eine bei vornehmlich marokkanischen Urlaubern beliebte Sommerdestination. Neben dem Stadtstrand, der Calabonita (span. »hübsche Bucht«), locken die Sandstrände Playa Quemado, Thara Youssef und Sfiha mit Blick auf den wenige hundert Meter entfernten spanischen Peñon de Alhucemas (einem Militärstützpunkt). Der Al-Hoceïma-Nationalpark lädt zu Trekkingtouren ein, die man wunderbar mit einem entspannten Bad im türkisblauen Meer kombinieren kann. Am Quemado-Strand dominieren in der Hochsaison inzwischen Burkinis die Bademode.

Cafés

Espace Miramar Hier lohnt es sich, die wunderbare Aussicht bei einem Minztee oder einem Kaffee zu genießen. Man braucht etwas Geduld mit dem Service, aber der Blick auf die Bucht macht das wett! ■ Rue Abdelmalik Saadi, Tel. 0539/98 42 42, tgl. 8–22 Uhr

Sport

Moroccan Diving Center Hochprofessionelle, freundliche Tauchlehrer mit modernstem Equipment helfen bei den ersten Unterwassererfahrungen (ab 8 Jahren) oder führen versiertere Amateur- oder Profitaucher zu den schönsten Unterwasserspots. Auch Schnorchelexkursionen werden organisiert. ■ Plage Isri, Tel. 0602/319987, http://moroccandivingcenter.com, Mai–Okt. auf Anfrage, sonst Juli–Anfang Sept. tgl. 9–22 Uhr, im Ramadan geschl., zwei Tauchgänge inkl. Ausrüstung ca. 700 Dh

8 Melilla (Spanien)

Das mittelalterliche »La Vieja« umgeben von Art-déco-Bauten des Modernismo

Information

■ OIT, C\ Teniente Aguilar de Mera 4, ES-52001 Ceuta, Tel. (+34) 952/97 61 90, Mo–Sa 10–14, 16.30–20.30, So 10–14 Uhr
■ Patronato de Turismo, C\ Fortuny 21, ES-52004 Melilla, Tel. (+34) 952/97 61 51, www.melillaturismo.com, Mo–Fr 8–15 Uhr

Im Blickpunkt

Cannabis, Haschisch, »Kef«

Hanfpflanzen werden in weiten Teilen des Rif-Gebirges längst in regelrechter Plantagenwirtschaft kultiviert. Ein Privileg, das einst durch Sultan Hassan I. den verarmten Bauern der Region um 1890 eingeräumt wurde und bis in die Gegenwart akzeptiert wird, bietet dafür die Basis. In den 1970er-Jahren kamen die Blumenkinder der Hippie-Bewegung in Scharen ins Rif-Gebirge, vor allem nach Chefchaouen und Ketama, um den zu Haschisch gepressten, berauschenden Blütenstaub der Pflanze zu rauchen. Haschisch ist das wohlgemerkt illegale, aber nach Phosphaten wichtigste Exportprodukt des Königreichs. »Kef«, die zerkleinerten Blüten indes, wird vielerorts von Marokkanern in den typischen langen Pfeifen (»Sebsi«) gemischt mit Tabak konsumiert. Im marokkanischen Alltag sind Cannabis und Haschisch vielfach präsent, auch wenn empfindlich hohe Haftstrafen auf Besitz und vor allem den Handel stehen – bis zu zehn Jahre. Es ist daher überaus ratsam, sich tunlichst von den zahlreichen Dealern in den großen Städten und vor allem im Rif fernzuhalten.

Das einst als Handelsstützpunkt gegründete phönizische Rusadir – heute das spanische Melilla – hat eine überaus bewegte Geschichte, die von Karthagern, Römern, kurzzeitig den Vandalen, Arabern und zuletzt seit über 500 Jahren den Spaniern geprägt wurde. Innerhalb der Festungsmauern der Altstadt »La Vieja«, die nahezu perfekt restauriert sind, lässt sich das einstige Leben in diesem Bollwerk gut nachvollziehen. Die Neustadt präsentiert sich dank der großen Zahl an Modernismo-Gebäuden überaus bunt.

Im Blickpunkt

Die Berber

Bereits im alten Ägypten waren Berberstämme bekannt. Sie besiedelten damals weite Teile Nordafrikas. Heute geht man von etwa 36 Mio. Menschen aus, die verteilt auf Marokko, Algerien, Tunesien, Mauretanien und Libyen, aber auch in Niger und Mali leben und sich als Berber sehen. Sie sprechen Berbersprachen, z. B. Mazirisch oder Tamazight sowie in Marokko regionale Dialekte wie das Tarifit, und Taschelhit. Ihre Kultur – in Tracht, Musik, Silberschmuck, Teppichmustern oder den Tätowierungen der Frauen – ist oft regional mindestens so heterogen, wie die durch lange Phasen geografisch bedingter Isolation geprägten Berbersprachen. In Marokko stellen Berber rund 40–45 % der Bevölkerung. Und erst sehr spät wurde das Tamazight 2011 im Rahmen einer Verfassungsreform als offizielle Sprache Marokkos anerkannt.

Sehenswert

»La Vieja«
| Altstadt |
Auch Medina Sidonia genannt, thront die Altstadt Melillas, »La Vieja« (»die Alte«) oder »El Pueblo« (»das Dorf«), wie sie die knapp 80 000 Einheimischen liebevoll nennen, auf einer Anhöhe über dem Meer. Sie wurde nach der spanischen Eroberung ab dem 15. Jh. zu einer massiven Festung ausgebaut. Innerhalb der Mauern liegt neben Lagerräumen und Zisternen, die dazu dienten, auch längere Belagerungszeiten zu überstehen, der mittelalterliche Marktplatz. Dazu gesellen sich Kirchen, wie die Iglesia de la Purisima Concepción mit der Statue der Stadtheiligen, der Virgen de la Victoria (C\ Miguel Acosta 7), die unterirdischen Höhlengewölbe der Cuevas del Conventico und Museen, wie das sehenswerte Museo de Historia, Arqueología y Etnografía (Plaza de los Aljibes 4, Eintritt frei). Vom Leuchtturm hat man ein großartiges Panorama auf die Stadt und das umliegende Mittelmeer.

9 Saïdia

An der Moulouya-Mündung liegen die schönsten Sandstrände Nordmarokkos

Information

- OIT, Route Aghanghan 57, 62000 Nador, Tel. 0536/33 03 48, Mo–Fr 8–18 Uhr
- DPT, Bd. Mohamed V 716, 60000 Oujda, Tel. 0536/68 56 31, Mo–Fr 8–18 Uhr

Das kleine Küstendorf war zur Zeit der französischen Kolonialherrschaft bei den im Protektorat ansässigen Europäern eine beliebte Sommerresidenz.

Seit 2009 erfährt es einen vom marokkanischen Königshaus geförderten Tourismusboom, der dank der Nähe zu den Flughäfen von Nador und Oujda auch immer mehr Gäste aus Europa anlockt. Saïdia verfügt über eine erstklassige Hotelinfrastruktur, Golfplätze, einen Jachthafen, Nobelboutiquen, Ferienhäuser und eine schöne Strandpromenade. Westlich des Orts erstreckt sich ein 11 km langer Sandstrand mit Dünen und unweit davon die wegen ihrer einzigartigen Biodiversität zum Naturschutzgebiet erklärte Flussmündung des Moulouya. Im Osten liegt ein weiterer Traumstrand, 9 km lang, an dem sich das exklusive Be-Live-Collection-Luxusrefugium angesiedelt hat.

Sport

In Saïdia gibt es aktuell drei **Golfressorts**, die zu den besten des Landes zählen und folglich Weltruf genießen. ■ Tel. 0536/63 00 41, www.golfsaidia.ma

In der Umgebung

Von Berkane durch die Zegzel-Schlucht

| Landschaft |

Von der Provinzhauptstadt Berkane führt die P 6012, die als eine der spektakulärsten Routen Marokkos gilt, in die Zegzel-Schlucht zum gleichnamigen Ort. Die dortige Kamel-Tropfsteinhöhle ist wie die 3 km entfernte Taubenhöhle nur von außen zu besichtigen. Weiter geht es durch das ländliche Nordmarokko mit authentischen Bergdörfern, in deren Umland auch Wein angebaut wird, und ursprüngliche Wälder bis zum Naturpark des Béni-Snassen-Massivs nach Tafoughalt. Von Zegzel führt eine von engen Serpentinen gesäumte Bergstraße in die Dörfer am Dschebel Tamejour – eine recht abenteuerliche Fahrt, die, vorbei an Mandel-, Oliven- und Obstbäumen, sehr reizvolle Ausblicke bietet, ganz besonders zur Mandelblüte im März.

Die sandigen Mittelmeerstrände bei Saïdia zählen zu den schönsten Marokkos

Übernachten

Marokkos Norden bietet von modernen Hotels über arabisch eingerichtete, romantische Riads aller Preisklassen bis hin zu Pensionen und Hostels eine große Vielfalt an Unterkünften. In Sachen Sauberkeit hat sich viel zum Positiven gewandelt. Im Hinterland und im Rif finden sich auch abseits der Städte Landhotels oder Lodges – für Naturliebhaber und Wanderer eine gute Alternative. Um Saïdia warten neue All-inclusive-Anlagen auf Gäste, ideal für Familien mit Kindern.

Tanger 66

€ | **Hotel Maram** Preiswert und sehr sauber im Herzen der Medina gelegen. Die Standardzimmer sind zwar spartanisch eingerichtet, verfügen aber über bequeme Betten. Günstige Familiensuite und Zimmer mit Balkon oder Privatterrasse. Kein Frühstück, aber das Café Tanger oder Café Centrale liegen vis-à-vis. ■ Rue de la Marine 74, an der Place Souk Dakhel (Petit Socco), 90000 Tanger, Tel. 0539/93 02 09, www.hotelmaram.com

€€ | **Dar el-Kasbah Eastern Telegraph Company** Wenige Schritte von der Place du 9 Avril 1947, ideal für einen Städtekurztrip. ■ Rue de la Kasbah 12, Bab Teatro, Marshan, 90000 Tanger, Tel. 0539/37 13 71, www.dar-kasbah.com

€€–€€€ | **Dar Souran Guesthouse und Riad** Inmitten der alten Medina bietet dieses liebevoll und modern eingerichtete Riad-Hotel eine Dachterrasse, deren Ausblick in Erinnerung bleiben wird. ■ Rue de Commerce 45, 90000 Tanger, Tel. 0539/93 60 45, http://darsourantanger.com

€€–€€€ | **Fredj Hotel & Spa** Modernes Hotel mit allen Annehmlichkeiten. Gäste genießen von vielen der Zimmer einen Panoramablick über die Stadt und die Bucht sowie den neuen Jachthafen. Mit Spa-Bereich und Außenpool. Zum Stadtstrand sind es nur zehn Minuten zu Fuß. ■ Rue de Hollande 42, 90000 Tanger, Tel. 0539/33 11 00, http://fredjhotel.com

Ceuta 73

€–€€ | **Hotel Entre Dos Mares** Sauberes, günstiges Hotel mit freundlicher Belegschaft, auf halber Strecke zwischen Stadtkern und der Grenze zu Marokko. ■ Av. Reyes Católicos 6, 51002 Ceuta, Tel. (+34) 956/50 17 92

€€ | **Hotel Ceuta Puerta de África** Unweit der Plaza de África in der Haupteinkaufsstraße gelegen, punktet dieses Vier-Sterne-Hotel mit seinem Preis-Leistungs-Verhältnis. ■ Paseo Alcalde Sanchez Prados 3, 51001 Ceuta, Tel. (+34) 956/51 12 00, www.ceutapuertadeafrica.com

Tétouan 74

€–€€ | **Ferma Jebala Ecolodge** Zelte, Bungalows und Hütten, sauber und liebevoll eingerichtet, bietet diese Öko-Hotelalternative in den Bergen. ■ Halouma (an der Straße nach Zarka, via N 13 und der Route Torreta), 93000 Tétouan, Tel. 0670/07 00 68, 0631/53 92 52, http://fermajebalatetouan.com

Asilah 76

€–€€ | Hôtel Patio de Luna Rustikal, schick und familiär ist dieses tiefblau gehaltene, charmante Hotel. ■ Plaza Zelaka 12, 90050 Asilah, Tel. 0539/41 60 74

Larache 77

€–€€ | La Maison Haute In einem spanisch-marokkanischen Herrenhaus aus dem 19. Jh. wartet dieses kleine Hotel mit sechs stilechten, thematisch rustikal, aber geschmackvoll eingerichteten Zimmern auf. ■ Derb Ben Thami 6, 92000 Larache, Tel. 0665/ 34 48 88, http://lamaisonhaute.free.fr

Chefchaouen 78

€ | Casa Perleta Ausgesprochen liebevoll und romantisch eingerichtetes familiäres Hotel mit nur acht Zimmern mitten in der Medina. Das Frühstück ist inklusive. ■ Av. Bab el-Souk 68, in der alten Medina, Zugang via Rue Hassan 1, 91000 Chefchaouen, bewachter Parkplatz am Bab el-Souk, Tel. 0539/ 98 89 79, http://casaperleta.com

€€ | Dar Echchaouen Mit fantastischem Ausblick auf die blaue Medina. Einfaches Mittelklassehotel in einem ausgesprochen hübschen orientalisch-modern eingerichteten Riad. ■ Route Ras el-Ma, Quartier El-Onsar, 91000 Chefchaouen, Tel. 0539/98 78 24

Al Hoceïma 80

€ | Hotel Villa Florido Traditionsreiches, preiswertes Hotel im Zentrum, das ein bisschen in die Jahre gekommen ist. Dafür ist das Frühstück unschlagbar. ■ Place du Rif, 32000 Al Hoceïma, Tel. 0539/84 08 47

€€ | Hôtel Mercure Quemado Al Hoceïma Resort Topmodernes Hotel direkt am Quemado-Strand, mit Spa-Bereich und Außenpool. Ideal für Familien mit Kindern oder Paare, die romantische Tage verbringen wollen. ■ Place Mohammed V., 32000 Al Hoceïma, Tel. 0539/84 22 00, www.accorhotels.com

Saïdia 82

€€ | Maison d'Hôte à Saïdia Orientalisch angehauchte, saubere und geräumige Zimmer. Abseits des Trubels und doch nur 500 m vom Sandstrand entfernt. ■ Rue Imouzzar 4, im Quartier Franco, 62000 Saïdia, Tel. 0628/36 95 52

€€–€€€ | Be Live Collection Saïdia All-inclusive-Ressorthotel mit Restaurants, Shoppingmeile und direktem Zugang zum Traumstrand. ■ Parcela H7, Station Balnéaire, 60600 Saïdia-Berkane, Tel. (aus Deutschland) +800/73 76 27 47, (+34) 911/36 06 06, www.belivehotels.com

ADAC *Das besondere Hotel*

L'Ermitage d'Akchour ist ein Refugium der besonderen Art, inmitten der unberührten Natur der Akchour-Wasserfälle mit Gebirgsbächen und ausgewaschenen natürlichen Pools. Genächtigt wird hier in hölzernen Blockhütten oder Steinhäusern mit allen Annehmlichkeiten – ideal für Familien mit Kindern oder kleine Gruppen und natürlich besonders für Trekking- und Wanderliebhaber.
€€ | 91000 Commune Talembote, Provinz Akchour, ca. 22 km nordöstlich von Chefchaouen, Tel. 0678/ 99 81 89

Von den Königsstädten in den Mittleren Atlas

Zur imperialen Pracht von Fès und Meknès gesellt sich die herrliche Natur mit Zedernwäldern, Wasserfällen und imposanten Höhlen

Einzigartige architektonische Schätze sind es, die die Königsstädte Fès und Meknès bergen. Von überwältigender Schönheit sind in beiden Städten die Medersa Bou Inania der Meriniden-Ära sowie in Fès die Kairaouine-Universität. In der Medina von Fès offenbaren sich im Labyrinth aus über 4000 Gassen auf Schritt und Tritt knapp 1300 Jahre Geschichte. Die Souks sind ein orientalisches Fest für die Sinne und gelten gemeinsam mit jenen von Marrakesch als die schönsten Marokkos.

Unvergleichlich sind die Baudenkmäler des Sultan Moulay Ismail, der sein Meknès im 17. Jh. glanzvoll monumental zur imperialen Metropole umzugestalten gedachte, aber viel zu große Pläne hatte, als dass er sie noch zu Lebzeiten hätte vollenden können.

Die fruchtbare und bis in den Sommer hinein sattgrüne, sanft hügelige Saïss-Tiefebene südlich des Rif erinnert mit ihren zahllosen Olivenbäumen beinahe zwangsläufig an die italienische Toskana. Dieser Eindruck setzt sich bis an die nördlichen Ausläufer des Mittleren Atlas fort. Mit Atlaszedern, Korkeichen oder Wacholderbüschen, die bis in die Höhenlagen dieses malerischen Gebirgszuges reichen, präsentiert sich dieser Teil Marokkos ausgesprochen reizvoll. Und schon zur Zeit der Römer lag hier die Korn- und Olivenkammer der Provinz Mauretania-Tingitana. Von dieser längst vergangenen Epoche erzählen die monumentalen Ruinen der einstigen Provinzhauptstadt Volubilis.

In diesem Kapitel:

10 Taza 88
11 Fès 90
12 Meknès 98
13 Volubilis 101
14 Ifrane 102
15 Azilal und Cascades d'Ouzoud 103
16 Beni Mellal 105
17 Kasba Tadla 105
Übernachten 106

ADAC Top Tipps:

2 Fès el-Bali und die Souks
| Altstadt |
Ein mittelalterliches Labyrinth schmaler Gassen: voller Farbenpracht, alter Handwerkskunst und betörender

Aromen. Auf Schritt und Tritt begegnet man atemberaubenden Baudenkmälern aus der Meriniden-Ära. 91

3 Cascades d'Ouzoud

| Wasserfälle |

Über 110 m stürzen die höchsten und schönsten Kaskaden des Maghreb-Königreichs über Terrassen in das wild bewachsene Tal herab. Und die Sonnenstrahlen sorgen über der Gischt für einen Regenbogen. 104

ADAC Empfehlungen:

6 Foundouk el-Nejjarine, Fès

| Kunsthandwerksmuseum |

Die einstige noble Karawanserei beherbergt ein sehenswertes Museum zur Kunst des Holzhandwerks. 92

7 Meriniden-Gräber und Borj Nord, Fès

| Festungsanlage |

Neben den Mausoleen der Meriniden-Sultane genießt man auf der spätmittelalterlichen Festung den schönsten Panoramablick auf die Altstadt. 98

8 Place el-Hedim und Bab Mansour, Meknès

| Platzanlage |

Der weitläufige Platz vor einem der prächtigsten Tore Marokkos vibriert in den Abendstunden voller Leben. 98

9 Volubilis

| Ruinenstätte |

Die Ruinen der monumentalen einstigen römischen Provinzhauptstadt sind UNESCO-Weltkulturerbe. 101

10 Die Hochgebirgsseen des Mittleren Atlas

| Landschaft |

Besonders nach der Schneeschmelze zeigt sich das Gebirge von seiner wasserreichsten und schönsten Seite. ... 102

Tazas Stadtmauern aus Stampflehm stammen aus der Ära der Almohaden

10 Taza

Umringt von der Stadtmauer birgt die Medina eine Almohaden-Moschee

Information

- CRT in Fès, S. 90

Von der überaus bewegten Geschichte der im 700 Jh. von Berbern gegründeten und heute etwa 140 000 Einwohner zählenden Großstadt zeugt die aus der Dynastie der Almohaden (12. Jh.) stammende Stadtmauer aus Stampflehm. Das gilt auch für die Große Moschee, eine der ältesten des Landes, deren prächtiges Innere Muslimen vorbehalten ist. Der Großteil der Bewohner Tazas sind Berber. Naturliebhaber und abenteuerlustige Höhlenfans kommen im Umland des Tazzeka-Nationalparks voll auf ihre Kosten.

Sehenswert

Große Moschee

| Moschee |

Mit einer herrlichen Kuppel und einem einzigartigen 4 m hohen Kandelaber-Deckenleuchter aus dem 13. Jh. mit über 500 Ölschälchen ist die Große Moschee von Taza ein weiteres Juwel der islamischen Architektur. Sie gilt als erste Almohaden-Moschee, 1135 von Kalif Abd al-Mu'min errichtet, und ist zugleich auch eine der ältesten Marokkos. Seit 1995 stehen die Medina und die Große Moschee mit ihrem strahlend weißen Minarett auf der Vorschlagsliste des UNESCO-Weltkulturerbes. Da Taza vom Tourismus noch weitgehend unentdeckt geblieben ist, präsentiert sich auch die Medina noch sehr authentisch und ursprünglich, was

Gefällt Ihnen das?

Die Große Moschee von Taza beeinflusste alle folgenden Moscheebauten der Almohaden-Ära, allen voran in Marrakesch die **Koutoubia-** (S. 143) und die **Kasbah-Moschee** (S. 146), die Moschee von **Tinmal** (S. 136) im Hohen Atlas, die **Giralda** von Sevilla und die niemals fertiggestellte Moschee in Rabat mit dem **Hassan-Turm** (S. 114). Aber auch der Almohaden-Stil, revolutionär in seiner Zeit, blieb bis in die Gegenwart in ganz Nordafrika prägend und ist etwa am **Musée Yves Saint Laurent** (S. 152) in Marrakesch oder an der **Hassan-II.-Moschee** von Casablanca (S. 119) deutlich zu erkennen.

einen Streifzug reizvoll macht. Auch die Waren der Handwerker sind deutlich erschwinglicher als etwa in Fès.

Erlebnisse

Gouffre du Friouato Die einzige begehbare Tropfsteinhöhle Marokkos im Nationalpark Tazzeka zählt zu den eindrucksvollsten Naturwundern Nordafrikas. Und mit über 270 m Tiefe ihres Systems, von dem 3,5 km bisher bekannt sind, gehört sie auch zu den größten Höhlen des Landes. Durch eine Öffnung von knapp 30 m Durchmesser dringt Tageslicht ein. Eine gewisse körperliche Fitness ist gefragt, um die Besichtigung, die mehr als 520 Stufen bergab und bergan einschließt, auch genießen zu können. Geben Sie dabei acht, die Treppen sind mitunter feucht, und es herrscht Rutschgefahr. Stirn- bzw. Taschenlampe, eine dickere, wasserfeste Jacke (es wird frisch in der Höhle), Proviant, Wasser und ein Handtuch nicht vergessen! ■ Ca. 30 km südwestlich von Taza über die R 507, Infozentrum in Bab-Boudir an der P 5420 Richtung Gouffre du Friouato, www.tazekka.com, Association Marocaine de Spéléologie et Tourisme de Montagne Taza: Tel. 0666/06 39 00, Tour mit Führer und Ausrüstung (Stirnlampe, Helm) ca. 150 Dh

Wandern

Nationalpark Tazzeka Der Dschebel Tazzeka (1980 m, 35 km Luftlinie von Taza) ist vom Bab-Taka-Pass auf 1540 m Höhe über einen schmalen Wanderweg von 9 km Länge recht mühelos zu besteigen. Man durchschreitet eine weitgehend unberührte Natur mit Zedern- und Korkeichenwäldern, Gebirgsbächen und Wasserfällen. Der Nationalpark gilt auch als Vogelparadies. Auf dem Gipfel bietet sich ein atemberaubender Panoramablick auf das Rif, die Saïss-Ebene, die Stadt Fès und die Berge des Mittleren Atlas.

Blick auf Taza im Herbst, wenn die Trockenheit das Umland in Ockertöne taucht

11 Fès

Die Königsstadt ist das religiöse Zentrum des Landes

Die prächtige Pforte zum Foundouk el-Nejjarine, einer ehemaligen Karawanserei

i Information

- CRT, Av. des Aalouites 89, 30000 Fès, Tel. 0535/94 24 92, http://visitefes.com, Mo–Fr 8.30–16.30 Uhr
- DRT, Av. Mohammed Es Slaoui/Place Mohamed V, Ville nouvelle, 30050 Fès, Tel. 0535/93 08 51, Mo–Fr 8.30–16.30 Uhr
- Parken siehe S. 94, 96

Mit seiner pulsierenden mittelalterlichen Medina, jahrhundertealten Medersen sowie zahllosen Moscheen ist Fès, dessen Name auf das arabische Wort »Hacke« zurückgeht, heute mit knapp über 1 Mio. Einwohnern nach Casablanca und Rabat-Salé die drittgrößte Stadt Marokkos. Sie liegt in der fruchtbaren Saïss-Ebene am Fuß des Mittleren Atlas. In der 1300 Jahre alten Medina der Metropole scheint jedoch die Zeit bereits vor Jahrhunderten stehen geblieben zu sein. Jede Dynastie des Königreichs hat seit der Gründung der Stadt 789 durch Idris I. und dessen Sohn Idris II. 791 einen bleibenden Abdruck für die Nachwelt hinterlassen, allen voran die Meriniden. So hat Fès bis in die Gegenwart seinen Status als religiöses, kulturelles und auch handwerkliches Zentrum der Maghreb-Monarchie auch nach der Verlegung der Hauptstadt Mitte des 20. Jh. nach Rabat bewahren können.

Plan
S. 92/93

Alte Medina Fès el-Bali und Souks

2 *Im Gewirr der über 4000 Gassen verläuft man sich ins Mittelalter*

Unweigerlich zieht Fès el-Bali mit seinem Gewirr an Gässchen, Passagen, Durchgängen und den Souks Besucher in seinen Bann. Es bildet ein ebenso einzigartiges wie überwältigendes orientalisches, knapp 280 ha umfassendes Altstadtlabyrinth mit geschäftigen Handwerksbetrieben, farbenprächtigen Basaren und Schmuckstücken islamischer Architektur. Seit 1981 zählt die Medina zum UNESCO-Weltkulturerbe. Am besten beginnt man seinen Stadtbummel am Bab Bou Jeloud, dem Blauen Tor. Von dort führen zwei der zumindest ein wenig Orientierung gebenden Hauptachsen in das Gewirr der Gassen: die Rue Talaa Kebira und die Rue Talaa Seghira. GPS und mobile Kartendienste können in der Medina leider nur sehr bedingt Hilfe leisten.

ADAC *Mobil*

Die gesamte **Medina** ist autofrei, wegen ihrer engen, oft weniger als 50 cm breiten Gässchen wäre die Zufahrt ohnehin unmöglich. So kreuzen regelmäßig Esel und Maultiere den Weg. Vorsicht ist bei von Männern gezogenen Lastenzügen geboten, die als rasche Zulieferer in der engen Altstadt fungieren und stets »andek!«-Rufe (Achtung!) ausstoßen, um Kollisionen zu vermeiden. Wer schweres Gepäck bei sich hat sowie einen weiten, komplizierten Weg zu seinem Hotel, kann deren Dienste ebenfalls in Anspruch nehmen.

Sehenswert

1 Bab Bou Jeloud
| Stadttor |

Das ebenso prächtige wie mächtige Blaue Tor am Eingang zur alten Medina Fès el-Bali ist ein Wahrzeichen der Stadt, durch das man unmittelbar ins Getümmel der östlich davon gelegenen Altstadt eintaucht. Bereits von außen erspäht man durch den Torbogen das wunderschöne Minarett der Medersa Bou Inania (S. 92).

2 Medersa Bou Inania

| Koranschule |

Vom Meriniden-Sultan Abū 'Inān Fāris (1329–1358) gestiftet, gilt diese Medersa als schönste von Fès und als eines der eindrucksvollsten Bauwerke der Epoche. In ihrem dekorativen Überschwang ist sie reich an Ornamentik, darunter in Mosaiken gelegte und farbig emaillierte »Zellij«-Keramikfliesen. Auch die zedernhölzernen Ziergitter und meisterhafte Stuckarbeiten, die an islamische Juwelen Andalusiens erinnern, begeistern. Die Medersa ist auch Nichtmuslimen zugänglich.

■ Rue Talaa Kebira, Sa–Do 8.30–12, 14.30–18, Fr 8.30–11, zu Gebetszeiten geschl., 20 Dh, erm. 10 Dh

3 Musée Dar el-Batha

| Kunsthandwerksmuseum |

Wegen seiner exzellenten Sammlung marokkanischen Kunsthandwerks, die ihre Wurzeln in der 1914 gestifteten außergewöhnlichen Kollektion des Orientalisten Alfred Bel (1873–1945) hat, sollte man diesem kleinen Museum einen Besuch abstatten. Zu sehen gibt es eine Auswahl des mehr als 5000 Objekte umfassenden Bestands: von wertvollen Büchern, Folianten aus dem 11. Jh., Koran-Handschriften aus dem 16. Jh., aber auch kostbaren Keramiken sowie Metall- und Lederarbeiten und Holzschnitzkunst bis hin zu prächtigen Kleidern und Teppichen. Hinzu kommen Schmuck, verzierte Türen, Truhen und islamische Grabsteine – kurzum, ein buntes Potpourri! Allein die wunderbaren andalusischen Gärten lohnen den Besuch des Museums.

■ Place du 11 Janvier, im Stadtteil Batha, Zugang über die Av. du Batha, Tel. 0535/ 63 89 56, Mi–Mo 9–17 Uhr, 10 Dh, erm. 3 Dh

4 Foundouk el-Nejjarine

| Kunsthandwerksmuseum |

6 *Prachtvolles der hohen Kunst aus Edelhölzern in der Karawanserei*

Die palastartige ehemalige Karawanserei und recht mondäne Unterkunft für Händler bietet bemerkenswerte Holzschnitzarbeiten, etwa verzierte tragende Balken oder hölzerne Geländer. Die Sammlung gewährt einen Überblick über die Kunst des Holzhandwerks. Beginnend beim Rohstoff folgen die Werkzeuge für die Bearbeitung oder Utensilien aus Holz: Schmuckkistchen, Mobiliar, Zierelemente, Türen, ja gar ein

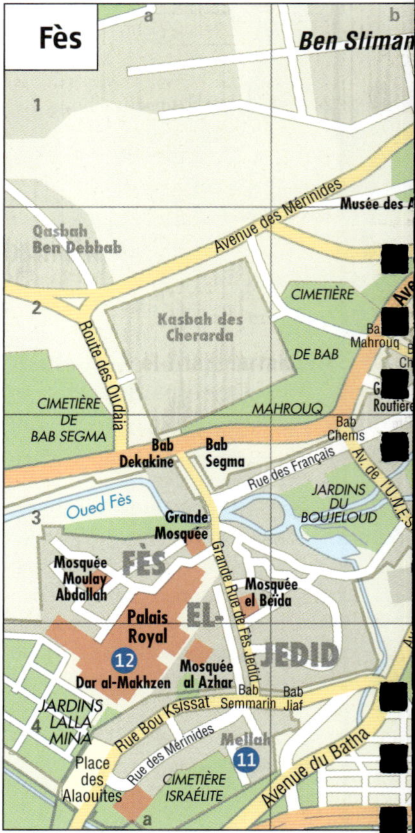

Gebets-Mihrab. Von der Dachterrasse blickt man auf die Meriniden-Gräber.

■ Place el-Nejjarine, Tel. 0531/41 26 16, tgl. 10–17 Uhr, 20 Dh, erm. 10 Dh

5 Mausoleum Zaouia Moulay Idris II.

| Grabstätte |

Hier liegt die prächtige Grabstätte des Stadtgründers und die Grabmoschee von Moulay Idris II. Nichtmuslime können nur einen flüchtigen Blick durch das Tor ins prächtige Innere werfen.

■ Derb Eloued, östlich des Nejjarine-Museums

6 Kairaouine-Universität und Moschee

| Universitätskomplex |

Die Kairaouine-Universität (auch »al-Qarawīyīn«) wurde im Jahr 859 als Koranschule (Medersa) gegründet und gilt als älteste Marokkos. Als geistiges Zentrum Nordafrikas spielte die Hochschule ab dem frühen Mittelalter auch eine bedeutende Rolle im Austausch mit dem christlichen Abendland – etwa durch die Reiseberichte von Leo Africanus (1490–ca. 1550), der hier studierte, oder wegen der berühmten Weltkarten von Al-Idrisi.

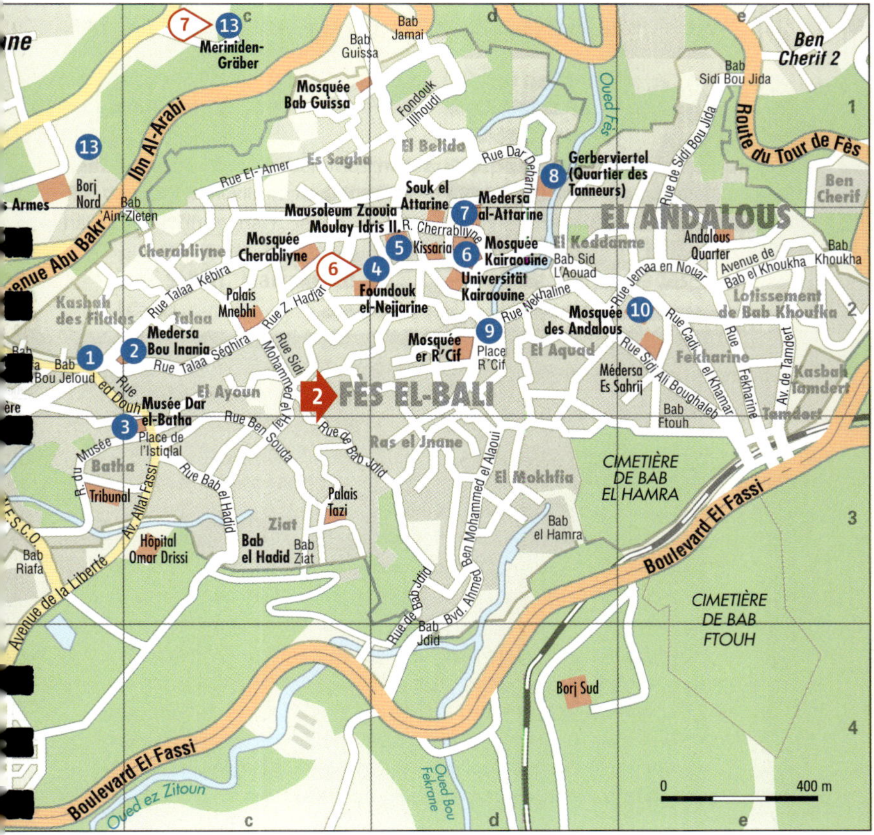

Der gesamte Komplex der Universität ist mit der Kairaouine-Moschee, die eine der größten (sie fasst 20 000 Gläubige) und ältesten der Welt ist, für Nichtmuslime leider nicht zugänglich. Mit Freundlichkeit, etwas Trinkgeld (50–100 Dh) und ein wenig Glück gewährt der Wachmann jedoch Einlass in die 2016 nach vier Jahren Renovierung neu eröffnete Kairaouine-Bibliothek. Der Zugang erfolgt über die Place Seffarine. Alternativ kann man durch das Tor der Kairaouine-Moschee einen Blick in den prächtigen Innenhof erhaschen.

7 Medersa al-Attarine

| Koranschule |

Unweit der Kairaouine-Moschee und der gleichnamigen Al-Attarine-Souks, wo in erster Linie Gewürze und Tees, aber auch Parfüms und Duftessenzen verkauft werden, liegt diese kleine, aber ausgesprochen schöne Koranschule, die zwischen 1325 und 1328 errichtet wurde. Sie ist weniger reich als die Medersa Bou Inania (S. 92), aber immer noch üppig verziert. Und der Besuch gestaltet sich aufgrund geringerer Touristenzahlen und des äußerst unscheinbaren Eingangs privater. Wie in anderen Medersen sind indes die privaten Schlafräume der Koranschüler, die hier noch bis ins frühe 20. Jh. studierten, eng und spartanisch.

■ Vis-à-vis der Kairaouine-Universität, Boutouil Kairaouine, tgl. 8–18 Uhr, 20 Dh, erm. 10 Dh

P Parken

Sehr zentral kann man seinen Pkw nur wenige Schritte von der Hauptstraße, der Talaa Kebira, beim Parkplatz in der **Rue Aïn Azliten** abstellen. Diesen erreicht man bequem von der Av. Abu Bakr Ibn al-Arabi (R 501) aus. Je nach Abstelldauer ist mit dem Parkwächter ein Preis zu verhandeln (2 Std. ca. 5 Dh, 15–20 Dh über Nacht.

Im Blickpunkt

Marokkanische Handwerkskunst

Marokko ist berühmt für sein facettenreiches Handwerk, das in einer jahrhundertealten Tradition wurzelt. Töpferzentren sind Fès, Rabat-Salé und Safi. Die Palette reicht von Gebrauchskeramik über Schalen und Tajine-Formen bis zu Zellij-Ornamenten aus Kachelfliesen, die in kräftigen Farbtönen emailliert sind. Für feinste, im zeit- und arbeitsintensiven Damaszener-Stil verzierte Metallobjekte wie Teller und Silberschmuck mit Berbersymbolen ist Meknès berühmt. In Fès, aber auch andernorts (Safi, Marrakesch) gibt es hochwertige, naturbelassen hergestellte Lederwaren: Jacken, Taschen, Gürtel oder Babouche-Pantoffeln und »Pouf«-Sitzkissen, außerdem Teppiche aus natürlicher Wolle, meist geknüpft und oft gewebt. Farbenprächtige oder simple Dschellabas für Männer mit Kapuze, für Frauen aus Seide sind günstig zu bekommen. Wer feine Brokate und Seidenstickereien sucht, wird länger feilschen müssen. Dasselbe gilt für Zierobjekte aus Berberthujen-Holz, etwa mit Einlegearbeiten aus Zitrusbaumhölzern, die insbesondere in der Gegend um Essaouira hergestellt werden.

ADAC *Spartipp*

Feilschen ist ein unabdingbarer Teil der arabischen Kultur und fast überall auch notwendig. Für den Souvenirkauf gelten folgende Regeln: nicht verbissen sein, freundlich, aber bestimmt und vor allem geduldig bleiben. Haben Sie doch Spaß daran! Wenn es Ihnen gelingt, etwa 60–70 %, bestenfalls 80 % des vom Händler eingangs genannten Preises herunterzudrücken, Gratulation! Und: Lassen Sie nicht Ihren Fremdenführer für Sie das Geschäft machen, nicht selten ist dieser mit dem Händler alliiert.

Restaurants

€–€€ | Café Nagham Wenige Meter vom Bab Bou Jeloud entfernt kann man eine günstige, gut zubereitete marokkanische Küche genießen. Menüpreis ca. 85 Dh für drei Gänge, der Service ist flott. ■ Place Iscesco Kasbat Boujloud 49, Tel. 0535/63 60 13, tgl. 10–23 Uhr, Plan S. 92/93, b2

€€–€€€ | Maison Moi Anan Es muss ja nicht immer Couscous und Tajine sein. Das familiäre asiatische Lokal serviert thailändische Küche aus lokaler Produktion zu moderaten Preisen. ■ Zkak Elmaa 30, Chhrablyenne, unweit der Talaa Kebira, man sieht ein Schild in der Seitengasse, einfach an die Tür klopfen, Tel. 0535/63 57 13, www.maisonmoianan.com, Mo–Sa 19–23 Uhr, Plan S. 92/93, c2

Einkaufen

Astta Berbere Tissage Mohamed Najib Hamin und sein Vater führen einen Laden mit Berberteppichen und erklären auf Deutsch die Qualitätsunterschiede. ■ Zkak Elmaa 37, Cherabliyne, Tel. 0666/78 05 70, Sa–Do 9–19, Fr 10–13 Uhr, Plan S. 92/93, c2

Vom Gerber-Souk ins Andalusierviertel

Nach einer Achterbahnfahrt der Gerüche lockt der weiße Bezirk am Hügel

Im Herzen der Altstadt erstrecken sich östlich der Kairaouine-Moschee die prächtigsten Souks: Schmuck, Brokate, Seide, feinste Dschellaba-Kleider, aber auch Gewürze, Tees und wohlriechende Essenzen werden hier feilgeboten. Ein willkommener Kontrast für die vom Gerberviertel geplagte Nase.
Die belebte Place R'Cif ist der Treffpunkt am gleichnamigen Tor zur Medina. Bergan erstreckt sich bis zum »Siegestor« das alte Andalusierviertel, mit der wohl schönsten Moschee der gesamten Stadt. Einst siedelten hier in der weiß gekalkten Medina zwangsvertriebene Muslime aus Spanien. Heute prägen Einheimische das alltägliche Leben, und es offenbaren sich immer wieder herrliche Panoramaaussichten auf Fès el-Bali.

8 Gerberviertel

| Ledermanufaktur |

Den berühmten Ausblick auf die Gerb- und Färbebecken der Gerber, die hier wie vor Jahrhunderten ihr in der gesamten mittelalterlichen Welt begehrtes Leder herstellen, bekommt man nur von den Terrassen der Geschäfte, die auch selbst Lederwaren anbieten. Etwas unangenehm ist die Hektik, die sie versprühen. Meist hat man kaum fünf Minuten Zeit, um vom Dach aus den Handwerkern zuzusehen. Gegen einen deutlichen Aufpreis kann man zu den Becken hinuntersteigen (etwa 50 Dh) – sofern man den infernalen Anblick von Tierkadavern, deren Eingeweiden und den Gestank der Bottiche überhaupt erträgt, der insbesondere an heißen Tagen unerträglich wird.

■ Ausblick z. B. von der Terrasse de Tannerie Sidi Moussa, Derb Mina Nejjarine 19 (die linke Seitengasse, wenn man vor dem Nejjarine-Museum steht), Sa–Do 9–18, Fr 9–13 Uhr

9 Place R'Cif

| Platz |

Der weitläufige, belebte Platz am gleichnamigen Stadttor Bab R'Cif ist beliebter Treffpunkt der Bewohner von Fès, allen voran der jungen Generation, und Kinder spielen hier gerne nach der Schule Fußball. Von den Sitzterrassen genießt man einen schönen Blick auf die Kairaouine-Moschee und deren imposantes Minarett, das in den Nachtstunden, wenn Musikgruppen auf der Place R'Cif aufspielen, wunderschön beleuchtet wird.

ADAC *Mittendrin*

Er wird überall und den ganzen Tag über getrunken: der **Minztee** (»tsa(i) bā nāna«). Das Nationalgetränk wird gerne auch scherzhaft »marokkanischer Whiskey« genannt, ist omnipräsent und erfüllt in der weitgehend alkoholfreien Gesellschaft zumindest dessen soziale Funktion. Dafür wird kräftiger Grüntee (z. B. Gunpowder) aufgekocht, und frische Minzblätter verleihen dem Getränk seinen Geschmack. Meist wird der Tee auch noch extrem stark gezuckert (»blā sukr«: kein Zucker!). Mehrere Gläser zu trinken ist dabei Pflicht und Usus, wobei der Geschmack stets bitterer wird. Ein Sprichwort sagt, das erste Glas sei süß wie das Leben, das zweite stark wie die Liebe, das dritte bitter wie der Tod.

10 Um die Andalusische Moschee

| Historischer Stadtteil |

Südwestlich der Place R'Cif wandelt sich das stark touristische Fès el-Bali. Die Geschäfte führen mehr Waren für Marokkaner, Streetfood- und Kefta-Stände machen Lust auf einen preiswerten Snack. Das Leben in den Straßen und Plätzen prägen hier, wo einst Idris I. ein erstes Militärlager errichtete, die Einheimischen. Die Andalusische Moschee, die man über die Rue el-Nekhaline erreicht, ist das Herz des Viertels. Sie wird aktuell fassadenseitig just am eindrucksvollen Nordportal renoviert. Am westlichen Ende der Altstadt erhebt sich das für viele zweitschönste Stadttor, das Bab al-Fetouh bzw. Siegestor aus dem 10. Jh.

P Parken

Es bietet sich der Parkplatz am **Bab al-Hambra** bei der kleinen, weißen Moschee südöstlich der Andalusischen Moschee am Rand der Medina an (ca. 3 Dh/Std., verhandeln!).

Restaurants

€€–€€€ | **The Ruined Garden** Mittags bietet dieses in einem hübschen Garten gelegene Restaurant eine ausgezeichnete Saisonküche, neben typischen Speisen und Tapas auch Snacks. Abends diniert man neben offenem Feuer. Das sieben Stunden im Ofen gegarte »Meschoui-Lamm« gibt es auf

Vorbestellung, und es ist ein Gedicht. ■ Derb Idrissy Sidi Ahmed Chaoui 15 (in der alten Medina), Tel. 0649/19 14 10, http://ruinedgarden.com, tgl. 13–21.30 Uhr, im Sommer länger, Plan S. 92/93, c2

Cafés

Terrace Mama Africa Typisches Teehaus mit einer unglaublichen Aussicht über die Altstadt und einem köstlichen Minztee mit Orangenschale und einer Brise Zimt. Lassen Sie sich nicht abschrecken vom Treppenhaus und den fünf Etagen. Der Aufstieg wird belohnt! ■ Rue Sbetriyen 63, tgl. 9–19 Uhr, Plan S. 92/93, d2

Fès el-Jedid und Ville nouvelle

Durch die Palaststadt in die modernen Viertel des französischen Protektorats

Ausgangspunkt für die Erkundung von Fès el-Jedid ist entweder die Place Bab Bou Jeloud oder das Bab Semmarine an den roten Mauern der Kasbah, wo es zur jüdischen Mellah mit ihren engen Gassen und der Ibn-Danan-Synagoge geht. Die Hauptachse ist die Gran Rue de Fès el-Jedid. Die europäisch geplante Neustadt (Ville nouvelle) indes geht auf das französische Protektorat zurück und lockt in Ermangelung von Sehenswürdigkeiten kaum Urlauber an. Hier liegen jedoch moderne Hotels, Shoppingcenter, beliebte Flaniermeilen und Restaurants.

11 Mellah

| Jüdisches Viertel |

Durch das Bab Semmarine gelangt man in das Mellah genannte jüdische Viertel. Es wurde im 15. Jh. zum Schutz der jüdischen Bevölkerung direkt an

Durch einen imposanten Torbogen gelangt man in das Viertel Fès el-Jedid

den Königspalast angegliedert und war damit das erste so benannte offizielle Ghetto für jüdische Bürger in Marokko. Der Name leitet sich von dem stark versalzten Boden ab, auf dem der Bezirk errichtet wurde, und wurde für jüdische Viertel im ganzem Land gebräuchlich. Die Mellah von Fès hat einen besonderen Charme, wird aber heute kaum noch von Juden bewohnt. Sehenswert sind die kleine, aber sehr schmucke Ibn-Danan-Synagoge (So–Fr 10–17 Uhr, 10 Dh) und der Jüdische Friedhof (So–Fr 10–19 Uhr, 20 Dh).

12 Dar al-Makhzen

| Königspalast |

Schier unglaubliche 80 ha umfasst das Areal des Königspalastes (17. Jh.) mit einer Medersa, einer Moschee (beide aus der Meriniden-Ära, 13. Jh.) und immensen, üppigen Gärten sowie einem Exerzierplatz in seinem Inneren. Er dient nach wie vor dem Alawiden-König Mohammed VI. als Residenz und kann leider nur von außen bestaunt werden. Die Fassade zieren sieben prächtige Tore (eines für jeden Tag der Woche) mit vergoldeten, fein verzierten Bronzepforten.

■ Rue Bou Ksissat, nördlich der Mellah

13 Meriniden-Gräber und Borj Nord

| Festungsanlage |

7 *Die Sultane ruhen hoch über der Altstadt mit bestem Ausblick*

Von den Ruinen der Gräber der merinidischen Herrscher aus dem 14. Jh. genießt man einen atemberaubenden Ausblick über die alte Medina. Besonders zum Sonnenuntergang kann man traumhafte Lichtstimmungen erleben. Die mächtige Bastei Borj Nord, von den Saadiern 1582 errichtet und inspiriert von europäischen Verteidigungstechniken, liegt nur einen Steinwurf entfernt. Sie birgt ein sehenswertes Waffenmuseum. Auf der Terrasse wurde ein einladendes Café eingerichtet.

■ Anfahrt am besten mit dem Petit Taxi (20–30 Dh), der Fußweg führt vorbei an zum Trocknen ausgelegten, frisch gegerbten Ledern und einem Friedhof; Musée des Armes: Di–So 9–12, 14–18 Uhr, 10 Dh, erm. 3 Dh

P Parken

Neben dem Königspalast am **Bab al-Amer** in der Av. Moulay Youssef befindet sich ein Parkplatz, wo man meist einen Stellplatz findet (3–5 Dh, bis zu 2 Std., 20 Dh pro Nacht).

12 Meknès

Sultan Moulay Ismail hatte im 17. Jh. große Pläne für seine Königsstadt

i Information

■ DPT, Place Moulay Ismail (am Bab Raiss), 50000 Meknès, Tel. 0535/53 33 22, https://visit-meknes.com, Mo–Fr 10–18 Uhr

Mit knapp 600 000 Einwohnern liegt Meknès am Fuß des Mittleren Atlas, nur 150 km östlich von Rabat und 60 km westlich von Fès. Die malerische orientalische Großstadt mit ihrer Medina, Souks, Moscheen und der Medersa zählt wegen des architektonischen Erbes der Meriniden und vor allem ihrer herrschaftlichen Bauten aus der Ära des Alawiden-Sultans Moulay Ismail (1645–1727), der Meknès zu seiner Hauptstadt machte, seit 1996 zum UNESCO-Weltkulturerbe. Die Erkundung startet und beschließt man am besten an der Place el-Hedim.

Sehenswert

Place el-Hedim und Bab Mansour

| Platzanlage |

8 *Vor dem imposanten Tor erstreckt sich der weitläufige Platz*

Das im 17. Jh. unter Moulay Ismail begonnene, jedoch erst 1727, fünf Jahre nach dessen Tod, fertiggestellte prächtige Tor ist einzigartig und eines der schönsten Marokkos. Es heißt, ein französischer Sklave habe es geplant, worauf das Schema eines Triumphbogens hindeutet sowie der Name »el-Aleuj«, (der »Renegat«). Es ist ebenso monumental in seinen Dimensionen (16 m hoch, der Hauptbogen hat eine Spannweite von 8 m) wie überschwänglich

ADAC *Spartipp*

Von frühmorgens bis in die Nacht verkehren zahlreiche **Züge** zwischen Meknès und Fès, etwa alle 30 bis 120 Minuten. Sie bewältigen die Strecke in knapp 45 Minuten für nur 22 Dh (2. Klasse). Das »Petit Taxi« zum Bahnhof ist dagegen meist schon teurer.
Fahrpläne unter www.oncf.ma

in seinem Dekor. Die Säulen, die in das Tor integriert sind, stammen, so nimmt man an, aus dem nahe gelegenen Volubilis (S. 101). Der Platz füllt sich in den Abendstunden mit Straßenmusikern, Wahrsagern und Schlangenbeschwörern und vibriert voller Leben.

Musée Dar Jamaï

| Kunsthandwerksmuseum |

Das in einem prunkvollen Stadtpalast der ehemaligen Residenz des Großwesirs Mohammed Belarbi el-Jamaï untergebrachte traditionsreiche Museum (1920 gegründet) zeigt eine exzellente und umfangreiche Sammlung marokkanischen Kunsthandwerks und wurde bis Mitte 2018 ebenso umfassend wie hervorragend renoviert. Besonders eindrucksvoll sind neben den Prunkgewändern die geschnitzten Zedernhölzer aus dem 14. Jh., aber auch die Keramiken und fein mit Goldfäden bestickten Sattel. In dem an den Palast angegliederten, leicht verwilderten andalusischen Garten kann man unter Schatten spendenden Bäumen wunderbar Kraft für den weiteren Stadtbummel tanken.

■ Sahat el-Hedim (an der Place el-Hedim), Tel. 0555/53 08 63, Mi–Mo 10–18 Uhr, 20 Dh., erm. 10 Dh

Souks und Medina

| Altstadt |

Von der Rue Dar Smen gelangt man durch das eher unscheinbare Tor Bab Aïssi in die Medina und über die Rue Hammam Jedid weiter zur Großen Moschee und zur Medersa Bou Inania.

Das Bab Mansour wurde als Prachtpforte zur Palaststadt von Moulay Ismail errichtet

In der Medersa Bou Inania entfaltet sich die volle Pracht der Meriniden-Architektur

Prompt durchstreift man die teils überdachten Souks von Meknès. Als Souvenir bietet sich neben Berberteppichen das Metallhandwerk an, insbesondere Objekte des nur noch in Meknès gebräuchlichen Damaszener-Stils: Reines Silber wird dafür in vorgezeichnete Stahlmuster geklopft. Er ziert den typischen Schmuck, der tiefe Grau- bis Schwarztöne erreicht, mit modischen Berbermustern.

Medersa Bou Inania

| Koranschule |

Wie die gleichnamige Medersa im benachbarten Fès (S. 92) strotzt auch dieser prächtige Koranschulenbau aus der Meriniden-Herrschaft vor überschwänglichem Dekor. Er ist allerdings nicht derart penibel restauriert wie die Medersa der Nachbarstadt.

■ Rue Kobate Souk (inmitten der Medina), Sa–Do 10–17.30, Fr 10–ca. 13 Uhr, 10 Dh, erm. 3 Dh

Mausoleum von Moulay Ismail

| Mausoleum |

Das pompöse Grabmal eines der wichtigsten und mächtigsten, aber mitunter auch blutdürstigsten Herrscher Marokkos aus dem 17. Jh. ist als eine der weni-

ADAC *Wussten Sie schon?*

Moulay Ismail (1645–1727) war der zweite Sultan der bis heute regierenden Dynastie der Alawiden. Sein unberechenbarer Charakter und zahllose, auch von ihm selbst vollstreckte Todesurteile brachten ihm den Beinamen »der Blutdürstige« ein. Die Prachtbauten, die auf seine Herrschaft zurückgehen, waren nur möglich durch Zehntausende europäischer Sklaven, die Berberkorsaren entführt hatten. Gegen exorbitant hohe Lösegeldforderungen konnten diese, wenn überhaupt, freigekauft wurden.

gen religiösen Stätten auch für Nichtmuslime zugänglich. Sehenswert und klaustrophobisch labyrinthisch ist zudem das Christengefängnis (Prison Kara, tgl. 9–17 Uhr, 10 Dh) in der Nähe des Mausoleums: ein riesiger, über 7 km langer unterirdischer Kerker, in dem bis zu 30 000 Gefangene, meist von Berberkorsaren entführte Europäer, in Gewahrsam genommen wurden.

■ Rue Sarag, Sa–Do 9–12, 15–18.30, Fr 15–18.30 Uhr, 20 Dh, erm. 10 Dh

Heri es-Souani

| Speicheranlagen |

Einen Eindruck, welche Ausmaße die Palaststadt haben sollte, bieten diese enormen Vorratsspeicher, das große, aus fünf zusammengeführten Quellen gespeiste Wasserbecken (40 000 m^2) und die riesigen Stallungen. Über 12 000 Pferde fanden seinerzeit hier Platz.

■ Rue d'Alexandre, Petit Taxi 20–30 Dh, Fußweg ca. 30 Min., tgl. 8–17.30 Uhr, Ställe und Speicher 10 Dh, erm. 3 Dh, Führung 20 Dh, Wasserbassin ganztägig frei

P Parken

Am Platz **Lalla Aouda** hinter dem Bab Mansour und nahe der Medina finden sich stets zahlreiche Parkplätze. Parkwächter erwarten ein Entgelt (etwa 5 Dh für 2 Std., 15–20 Dh über Nacht).

Restaurants

€€ | **Aisha** Gekocht wird wie bei der Großmutter. In einem wohnzimmerartigen Raum kommt marokkanische Hausmannskost auf den Tisch. Reservierung empfohlen. ■ Rue Kababine 14, Kabisouk, an der Pforte der Medersa Bou Inania östlich halten, Tel. 0620/57 47 30, tgl. 10.30–23 Uhr

13 Volubilis

9 *Die römischen Ruinen entführen in eine längst vergangene Epoche*

i Information

■ DPT in Fès, S. 90 und in Meknès, S. 98

Die einst prächtige Provinzhauptstadt von Mauretania-Tingitana liegt in den sattgrünen, leicht hügeligen Ausläufern des Zerhoun-Massivs und steht auf der UNESCO-Weltkulturerbeliste. Dank der florierenden Landwirtschaft im Umland und dem Export von Olivenöl war hier vor knapp 1800 Jahren eine pulsierende Metropole entstanden. Das bisher freigelegte Terrain umfasst mehr als 42 ha. Zur Blütezeit soll die Einwohnerzahl von Volubilis über 10 000 Menschen betragen haben. Vom Wohlstand der Großgrundbesitzer zeugen die Grundmauern ansehnlicher Villen und vor allem die wunderbaren Mosaiken, die sie zierten, etwa »Diana und die badenden Nymphen« oder die Darstellungen der vier Jahreszeiten im Haus des Dionysos.

Erst im 19. Jh. begann man mit den Ausgrabungen. Vom einstigen Glanz erzählen der monumentale Triumphbogen des Caracalla und die Bögen der Basilika. Mit ein wenig Fantasie kann man sich bei einem Rundgang durch die Stätte sowie im angegliederten Besucherzentrum und im Museum einen lebendigen Eindruck vom Leben zur Zeit der Römer machen.

■ 21 km nordwestlich von Meknès, 5 km von Moulay Idriss, Besucherzentrum: B.P. 2, Moulay Idriss Zerhoun, Tel. 0535/ 54 41 03, www.volubilis.ma, tgl. 8.30 Uhr–1 Std. vor Sonnenuntergang, 10 Dh, erm. 3 Dh (bis 12 J.), Führungen auf Deutsch

In der Umgebung

Moulay Idris
| Pilgerstadt |
Die 27 km nördlich von Meknès gelegene heilige Stadt war bis ins 20. Jh. für westliche Reisende tabu. Sie geht auf Idris I., den Gründer der Idrisiden-Dynastie zurück. Er ließ den malerischen Ort im Jahr 788 auf einer Hügelkuppe, von der aus man gut die umliegende Ebene überblickt, anlegen. Seine Grabmoschee befindet sich in der Stadt und ist Anziehungspunkt für Gläubige. Schließlich entstand unter Idris I. der erste eigenständige muslimische Staat im westlichen Maghreb. Den schönsten Postkartenblick auf die mit grünen Keramikkacheln gedeckte Moschee, das Grabmal und das Stadtbild hat man von einer kleinen Aussichtsterrasse auf dem Hügel.

14 Ifrane

Das »Schweizer Bergdorf« ist Startpunkt für eine unvergessliche Seerundfahrt

Information

■ DPT, Rue Mohammed V, B.P. 15 (am östlichen Ende des Parc Mohammed V, 53000 Ifrane, nahe der R707), Tel. 0535/566821, Mo–Fr 9–16.30 Uhr

Die Gemeinde Ifrane mit etwa 30000 Einwohnern liegt in den luftigen Höhen des Mittleren Atlas und ist nicht nur Sommerresidenz des Königs Mohammed VI. Auch viele marokkanische Familien entfliehen im Sommer der Hitze der nahen Großstädte Fès und Meknès. Inmitten der sattgrünen, von Atlaszedern, Steineichen und zahlreichen Seen gesäumten Bergwälder ist Sommerfrische angesagt. Hier leben wilde, aber an Menschen gewöhnte Berberaffen. Im Winter indes ist Ifrane mit dem Dschebel Mischliffen (2085 m) ein beliebter Wintersportort. Im kleinen städtischen Park La Prairie bildet eine Statue des 1922 ausgerotteten Atlaslöwen ein beliebtes Selfie-Motiv.

Sehenswert

Die Hochgebirgsseen des Mittleren Atlas
| Landschaft |
10 *Hier präsentiert sich Marokko von seiner wasserreichsten Seite*
Auf der Ifrane-Seenrundfahrt über etwa 63 km via N8 und P7200 bzw. P5016 gelangt man zum See Daït Aoua auf 1460 m Höhe, rund 16 km nördlich von Ifrane. Diesen malerisch gelegenen, je nach Niederschlagsmenge mehr oder weniger gefüllten, bis zu 140 ha großen See säumen eine Handvoll Picknickplätze. Man kann auch mit dem Tretboot fahren oder einen Ausritt zu Pferd buchen. Über die P5016 und den See Daït al-Amir geht es weiter auf der P7312 zum Daït Hachlaf sowie auf der P7237 zum Daït Yfrah, womit man die Tour, für die man etwa fünf Stunden einplanen sollte, beschließt.

Wandern

Zur Gouraud-Zeder Die berühmte Atlaszeder »Cèdre Gouraud« ist in etwa 1,5 bis 2 Std. auf einem gut ausgeschilderten Wanderweg zu erreichen. Leider ist die – wie man wohl etwas übertrieben sagt – über 1000-jährige Zeder längst abgestorben. Doch ihre Größe und Höhe imponieren nach wie vor. Und was zählt, das ist ohnehin die Schönheit der Natur der Zedernwälder

Im Mittleren Atlas bei Ifrane dominieren Atlas-Zedern die dichten Wälder

entlang der Wanderroute. Auch zahlreichen Berberaffen lauern hier auf Touristen und deren Snacks. ■ Auf der N 8 zwischen Ifrane und Azrou ist die Abzweigung zur »Cèdre Gouraud« ausgeschildert; sie führt zu einem kostenpflichtigen Parkplatz

In der Umgebung

Die Wasserfälle und Quellen des Oum er-Rbia

| Wasserfälle |

Unweit des Ursprungs der »Mutter des Frühlings« – damit ist der längste und wasserreichste Fluss Marokkos gemeint – stürzen, umgeben von einer malerischen Natur, die Kaskaden über Kalksteinterrassen hinab. Die rötlichen Felsen der Schlucht mögen den einen oder anderen an Utah oder Colorado erinnern. Die Sources du Oum er-Rbia liegen etwa 75 km südlich von Azrou im Aguelmame-Azigza-Nationalpark. Sie sind in knapp 25 Minuten zu Fuß vom ausgeschilderten Parkplatz aus auch für ungeübte Wanderer leicht zu erreichen und an Frühsommerwochenenden bei Einheimischen und internationalen Urlaubern sehr beliebt. Eine kleine Spende wird zum Durchqueren der Klamm fällig.

■ Über die N 8 von Ifrane Richtung Süden (Khenifra), nach Azrou östlich auf die P 709, dann der P 7311 folgen

15 Azilal und Cascades d'Ouzoud

Die Pforte zum Mittleren und Hohen Atlas mit spektakulären Wasserfällen

Information

■ DPT, Rue Tarik Ibn Ziad, 22000 Azilal, Tel. 0523/45 87 22, Mo–Fr 9–16.30 Uhr

Die kleine Provinzhauptstadt (etwa 30 000 Einwohner) an der Nordseite des Hohen Atlas ist das wirtschaftliche

Zentrum einer spärlich besiedelten Region von atemberaubender Schönheit, wo inzwischen dank Wander-, Trekking- und Aktivurlaubern ein sanfter Tourismus Fuß fasst. Azilal, ein alter Berber-Handelsknotenpunkt, ist heute Ausgangspunkt für Exkursionen und Touren ins Umland, allen voran die Cascades d'Ouzoud (40 km nordwestlich). Aber auch das landschaftlich nicht minder spektakuläre Aït-Bougoumez-Tal (»glückliches Tal«) 30 km südlich von Azilal lohnt die Anreise.

Erlebnisse

BerBer-Rafting Für Abenteuerlustige und Familien (Jugendliche ab 16 Jahren) bietet sich eine wilde Fahrt durch den »Grand Canyon Marokkos«, auch »Red Canyon« genannt, entlang des Assif Melloul (»weißer Fluss«) an. Auf den Wildwassertouren, die durch atemberaubende, enge Schluchten (etwa 20 km Länge) führen, sorgen erfahrene Guides für die Sicherheit der Teilnehmer. ■ www.berberraftingadventures.com, März–Mai, 650 Dh pro Person

In der Umgebung

Felsbrücke von Imi n'Ifri

| Landschaft |

Unweit der Stadt Demnate, der als Marktort bereits um das Jahr 1000 bestanden haben soll, befindet sich die beeindruckende natürliche Felsbrücke von Imi n'Ifri – ein geologisch einzigartiger Ort, der touristisch bislang noch kaum erschlossen ist.

■ 2 km östlich von Demnate an der R 302, zunächst bis zur Abzweigung auf der R 307, am besten parkt man beim Café Tifenni, wo Treppen zur Felsbrücke hinabführen

Cascades d'Ouzoud

| Wasserfälle |

3 *Die Fälle sind eines der schönsten Naturwunder Marokkos*

Umgeben von üppiger, urwaldartiger Vegetation stürzt hier besonders im Frühjahr und Sommer das Wasser in mehreren Terrassen etwa 110 m in die Tiefe. Ein wahrlich atemberaubender Anblick, den nach starken Regenfällen das rotbraun-schlammige Wasser, die große Zahl an mitunter waghalsig Selfies knipsenden Touristen und vor allem phasenweise leider auch der umliegende Müll etwas schmälern kann. Es empfiehlt sich daher eine Anreise unter der Woche.

Den Fluss kann man unten auch mit kleinen Ausflugsbooten, die Besucher nahe an die Fälle bringen, queren (ca. 20–50 Dh, je nach Gruppengröße und Verhandlungsgeschick). Durch das sprühende Wasser erstrahlt oft ein Regenbogen im Sonnenlicht. Hüten Sie sich vor den süßen und zutraulichen, aber nicht minder diebischen Berberaffen, die rund um die Wasserfälle charmant versuchen, Urlaubern die Taschen zu leeren. Sie sind eine der Hauptattraktionen. Es empfehlen sich festes Schuhwerk, Trinkwasser und ein Handtuch sowie Badesachen, falls man ein Bad nehmen will. Zahlreiche Hotels in Marrakesch bieten kostengünstige Tagesausflüge nach Ouzoud (200–300 Dh) an, doch bedenken Sie: Die einfache Fahrtzeit beträgt etwa zweieinhalb bis drei Stunden.

■ An der P 3105, von Beni Mellal kommend erst über die N 8 und die P 3100, in Aït Attab auf die P 3105 abbiegen; von Marrakesch kommend östlich über die R 208 oder R 210 bis Ouled Khellouf, dann die R 304 nehmen, Parkmöglichkeiten vor Ort, die Parkwächter erwarten 5–15 Dh

16 Beni Mellal

Sprudelnde Quellen in einem Parkareal, überragt von einer imposanten Festung

Information

■ DPT, Av. Hassan II, 23000 Beni Mellal, Tel. 0523/48 86 63, Mo–Fr 8–16 Uhr

Mehr als 200 000 Einwohner zählt Beni Mellal mittlerweile, und die blühende Großstadt am Mittleren Atlas, in der Tadla-Ebene am Fuße des Dschebel Tassemit (2247 m), profitiert von der boomenden Landwirtschaft im Umland. Von der einstigen Stadtmauer, die die Altstadt umgab, ist nur wenig erhalten geblieben, doch im Park am Stadtrand kann man bei den Quellen Aïn Asserdoun herrlich entspannen.

Sehenswert

Quellen Aïn Asserdoun und Kasbah Ras el-Aïn

| Festungsanlage |
Die Quellen, die das Umland mit Trinkwasser versorgen, sind umgeben von einer weitläufigen, äußerst gepflegten Parkanlage mit Kanälen, künstlichen Wasserfällen, Brunnen und Becken aller Art. Bergan führt ein Weg zur toll gelegenen Kasbah von Asserdoun, Ras el-Aïn genannt. Sie stammt aus der Ära von Sultan Moulay Ismail und gewährt eine besonders herrliche Aussicht auf die Stadt und das Umland.

Restaurants

€€–€€€ | Rim Atlas Das traditionelle Lokal bietet hausgemachte Köstlichkeiten, schön angerichtete, üppige Portionen in arabischem Ambiente und einen Topservice. Die »Pastelas«, Lamm, Huhn oder insbesondere Fisch sind ein Gedicht. Ein kühles Pils wird ebenfalls serviert. ■ Hay Darkoum, Av. Hassan II 79, Tel. 0661/10 59 34, tgl. 11–24 Uhr

17 Kasba Tadla

In der lange umkämpften Region brachte die mächtige Kasbah-Burg Frieden

Information

■ DPT in Beni Mellal, S. 105

Kasba Tadla, ein 30 000-Einwohner-Städtchen auf halber Strecke zwischen Fès und Marrakesch gelegen, ist einen Zwischenstopp wert – wegen seines Stadtkerns mit einem geschäftigem Souk, aber auch wegen der namensgebenden Kasbah und der Pont Portugues, die von Sklaven aus Portugal im 18. Jh. unter schwersten Bedingungen vollendet wurde. Sie spannt sich in zehn Bögen über den Oum er-Rbia.

Sehenswert

Kasbah Moulay Ismail

| Festungsruine |
Zwei nebeneinander liegende Kasbahs aus dem 17. Jh. gelten als die beeindruckendsten Festungsanlagen der Region. Mit einer 300 m langen Mauer aus Stampflehm umgeben, sind die Ruinen, die vom Fluss in zwei weitläufigen Mäandern umzogen werden, Bollwerk und Machtdemonstration zugleich. Innerhalb der Mauern finden sich auch die Ruine des einstigen Gouverneurspalasts (Dar al-Makhzen) und ein für die Region einzigartiges Lehmbau-Minarett einer der zwei erhaltenen, ehemaligen Moscheen aus dem 18. Jh.

Übernachten

In den Königsstädten, aber auch auf dem Land oder in Azrou im Mittleren Atlas bietet es sich an, eines der zahlreichen Riad-Hotels in den historischen Altstädten zu wählen. Oft in wunderschönen Stadtpalästen mit Orientflair untergebracht, bieten sie einen großen Romantikfaktor. Preislich vergleichsweise erschwinglich, warten die Riads teilweise mit einem erstaunlichen Luxus auf. Außerhalb der Medinas, die den Nachteil haben, dass hier die Parkmöglichkeiten sehr begrenzt oder oft weit entfernt sind, findet man in den Neustädten moderne Hotels, die nicht selten über eigene Pools, Spa- und Hammam-Bereiche verfügen.

Taza 88

€€ | **Aïn Sahla** Am Tazzeka-Nationalpark befindet sich diese Oase der Ruhe – nach der »Quelle der Ideen« benannt – inmitten unberührter Natur. Sauber und liebevoll geleitet, mit Pool. Etwa 35 km von Taza entfernt. ■ Oued Amlil 59, Bouchfaa-Taza, 35000 Taza, Tel. 0661/89 35 87, www.ainsahla.com

Fès 90

€ | **Dar Nouzha A Chambres d'hôtes** Herzlich geführtes familiäres Hotel unweit des Bab Bou Jeloud, nur 100 m von der Medersa Bou Inania entfernt. Mit überaus sauberem, etwas altmodischem Interieur und freundlichem Manager. ■ Derb Ben Salem 42, Rue Talaa Kebira, 30000 Fès, Tel. 0535/63 62 62, mobil 0613/38 90 95

€€ | **Barcelo Fes Medina** In der Neustadt, umgeben von Shoppingcentern und Restaurants, aber in der Nachbarschaft von Fès el-Jedid gelegen, bietet dieses moderne Vier-Sterne-Hotel westlichen Standard, eine Parkgarage und einen großen Poolbereich. ■ Bd. Hassan II 53, 30000 Fès, Tel. (über Spanien): (+34) 971/92 80 21

€€ | **Riad R'Cif** Palastartig eingerichtetes Riad-Hotel unweit der Place R'Cif, das luxuriöse, arabisch eingerichtete Zimmer sowie herrschaftliche Suiten zu günstigen Preisen besitzt. Angeschlossen ist ein ausgesprochen gutes Hotelrestaurant. ■ Av. Ben Mohamed El-Alaoui 1, 30200 Fès, Tel. 0535/74 00 37, www.riadrcif.com

€€–€€€ | **Riad Fès Maya** Exklusives, palastartiges Fünf-Sterne-Riad-Hotel, das herrschaftliche Suiten im Angebot hat. Frühbucherrabatte machen die unvergesslichen Nächte sogar erschwinglich. Hammam-Spa-Bereich, ausgezeichnetes Restaurant. ■ Av. Ben Mohamed El-Alaoui 12, Derb Debbagh Bourjouaa, 30120 Fès, Tel. 0535/76 23 17, www.riadfesmaya.com

€€–€€€ | **Riad Laaroussa Hotel and Spa** Klein und familiär sowie persönlich – das passt ja gut zusammen. Aber orientalisch und minimalistisch-modern? Absolut! Nur fünf stilvoll-komfortabel eingerichtete Zimmer umfasst dieses Riad-Hotel, das über einen Hammam-Bereich und einen auch im Winter benutzbaren, beheizten Außenpool verfügt. ■ Derb Bechara 3, 30000 Fès, Tel. 0674/18 76 39, https://riad-laaroussa.com

Meknès 98

€–€€ | Ibis Meknès Sehr preiswerte, aber etwas in die Jahre gekommene Hotelalternative zu den zahlreichen Riads der Medina. Auf halber Strecke zwischen Alt- und Neustadt gelegen (10 Min. Fußweg in die Medina), wartet es neben bewachten Parkplätzen (10 Dh/Nacht) auch mit einem ansehnlichen, sauberen Poolbereich auf. ■ Av. des F.A.R., 50000 Meknès, Tel. 0532/11 02 81, www.ibis.com

€–€€ | Riad Zahraa Riad-Hotel ohne allzu viel Pomp oder Luxus, aber sauber, geräumig und mit bequemen Betten. Es befindet sich sehr zentral in der Medina in den Souks und keine fünf Minuten zu Fuß von der Medersa Bou Inania entfernt. Von der Dachterrasse genießt man einen wunderbaren Ausblick auf die Altstadt und das Umland. ■ Rue Sidi Abdehllah, El-Kassri Touta, 50000 Meknès, Tel. 0535/53 20 12, mobil 0667/76 83 02

€€ | Riad Ritaj Prunkvolles Riad-Hotel in ruhiger Lage in der Medina, Topservice, erstklassiges Frühstück. Die Basic-Doppelzimmer sind sehr erschwinglich, romantisch-orientalisch und ideal für Paare. ■ Sidi Amer Bouaouada 13, 50000 Meknès, Tel. 0535/ 53 48 08, http://riadritaj.com

Volubilis 101

€€ | Hotel Maison d'Hôtes Hannaoui Äußerst gepflegtes und charmant geführtes familiäres Landhotel in der heiligen Stadt Moulay Idriss – mit Panoramaterrasse und Blick auf die Altstadt, die sattgrünen Olivenhaine und das Zerhoun-Massiv. Das angeschlossene Restaurant serviert eine ausgezeichnete marokkanische Hausmannskost. Ein eigenes Hammam bietet zudem Entspannung im Dampfbad mit traditionellem Peeling. ■ Zerhoun, Rue Ben Yazgha 5, 50353 Moulay Idriss, Tel. 0660/63 46 26

Ifrane und der Mittlere Atlas 102

€–€€ | Riad Azrou Zentral, unweit des Parking du Centre am Hauptplatz von Azrou gelegen, überzeugt dieses gepflegte Riad-Hotel mit großen, komfortablen Zimmern und wunderschönen, historischen Keramik-Fliesenornamenten aus dem 19. Jh. ■ Place Moulay Hachem Ben Saleh (am Hauptplatz bei der Medina), 53100 Azrou, Tel. 0535/56 43 95, mobil 0661/ 06 42 42, www.riadazrou.com

€€€ | Michlifen Resort & Golf In der »Marokkanischen Schweiz« im Stil eines Alpenhotels gestaltet, bietet dieses Fünf-Sterne-Hotel neben einem Spa-Bereich sowie dem Innen- und Außenpool mit herrlichem Bergpanorama auch ein Spitzenrestaurant mit raffinierten Speisen und vertretbaren Preisen. Frühbucher können hier deutliche Rabatte erzielen, besonders in der Nebensaison. ■ Av. Hassan 2, B.P. 18, 53000 Ifrane, Tel. 0535/86 40 00, www.michlifen.com

Azilal 103

€€ | La Kasbah d'Ouzoud Modernes, in allen Belangen tadelloses Hotel: bester Service, feines Frühstück und Restaurant, familienfreundlich, mit Außenpool, gepflegter Gartenbereich und Blick von den Balkonterrassen auf die herrliche Landschaft. ■ Ouzoud (an der P 3105), 22000 Azilal, Tel. 0523/42 92 10, http://kasbahouzoud.com

Von Rabat entlang der Küste auf den Hohen Atlas

Moderne Metropolen, bunte Medinas, Piratenburgen, Sandstrände. Wo Dünen den Ozean treffen und das Dach der Antiken Welt liegt

Von Kenitra über die Hauptstadt Rabat mit ihrer Schwester Salé am anderen Ufer des Bou-Regreg bis hinunter nach Casablanca konzentriert sich die geballte Wirtschaftskraft des Königreichs. Die Stadt Rabat, mit der vor 800 Jahren die Almohaden-Kalifen große Pläne hatten, präsentiert sich mit einem fast 1000-jährigen Kulturerbe, einer hübschen Medina, der Oudaïa-Kasbah und modernen Museen. Wie Casablanca ist sie eine kosmopolitische Metropole des 21. Jh. Salé bewahrt dagegen als einstiges Zentrum der Berberkorsaren seinen Piratencharme, während in Essaouira, Safi und El Jadida Befestigungen das Stadtbild prägen. Die traumhaften Sandstrände, die Nationalparks mit Arganienhainen, der höchste Gipfel des Atlasgebirges und geologische Launen, wie die imposanten Sandsteinbögen am Legzira-Strand, zählen allesamt mit zum Schönsten, was die Natur in Nordafrika zu bieten hat.

In diesem Kapitel:

18 Rabat und Salé 110
19 Casablanca 119
20 Settat 122
21 El Jadida 123
22 Safi 125
23 Essaouira 126
24 Agadir und Souss-Massa-Nationalpark 128
25 Sidi Ifni 130
26 Tan-Tan 130
27 Tarfaya und Khenifiss-Nationalpark 131
28 Aït Mansour 133
29 Tata 133
30 Taroudant 134
31 Taliouine 135
32 Tinmal 136
33 Imlil 137
Übernachten 138

ADAC Top Tipps:

4 **Hassan-II.-Moschee, Casablanca**
| **Moschee** |
Die 1993 fertiggestellte größte Moschee Marokkos erhebt sich einem monumentalen Leuchtturm gleich an der Atlantikküste der Millionenmetropole. Ihr Minarett ist 210 m hoch, und ihr Inneres darf auch von »Ungläubigen« bestaunt werden. 119

5 **Medina von Essaouira**
| Altstadt |
Das einstige Hippie-Paradies ist längst erwachsen geworden und betört heute mit den herrlichen Kontrasten, die die alte blau-weiße Medina vom Himmel, dem Ozean und den Wolken abgeschaut hat. Seit 2001 zählt sie zum UNESCO-Weltkulturerbe. 127

6 **Legzira-Strand bei Sidi Ifni**
| Strand |
Die mächtigen rötlichen Steinbögen am wohl schönsten Strand des gesamten Landes sind wahre Wunderwerke der Natur. Über Jahrmillionen geformt, scheinen die faszinierenden Gesteinsformationen am einsamen Küstenort Legzira dennoch nicht für die Ewigkeit bestimmt. 130

ADAC Empfehlungen:

11 **Hassan-Turm und Mausoleum Mohammed V., Rabat**
| Grabanlage |
Wo die Almohaden die größte Moschee ihres Imperiums bauen wollten, ruht heute Mohammed V., der das Land in die Unabhängigkeit führte. 114

12 **Musée Mohammed VI (MMVI), Rabat**
| Kunstmuseum |
Der Museumsneubau wartet ganz im Sinne des Monarchen mit zeitgenössischer Kunst aus Marokkos dynamischer Szene und ganz Afrika auf. 115

13 **Cîterne Portugaise, El Jadida**
| Zisterne |
Die Lichtspiele in diesem einer Kathedrale gleichenden, unterirdischen Wasserspeicher sind ein durch und durch bewegender Anblick. 124

14 **Triskala, Essaouira**
| Restaurant |
Ein bisschen Hippie-Schick hat sich dieses stilvolle Restaurant bewahrt. Auf die Teller kommt jeden Tag eine neu ausgeklügelte Saisonküche. 127

15 **Nationalpark Khenifiss**
| Landschaft |
Eine unvergessliche Tour führt in dieses Naturparadies, wo die Sanddünen bis an den Atlantik reichen. 133

16 **Festival International du Safran, Taliouine**
| Event |
Jedes Jahr im Herbst feiert das Bergdorf die Safranernte mit Musik, Tanz und Speisen, die mit den teuren gelben Blütenfäden zubereitet sind. ... 136

17 **Riad Dar Jabador, Salé**
| Hotel |
Hauptstadturlauber bekommen in Salé mehr für ihr Geld. Und in diesem palastartigen Riad fühlen sich auch die Kleinsten wie ein Sultan. 138

18 Rabat und Salé

Die moderne Hauptstadt und ihre Schwester am Bou-Regreg

Von Salé blickt man über den Fluss Bou-Regreg zur Medina von Rabat

Information

- CRT, Av. de la Victoire 23, 10000 Rabat, Tel. 0537/77 90 77, http://rabat-tourisme.org, Mo–Fr 8.45–16 Uhr
- Parken siehe ADAC Mobil, S. 111

Erst ab dem 10. Jh. gewann Rabat an Bedeutung: als »Ribat«, das Militärlager eines Berberstammes, das sich dort erstreckte, wo sich heute die Kasbah Oudaïa auf dem Felsen über der Flussmündung erhebt. Zur Zeit der Almohaden-Dynastie (11./12. Jh.) wäre die heute modern-weltoffene Millionenmetropole beinahe bereits Hauptstadt des Kalifats geworden – dank der strategisch günstigeren Lage und dem Atlantikhafen von Salé, der das Reich mit Spanien und der Mittelmeerküste Nordafrikas über den Seehandel vernetzte. Rabats Wahrzeichen, der Hassan-Turm, der das niemals fertiggestellte Minarett der unvollendeten Moschee bildet, zeugt davon ebenso wie die mächtigen Stadtmauern der Medina.

Seit 2012 gilt Rabat als UNESCO-Weltkulturerbe. Das politische und mit Casablanca und Tanger auch wirtschaftliche Zentrum Marokkos nahm jedoch erst wieder mit dem französischen Protektorat, als die Ville nouvelle an-

gelegt und die Verwaltung unter den Generalresidenten in Rabat zentralisiert wurde, einen Aufschwung.

In der Medina und in der Kasbah

Durch das historische Zentrum zum Panoramablick der Oudaïa-Festung

Bevor man in die Medina eintritt, sollte man die weitläufigen Stadtmauern, die teils noch aus der Almohaden-Ära im 12. Jh. stammen, unbedingt von außen betrachten. In der Medina selbst ist die Orientierung wegen der breiteren Gassen einfacher als anderswo.

Plan S. 113

Sehenswert

1 Alte Medina und Stadtmauern

| Altstadt |

Verglichen mit den Medinas von Fès oder Marrakesch können Europäer das geordnete Chaos der Altstadt von Rabat weitaus gemütlicher und entspannter genießen. Ganz generell herrscht in der modernen Hauptstadt, zu der sich Rabat herausputzt, ein etwas anderes Flair. Die alte Bausubstanz wird jedoch fortlaufend renoviert, und wie so viele Sehenswürdigkeiten Marokkos ist auch diese Medina eine permanente Baustelle. Die Souks, etwa die überdachten Stände in der berühmten Rue de Consul, sollten Sie sich auf keinen Fall entgehen lassen.

ADAC ***Mobil***

Der zentrale Parkplatz von Rabat ist das **Parking Medina Oudaïa** an der Av. d'Egypte. Wenn es vollgeparkt ist, gibt es ein wenig nördlich in derselben Straße das **Parking Bab al-Had**. Rechnen Sie mit 5–10 Dh/Std. Beim Parking **Oued Bouregreg** am Jachthafen und an der Fährstation zahlt man indes 3 Dh pro Stunde, und es wird elektronisch verrechnet. Die modernen bewachten »Park & Ride«-Parkplätze (P+R) und die Straßenbahn sind eine nervenschonende Alternative zum Trubel des Stadtverkehrs.
P+R in Salé bei der Tramstation Hay Karima, in Rabat bei der Station Al-Irfane, tgl. 6–23 Uhr

ADAC *Spartipp*

Die **Tram Rabat-Salé** ist modern, bequem, sauber, geräumig und kostengünstig: Nr. 1 fährt zur Medina von Rabat, Nr. 2 zur Medina Salé, Museum Mohammed V. und Bahnhof. Beide Linien passieren den Hassan-Turm und verbinden die beiden Schwesterstädte – eine ideale Sightseeingtour. Das Streckennetz wird sukzessive bis 2022 erweitert. Die Einzelfahrt kostet 6 Dh, die Tickets erwirbt man bei den mehrsprachigen Automaten oder an Kiosken. Sie sind anschließend im Wagen zu entwerten. *www.tram-way.ma/fr, Mo–Fr 9–21 Uhr im 8-Min.-Takt, sonst ab 6.30 und bis 23.30 Uhr sowie Sa, So alle 20 Min.*

Die imposanten weitläufigen Stadtmauern im Westen stammen teils noch aus dem 12. Jh., die Andalusische Mauer beim Bab Chellah (Av. Hassan II.) sowie die prächtige und zum Start einer Medina-Tour ideal gelegene Pforte wurden im 17. Jh. errichtet.
■ Straßenbahn L1, L2, Station Bab Chellah, Medina Rabat oder Bab el-Had

2 Kasbah Oudaïa
| Festungsanlage |

Durch das spektakuläre Bab Oudaïa gelangt man in den befestigten Altstadtkern von Rabat. Dort taucht man direkt in das 12. Jh. ein, aus dem viele Baudenkmäler und -elemente in der Kasbah (einer befestigten Stadt in einer Burg) stammen. Wenngleich die Mehrheit der hübsch in blau-weiß gehaltenen Häuser auf das 17. und 18. Jh. datiert, tut dies dem Gesamteindruck keinen Abbruch. Einen schönen Blick auf die Festung hat man vom westlich gelegenen Stadtstrand, der Plage de Rabat an der Flussmündung. Hier befindet sich auch der Leuchtturm.

3 Andalusische Gärten
| Park |

Die Gartenanlage am Fuß der Kasbah ist ein Ruhepol mit Ausblick auf den Fluss und das gegenüberliegende Salé. Immer wieder geben sich hier auch Musiker ein Stelldichein. Ein wunderschöner und gar nicht überlaufener Ort, um sich bei der Sightseeingtour eine Pause im Schatten zu gönnen.
■ Mo–Fr 9–17 Uhr, Eintritt frei

Verkehrsmittel

Vom Jachthafen in Rabat kann man bequem den Bou-Regreg mit **Ruderbooten** überqueren, von Sonnenaufgang bis zum Untergang (2,5 Dh pro Strecke und Person). Eine kurze, aber schöne Erfahrung, bei der man die Aussicht auf beide Medinas genießt.

Cafés

Café Maure Ein Panorama-Teehaus auf Terrassen über den Andalusischen Gärten mit bestem Blick auf die Silhouette von Salé. ■ Av. al-Marsa, Rue Bazo (direkt an den Kasbah-Mauern), tgl. 8.30–19.30 Uhr, Plan S. 113, b2

Sport

Oudaya Surf Club Rabat Es gibt zwar geeignetere Orte, um an Marokkos Atlantikküste zu surfen, aber hier in der Brandung vor der alten Kasbah ist es etwas Besonderes. ■ Tel. 0537/26 06 83, www.oudayassurfclub.com, Lehreinheit, Equipment und Neoprenanzug 150 Dh

Rabat und Salé
Borj Addomoue
Bab Chaafa
Av. Sidi Ben Achir
Rue Zanata
Rue Boutwile
Av. Trabloussi
Av. M. Al Alaoui
Av. Hassan II
Medersa Abu l-Hasan
Bab Sebta
Cimetière musulman de Sidi Benachir
Rua R. Chajra
Rue Bab Sebta
Rue Boukaâ
Rue S. Gharmati
Sale Medina
Av. Moulay Ali Cherif
Av. Said Hajji
Avenue 2 Mars
Mosquée Sheikh Zayed
Plage de Sale
Bab el-Bahr
Av. de la Résistance
Bab Mrissa
Av. des Forces Armées Royales
Plage de Rabat
Leuchtturm
Kasbah Oudaïa
Bd. Mokhtar Gazoulit
Musée National des Bijoux
Cimetière As-Shouhada'
Andalusische Gärten
Av. de Fès
Av. Sidi Ben Achir
Marina Rabat-Salé
Ensemble Artisanal
Boulevard el Alou
Promenade Bou Regreg
Rue el Marsa
322
Oued Bou Regreg
Pont Hassan II
Rabat Medina
Rue Sidi Fatah
Rue des Consuls
Av. Al Mouquaouama
Av. Mohammed V
Boulevard Misr
Rue Souika
Grande Mosquée
Mellah
Place de Sidi Makhlouf
N1
Jazirat Al Arabe Ave.
Mosquée Moulay Sliman
Boulevard Hassan II
R. Ziri Ibn Aatia
R. Abdelmoumen
Hassan-Turm
Marché Central
Jardins Nouzhat Hassan
Quartier Hassan
Mausoleum Mohammed V.
Bd. Abi Radraq
N1
Av. Alla
Av. El Alaouyne
Boulevard Arrahbah
Bab el Had
R. al-Mansour ad-Dahbi
Place de Melilya
Boulevard Hassan II
Av. Ibn Toumerte
Av. Mohammed V
Théâtre Nat. Mohammed V
R. P. Lumumba
Avenue Chellah
Rue Moulay Ismaïl
Jaurès
Parlement
Av. Jean
Rue de Tunis
Av. Pasteur
Quartier des Orangers
Ben
Place al Joulan
Neustadt
Cathédrale St-Pierre
Pl. M. al-Hassan
Av. d'Alger
Place Abraham Lincoln
401
Place des Alaouites
Gare Rabat Ville
Abdallah
al-Hassan
Rue Descartes
Musée Mohammed VI d'art moderne et contemporaine
Rue Abou Chouaib Doukkali
Moulay
Av. de Fès
Av.
Mosquée es- Sounna
Musée de l'histoire et des civilisations
Av. an-Nasr
Bab er-Rouah
Av. de Marrakech
Av. Roosevelt
Patrice Lumumba
R. Ouarzazate
Av. Ibn Khaldoun
Méchouar
Av. Mohammed V
Av. Yacoub el Mansour
Ministère de l'Intérieur
Rue
Quartier Administratif
Av. Ibn Batouta
Av. Ibn Hazm
Mosquée Ahl Fas
Bd. Moussa Ibn Nossair
Chellah
Palais Royal
Bab Zaër
0
450 m

Außerhalb der Mauern und Ville nouvelle

Moderne Museen, Art-déco-Architektur und große Pläne vor 1000 Jahren

Anfang des 19. Jh. lebten in Rabat und Salé nur noch etwa 30 000 Bewohner. Erst die Zeit des französischen Protektorats, in der die Neustadt entstand, sowie 1956 die Kür zur Hauptstadt des Landes entfachten einen Wirtschaftsboom, begleitet von einem immensen Bevölkerungswachstum. Aktuell zählt Rabat etwa 600 000 Einwohner, die Nachbarstadt Salé fast 1 Mio.

4 Hassan-Turm und Mausoleum Mohammed V.

| Grabanlage |

11 *Neben dem Wahrzeichen der Stadt ruht der Staatsgründer*

Am Ufer des Bou-Regreg-Flusses hätte die größte Moschee des Almohaden-Reichs entstehen sollen. Geht man von der Grundfläche des Hassan-Turms aus (16 x 16 m), der als Minarett gedacht war, war wohl eine Höhe von mehr als 88 m geplant. Heute misst das Wahrzeichen von Rabat gerade einmal die Hälfte. Über 300 Säulen, die das Gebetshaus zieren sollten, sind heute im Freien zu erkennen, und die Reste der Außenmauer der Moschee begrenzen eine Grundfläche von 180 zu 139 m. Sie wäre damit größer als die Mezquita-Kathedrale von Córdoba gewesen. In einem opulenten, aber weitaus jüngeren Bau, dem Mausoleum Mohammed V. des vietnamesischen Architekten Vo Tuan (1969 fertiggestellt), ruht neben dem Staatsgründer, der Marokko 1956 in die Unabhängigkeit führte, auch sein Nachfolger Hassan II. Es wird von Wachen in traditioneller Kluft bewacht und ist auch Nichtmuslimen zugänglich.

■ Hassan-Turm: Bd. Mohamed Lyazidi, tgl. 9–18.30 Uhr, Mausoleum Mohammed V.: Bd. Abi Regreg, tgl. 8–18 Uhr, Eintritt frei, wegen begrenzter Parkmöglichkeiten vor Ort bietet sich der ÖPNV an (L1, L2 Pont Hassan II oder Place 16 Novembre); zu Fuß ein Spaziergang von der Medina entlang des Flusses (30–40 Min.)

5 Cathédrale Saint-Pierre

| Kirche |

Die größte Kirche von Rabat präsentiert sich im Art-déco-Stil, der in den 1920er-Jahren in der Hauptstadt, aber vor allem in Casablanca (S. 119) an vielen Stellen zu sehen ist. Sie wurde unter dem französischen Protektorat errichtet und 1921 eingeweiht. Wie das Licht durch die Buntglasfenster strömt, ist ein traumhafter Anblick. Die zwei Glockentürme, die in der Skyline der Stadt ein deutlicher Blickfang sind, wurden erst in den 1930er-Jahren angefügt und gleichen eher Minaretten.

■ Place al-Joulane/de Golan, Tram L2 Place Al Joulane, Tel. 0537/72 23 01, tgl. 8–18.30, Di–Sa Messe um 19, So 11.15 Uhr

6 Musée de l'histoire et des civilisations

| Archäologisches Museum |

Das seit 1930 geöffnete archäologische Museum wurde nun in Musée de l'histoire et des civilisations umbenannt und beherbergt die wichtigsten archäologischen Exponate des Königreichs: von den ersten Spuren menschlicher Präsenz über die Kunstschätze, Bronzestatuen und Mosaike der Römerstädte Volubilis (S. 101) und Lixus (S. 78) bis zu den arabischen Herrschaftsdynastien. Die permanente Sammlung wird stets ergänzt durch Sonderausstellungen mit Fundstücken aktueller Ausgrabungen. Höhepunkte der Sammlung sind eine Büste des Numiders Juba II. von Mauretanien (ca. 50 v. Chr.–23) sowie ein anscheinend bellender bronzener Hund aus Volubilis, der wohl zu einer Darstellung der Diana gehört haben muss, außerdem Keramiken aus der Nekropolis von Chellah (S. 115).

■ Av. Yacoub el-Mansour/Ecke Av. Moulay Abdelaziz (in der Rue el-Brihi Hassan), Tram L2 Place al-Joulane, L1 Gare Rabat Ville, Tel. 0537/70 19 19, Mi–Mo 10–18 Uhr, 20 Dh, erm. 10 Dh

7 Musée Mohammed VI d'art moderne et contemporaine (MMVI)

| Kunstmuseum |

12 *Der Monarch schenkte Marokkos Kunstszene einen würdigen Palast*

Der modernen und zeitgenössischen Kunst widmet sich dieses im Oktober 2014 eröffnete palastartige Haus. Es ist ein Magnet für Kunstinteressierte aus aller Welt und gibt wichtige Impulse für die Kunstszene Marokkos, aber auch auf dem afrikanischen Kontinent. Begleitend zur umfassenden, exzellent kuratierten permanenten Sammlung organisiert das MMVI stets wechselnde Schwerpunktausstellungen mit wichtigen Leihgaben renommierter internationaler Künstler und Museen.

■ Av. Moulay Hassan/Ecke Av. Allal Ben Abdellah, Tram L2 Place al-Joulane, L1 Gare Rabat Ville, Tel. 0537/76 90 47, www.museemohammed6.ma, Mi–Mo 10–18 Uhr, 40 Dh, erm. 20 Dh (bis 18 J.), 10 Dh (bis 12 J.)

8 Chellah

| Nekropole |

Die befestigten Ruinen der Totenstadt der glanzvollen Meriniden-Dynastie am Stadtrand von Rabat beherbergen die sehenswerten Mausoleen wichtiger Herrscher, wie das am besten er-

Im Blickpunkt

König Mohammed VI., der moderate Modernisierer

Der mächtige Monarch Marokkos, Jahrgang 1963, bestieg 1999 den Thron der Alawiden-Dynastie, die seit 1664 mit Sultan Moulay Ismail das Land regiert. Mohammed VI. hat eine Vielzahl von Neuerungen durchsetzen können, sei es im Frauen- und Familienrecht oder mit der Stärkung des Parlaments auf Druck der Proteste des »Arabischen Frühlings«. Doch er ist nach wie vor der absolute Herrscher und mit der »Makhzen« auch wichtigster Grundbesitzer und finanzstärkster Unternehmer des Landes. Sein Privatvermögen soll über 2,5 Mrd. € betragen. Kritiker hat er sowohl von Seiten der Demokratisierungsbewegung, die neben der Korruption vor allem die Einschränkung der Meinungsfreiheit bemängeln und eine echte parlamentarische Monarchie fordern. Auf der anderen Seite machte er sich durch liberale Akzente die Hardliner der islamistischen Kreise zum Feind. Zuletzt ab 2016 mehrte sich die Sorge um den Gesundheitszustand von Mohammed VI. Eine Herzoperation in Paris verlief 2018 erfolgreich. Die Thronnachfolge sowie die Zukunft der Alawiden liegt bei Moulay Hassan III. (*2003), Kronprinz und ältester Sohn von Mohammed VI. und Prinzessin Lalla Salma, des seit März 2018 inoffiziell geschiedenen Königspaars.

haltene Grab des Abu l-Hasan Ali ibn Uthman. Er war der achte Meriniden-Sultan und verstarb 1351. Die erste Zivilisation vor Ort, so nimmt man an, waren die Phönizier mit einem Hafen am Bou-Regreg (8. Jh. v. Chr.). Es folgten die Karthager (3. Jh. v. Chr., deren »Sala« schließlich an die Römer fiel. Von »Colonia Sala« – Hafen, Handelsposten und unter Kaiser Trajan als »Municipia« Grenzstadt der Provinz Mauretania-Tingitana – leitet sich der Name des heutigen Salé ab. Die römischen Ruinen wurden um 1930 innerhalb der Nekropole von Chellah wiederentdeckt.
■ Quartier Chellah, El-Youssoufia, Zufahrt beim Kreisverkehr am Bab Zaer, Petits Taxis von der Kasbah-Oudaïa (30–40 Dh), tgl. 8.30–18.30 Uhr, Parkplätze vor Ort

Restaurants

€€ | **Café Museum** Direkt am MMVI-Kunstmuseum bietet dieses Café ein famoses Frühstück, auch mit Arganöl. Dazu gibt es frische Fruchtsäfte, Süßes, Snacks und feine Tajines in angenehmer Atmosphäre. ■ Rue Tissa 1, Tel. 0537/73 43 07, www.cafemuseum.ma, tgl. 7–22 Uhr, Plan S. 113, b4

Bühne

Téâtre National Mohammed V Neben Konzerten klassischer und traditioneller Musik, Theaterstücken (auch auf Französisch) und Lesungen finden wöchentlich Aufführungen von Marionetten-Theatergruppen aus Marokko und aller Welt statt. ■ Av. el-Mansour Addahbi, http://tnm5.ma, Plan S. 113, b4

Kinder

Jardin Zoologique National In gepflegten, großen und artgerechten Freigehegen vereint der Zoo mehr als 1800 Tiere bzw. 150 verschiedene Spezies. Aufgeteilt sind die Gehege in fünf charakteristische Klima- und Vegetationszonen. Sie reichen vom Mittleren und Hohen Atlas mit den in freier Wildbahn 1922 ausgestorbenen Atlaslöwen

In der Totenstadt Chellah am Stadtrand von Rabat haben sich Störche eingenistet

über die Savanne mit Hyänen, Giraffen und Elefanten bis in die Wüste mit Wüstenfuchs, Oryxantilopen und Geparden. Für die Kleinsten gibt es einen Streichelzoo. ■ Cité Yacoub El-Mansour (Ceinture verte), Annexe 23eme, Bus Nr. 7 (4 Dh), Grand Taxi (max. 40–50 Dh, 15 Min. Fahrtzeit von der Medina), Tel. 0537/ 29 37 94, http://rabatzoo.ma, 50 Dh, erm. 15 Dh, Plan S. 113, südwestl. a5

Salé

Zu Unrecht im Schatten Rabats: die einstige Berberkorsaren-Hochburg

Die einstige Hauptstadt der Seeräuberrepublik Bou-Regreg war jahrhundertelang im Konkurrenzkampf mit dem benachbarten Rabat die größere, reichere und erfolgreichere Siedlung und blühte dank des Handels mit Sklaven aus Europa regelrecht auf. Das Blatt hat sich längst gewendet, doch ist Salé beinahe ebenso reich an Kulturschätzen und verfügt über eine wundervolle lebhafte Medina.

9 Bab el-Bahr

| Kulturbezirk |

Am Bou-Regreg entsteht derzeit ein moderner Stadtteil, der »Tor zum Fluss« genannt wird. In einer ersten Phase wurden bereits neue Wohn- und Bürogebäude errichtet. Zentraler Blickfang am anderen Ufer ist das moderne Grand Théâtre von Rabat, entworfen von Zaha Hadid (1950–2016). Es bietet im Inneren über 1700 Menschen und mehr als 7000 im Open-Air-Amphitheater Platz und mausert sich zum neuen Wahrzeichen des Ballungsraums Rabat-Salé. Das Mammutbauwerk, das 2010 begonnen wurde, feiert Mitte 2019 seine Eröffnung. Der Blick auf die Medina und die Kasbah Rabats

Das Bab el-Mrissa ist das wichtigste Tor zur quirligen Medina von Salé

von der Uferseite von Salé ist zum Sonnenuntergang besonders schön.

■ www.bouregreg.com

10 Die Medina von Salé

| Altstadt |

Nur etwa 2 km Luftlinie, dazwischen der Bou-Regreg, trennen die Stadtmauern der beiden Medinas von Rabat und Salé. Das Bab el-Mrissa (auch Lamrissa) führt in das einstige Judenviertel, das etwa 200 historische Gebäude umfasst und heute ein lebendiges Quartier mit Restaurants und Geschäften ist. Verlässt man die Medina durch das Stadttor Bab Sebta, gelangt man in die Neustadt. Und flaniert man gen Nordosten Richtung Atlantik erreicht man in 20 bis 25 Minuten das Mausoleum von

Sidi Moussa Doukkali auf einem weitläufigen Platz, von dem man ein herrliches Panorama auf den Ozean genießt.

■ Tram L1, L2, Bab Lamrissa

11 Medersa Abu l-Hasan

| Koranschule |

Mangels Touristenaufkommen hat man diesen Prachtbau der Meriniden-Ära aus dem Jahr 1333 – kleiner als die Medersen Bou Inania von Fès und Meknès, aber nicht minder reich an Ornamenten – fast für sich alleine. Somit werden Nichtmuslime, die die altehrwürdige Große Moschee von Salé nebenan nicht besuchen dürfen, hier entschädigt und vielleicht begeistert sein. Durch das Bab Maalqa, ein weiteres Stadttor, gelangt man zum »Seeräuberfriedhof« mit den Gräbern einiger in Europa gefürchteter Piraten, wie etwa jenes von Sidi Ben Achir, der in Marokko als Heiliger verehrt wird.

■ Akba de la Medersa, Mo–Sa 10–13, 15–18 Uhr, 10 Dh, erm. 3 Dh

ADAC *Wussten Sie schon?*

Alles Piraten! Der Holländer **Jan Janszoon van Haarlem** (ca. 1570–ca. 1641) war zunächst für sein Heimatland Seeräuber. 1618 geriet er auf Lanzarote (Kanaren) in Gefangenschaft der Berberkorsaren, konvertierte zum Islam und wurde als Admiral Murat Reis Anführer der Piratenrepublik Bou-Regreg. Er ging in die Geschichte als einer der berüchtigtsten Freibeuter aller Zeiten ein – mit Raubzügen, die ihn bis an die Küsten Irlands, Dänemarks und sogar Islands brachten. Besonders gefürchtet war er auch auf Mallorca, dessen Küstenorte er mehrmals attackiert hatte.

12 Borj Addomoue

| Festung |

1260 errichtet, schützte dieses heute baufällige Bollwerk die Hauptstadt der Piratenrepublik Bou-Regreg. Zur Verteidigung wurden auch geplünderte spanische Kanonen eingesetzt, was an den Wappen deutlich zu erkennen ist.

■ Erreichbar über die Av. Sidi Ben Achir, 10 Dh, Parkplätze vor Ort

Events

Alljährlich findet an Maulid an-Nabī, dem Feiertag anlässlich des Geburtstags des Propheten Mohammed, eine große **»Moussem«-Wallfahrt** mit einem Lichtermeer aus Laternen zu Ehren von Sidi Abdallah Ibn Hassun (Mūlāi 'Abdullāh Bin Hassūn, 1515–1604) statt. Er ist der Schutzheilige von Salé.

In der Umgebung

Jardins exotiques de Bouknadel

| Botanischer Garten |

Bereits in den 1950er-Jahren legte der Franzose Marcel François dieses farbenfrohe, kreativ gestaltete Gartenparadies mit Tausenden seltener Blütenpflanzen aus tropischen Gefilden an. 1961 schenkte er sein Werk der Regierung, die die Anlage seither pflegt. Das Areal umfasst nicht nur verschiedene Stilarten wie einen japanischen, einen chinesischen oder einen andalusischen Garten. Sie entführt Besucher auch in die Flora Polynesiens, des Kongo, der karibischen Antillen, Perus oder Mexikos. Im Terrarium kann man Skorpione, Schlangen und Echsen aller Art beobachten. Zugleich legen die Betreiber großen Wert auf die biologische Pflanzenzucht. Für Kinder werden spielerisch-didaktische Führungen ge-

Die alte Medina im Zentrum der pulsierenden Millionenmetropole Casablanca

boten. Planen Sie für einen Besuch mindestens ein bis zwei Stunden ein.

■ Ca. 13 km südlich von Rabat an der N 1 Richtung Kénitra, Tel. 0537/82 27-56 oder -58, www.jardinsexotiques.com, Herbst/Winter Di–So 9–18.30, Frühling/Sommer bis 19.30 Uhr, 15 Dh, erm. bis 8 J. 10 Dh, Terrarium und Museum je 5 Dh, Kombiticket 20 Dh, erm. 15 Dh

19 Casablanca

Weltoffene Metropole mit charmanter Medina und Hassan-II.-Moschee

Information

■ CRT, Av. Hassan II 60 (am Parc de la Ligue Arabe), 20250 Casablanca, Tel. 0522/20 62 66, www.visitcasablanca.ma, Mo–Fr 8.45–16 Uhr

Die immense Metropole mit mehr als 4 bzw. 6 Mio. Einwohnern in der Stadt bzw. im Einzugsgebiet ist die mit Abstand größte Stadt Marokkos und das unbestrittene wirtschaftliche Zentrum des Königreichs. Dabei lag hier gegen Ende des 19. Jh. nur ein beschauliches Fischerstädtchen, mit gerade einmal 20 000 Menschen und einer hübschen, verwinkelten Medina, die heute in der Großstadt beinahe verschwindet, aber immer noch deren pulsierendes Herz ist. Neben einem Streifzug durch die Medina lohnt es sich, in der französischen Neustadt (Ville nouvelle) die zahlreichen Art-déco-Gebäude der Protektoratszeit zu bestaunen.

Sehenswert

Hassan-II.-Moschee

| Moschee |

4 *Das monumentale Geschenk des ehemaligen Königs an sein Volk*

Die weltweit drittgrößte Moschee, die nach dem ehemaligen König Hassan II. benannt und 1993 fertiggestellt wurde, ist stark von den Almohaden-Minaretten in Marrakesch beeinflusst. Am Atlantikkai gleicht sie einem überdimen-

ADAC *Spartipp*

Seit 2012 ist die **Casa Tramway**, die moderne Straßenbahn von Casablanca, das wichtigste Fortbewegungsmittel in der Stadt. Für 6 Dh (Einzelfahrt) gelangt man in sauberen, bequemen Zügen vom Zentrum (Place Mohamed V.) über die alte Medina (Place de Nations Units) an den Aïn-Diab-Strand (Endstation Linie T1), und Urlauber erleben eine günstige Stadtbesichtigung. Tickets erhält man an Automaten und bei Kiosken bei den Stationen. Die Einwegkarte (frz. »jetable)« kann zweimal verwendet werden (2 Dh Pfand). Daneben gibt es die aufladbare Karte (frz. »rechargeable« 15 Dh Pfand) sowie eine Wochenkarte (60 Dh). Abgezähltes Kleingeld erspart Zeit und Nerven, auch wenn Kreditkarten akzeptiert werden. Die Fahrkarte ist im Wagen zu entwerten.
www.casatramway.ma, Mo–Fr 6.30–22, Sa, So bis 23.30 Uhr

sionalen Leuchtturm, den man sich zumindest von außen angesehen haben sollte – strahlt doch nachts ein Laserstrahl Richtung Mekka. Aber da man hier zur Abwechslung als »Ungläubiger« auch Einlass bekommt, lohnt es sich, das Mammutbauwerk auch von innen anzusehen. Mehr als 2500 Bauarbeiter und geschätzte 10 000 Handwerker – für die wie gewebten Holzdecken, die Stalaktitengewölbe, die reich verzierten Bögen, Säulen und ornamentierten Böden mit Fußbodenheizung – arbeiteten über sechs Jahre im Akkord an diesem Moscheebau. Er war das Geschenk von Hassan II. anlässlich seines 60. Geburtstags an sein Volk. Bezahlt wurde er jedoch überwiegend aus Steuergeldern, was Protestaktionen von Seiten der Demokratiebewegung nach sich zog. Über 20 000 Gläubige finden hier zum Gebet Platz.

Das 210 m hohe Minarett der Hassan-II.-Moschee ist der höchste sakrale Bau der Welt

■ Bd. de la Corniche, unweit des Stadtstrands »Corniche«, Tel. 0522/48 28 86, www.fmh2.ma, Winter Sa–Do 9, 10, 11 und 14, Fr 9, 10 und 14 Uhr, Sommer auch 12, 15 und 16 Uhr, während des Ramadan Sa–Do 9, 10 und 11, Fr 9 Uhr, 120 Dh, erm. 60 Dh, Kinder ab 6 J. 30 Dh

Musée Fondation Abderrahman Slaoui

| Museum |

Es ist schon erstaunlich, was der Namensgeber dieses neuen, topmodernen und geschmackvoll eingerichteten Museums zeitlebens so alles zusammengetragen hat: Kunsthandwerk, feinsten (Gold-)Schmuck, kostbare Schatullen und Glaswaren. Selbst mittelalterliche Waffen, Kleidung, Souvenirs und klassische Werbeplakate sind nebst allerlei Kuriositäten darunter. Aber auch Drucke und Plakate sowie Gemälde des berühmten französischen Malers und Gartendesigners Jacques Majorelle, begleitet von wechselnden Ausstellungen aufstrebender zeitgenössischer Künstler.

■ Rue du Parc 12, Tel. 0522/20 62 17, www.musee-as.ma, Mo–Sa 10–18 Uhr, 30 Dh, Kinder ab 12 J. 10 Dh

Aïn-Diab-Strand und Marabut Sidi Abderrahmane

| Strand |

Der Stadtstrand von Casablanca lädt zu ausgedehnten Spaziergängen am Atlantikufer ein oder zu einem Bad am allseits beliebten Aïn-Diab-Strand weiter westlich mit einer Fülle an Surfschulen, Strandrestaurants und Cafés. Einzigartig ist dabei am Westende des Strandes das Mausoleum von Sidi Abderrahmane, das wie eine Miniatur des Mont-Saint-Michel malerisch auf einem vorgelagerten Eiland liegt und nur bei Niedrigwasser zu erreichen war. Vom Bd. de l'Ocean Atlantique geht das mittlerweile über eine neue Steinbrücke oder nach wie vor bei Ebbe, (fast ganz) ohne nass zu werden.

■ Tram T1, Terminus Aïn Diab

Boulevard Mohammed V.

| Prachtstraße |

»Casa« gilt nicht zu Unrecht als eine der Hauptstädte des Art déco, wo sich europäische, darunter primär französische Stararchitekten des Jugendstils der 1920er- und 1930er-Jahre regelrecht austoben konnten – insbesondere entlang des Bd. de Paris, an der Place Mohammed V. und am Bd. Mohammed V., der langen Achse zur Place des Nations Unis. Hier reihen sich prächtige Bauten aneinander, die spielerisch Elemente islamischer und andalusischer Architektur mit dem Trend der Zeit in Europa vermengen. Nicht nur Architekturfans werden begeistert sein, dank der Tramway ist der Boulevards mittlerweile eine angenehme Fußgängerzone, Flanier- und Shoppingmeile geworden. Vielerorts in der Ville nouvelle finden sich weitere

Gefällt Ihnen das?

Lust auf mehr Art déco? Nicht nur Casablanca, auch die Hauptstadt **Rabat** (S. 110), Marrakeschs Stadtteil **Guéliz** (S. 151) und **Tanger** (S. 66), aber auch die spanischen Nordafrika-Enklaven **Ceuta** und **Melilla** (S. 73, 81) warten mit einer Fülle an herrlichen Bauten des Fin de Siècle auf dem Sprung in die Moderne auf. Oft handelt es sich dabei um orientalische Varianten des Jugendstils bzw. des katalanischen Modernismo.

Art-déco-Bauten, wie die Kirche Église du Sacré-Cœur, der Justizpalast oder die Hauptpost auf dem Bd. de Paris.
■ Tram T1, Place Mohamed V

Verkehrsmittel

Airport Train Casablanca Für 43 Dh bringen Züge der ONCF zwischen 6 und 22.30 Uhr Passagiere im Stundentakt von den wichtigsten Bahnhöfen der Metropole (Aïn Sebaa, Casa Port, Casa Voyageurs, Oasis) in etwa 40–60 Min. zum Flughafen Mohammed V. von Casablanca. Das Schnellbahnnetz **Train Navette Rapid (TNR)** vernetzt nicht nur den Ballungsraum (10 Dh), sondern auch die Städte Rabat, El Jadida und Settat miteinander (www.oncf.ma).

Parken

Das größte und modernste **Parkhaus** des Stadtzentrums wurde 2018 inmitten der Ville nouvelle eröffnet. Es befindet sich an der Place Mohamed V. (elektronische Abrechnung, 5 Dh/Std.). Von hier hat man auch einen direkten Anschluss an den ÖPNV (T1).

ADAC *Wussten Sie schon?*

Der Michael-Curtiz-Film »**Casablanca**« (1942) mit Ingrid Bergman und Humphrey Bogart spielt zwar in der marokkanischen Hafenstadt, gedreht wurde aber keine einzige Szene vor Ort, sondern bis auf die abschließende Flughafenszene alles im Studio. Und die sich im Film entfaltende Spionagestory dürfte von den zahlreichen Agenten, die sich seinerzeit in der Internationalen Zone tummelten, inspiriert gewesen sein.

Kneipen, Bars und Clubs

€€€ | **Rick's Café** Eine Bar, (fast) ganz wie im berühmten Hollywoodfilm, gibt es in Casablanca schon. Sie wurde gemäß dem filmischen Vorbild originalgetreu eingerichtet. Es werden Champagner, Cocktails, gehobene Küche und Livemusik der 1930er- und 1940er-Jahre aufgeboten. Reservierung empfohlen.
■ Bd. Sour Jdid 248 (an der Place du Jardin Public), Tel. 0522/27 42 07, www.rickscafe.ma, tgl. 12–15, 18–1 Uhr

20 Settat

Die Minze- und Kornkammer des Landes mit eigener Kasbah

Information

■ DPT, Bd. Hassan II, Immeuble Ahram, Appt. 2, B.P. 257, 26000 Settat, Tel. 0523/40 58 07, Mo–Fr 9–16.30 Uhr

Auf der historischen und bis heute wichtigen Handelsroute nach Marrakesch war Settat mit seinen heute mehr als 150 000 Einwohnern bis ins 19. Jh. ein beschauliches bäuerliches Dorf. Heute werden im Umland Getreide und die Minze für die vielen Teegläser, die täglich gefüllt werden müssen, angebaut. Abseits der Kasbah von Moulay Ismail lohnt sich ein Abstecher zur Place Hassan II mit Häusern im Art-déco-Stil mit maurischen Elementen – wie in Casablanca, nur kleiner.

Sehenswert

Kasbah Ismaïlia
| Festung |
In seinem Bestreben, das Land unter seiner Herrschaft zu festigen, errichte-

te Sultan Moulay Ismail im 17. Jh. auch in der Provinzhauptstadt Settat, 84 km südlich von Casablanca, eine mächtige Kasbah, die mit der von Boulaouane (S. 123) zu den schönsten ihrer Epoche zählt. Direkt neben den Festungsmauern erhebt sich das an die Hassan-II.-Moschee erinnernde Minarett der Sidi-el-Ghamli-Moschee. Sein Schatten fällt auch auf das Mausoleum, die Kubba des Namensgebers.

■ Bd. Hassan II, durchgehend geöffnet

Events

Moussem de Chaouia, Sidi el-Ghamli
Alljährlich in der ersten Juni- und Septemberwoche besticht diese farbenprächtige Feierlichkeit durch die nachgestellten Angriffe festlich gekleideter Reitergruppen (»Fantasias«). Zahlreiche Menschen reisen landesweit zu Ehren des Heiligen an – ein durch und durch sehenswertes Spektakel.

In der Umgebung

Kasbah de Boulaouane
| Festungsruine |
Das monumentale Bollwerk, das Moulay Ismail um 1710 zum Schutz der Ebene des Oum er-Rbia hoch über dessen Mäandern errichtete, liegt beim gleichnamigen Ort, etwa 80 km von El Jadida und 65 km von Settat entfernt. Die mächtige verfallende Ruine mit einer Moschee und von Hufeisenbögen getragenen Innenräumen gilt noch als Geheimtipp, an den sich bisher wenige Touristen verirren.

■ Zufahrt über die Schotterpiste (25 km), von Settat wie von El Jadida kommend, nach der Abzweigung von der R 314 bei Sania, südlich von Boulaouane, Eintritt frei, Spende (rd. 10–30 Dh) erwünscht

An der Strandpromenade von El Jadida locken Garküchen mit allerlei Snacks

21 El Jadida

Die Portugiesen hinterließen Bastionen und eine Zisterne mit Gänsehautfaktor

Information

■ DPT, Av. al-Moukaouama 20 bis, 24000 El Jadida, Tel. 0523/34 47 88, Mo–Fr 9–16.30 Uhr

Die einst portugiesische Küstenfestung gilt nicht zu Unrecht als eines der bedeutendsten Beispiele für die europäische Militärarchitektur – mit hohen Festungsmauern und mächtigen Bastionen zum Ozean hin, die gegen Berberkorsaren schützen sollten. El Jadida steht etwas im Schatten von Essaouira, dabei birgt es mit seiner einzigartigen Zisterne einen ganz besonderen Bau.

Die Portugiesische Zisterne von El Jadida ist ein Ort von magischer Schönheit

Sehenswert

Cîterne Portugaise

| Zisterne |

13 *Orson Welles drehte hier 1952 die Schlüsselszene seines »Othello«*

Die am besten erhaltenen Zeugnisse der portugiesischen Epoche sind die Anfang des 16. Jh. errichtete Wasserfestung, einst Mazagan genannt, die von mächtigen Mauern und Bastionen umgebene Cité Portugaise (Portugiesische Stadt) und die Zisterne, ehemals ein Waffenlager. Seit 2004 steht sie auf der Liste des UNESCO-Weltkulturerbes. In der Cîterne Portugaise, die ein von Säulen gestütztes Rippengewölbe trägt, fällt durch eine Dachöffnung das Tageslicht ein, was die sakrale Stimmung des Ortes mit seinen wundervollen Spiegelungen auf dem Wasser zu einem unvergesslichen Anblick macht. Für den Regisseur Orson Welles, dem im Zentrum eine Statue gewidmet ist, war sie der perfekte Ort für die Othello-Szene, mit der er in den 1950er-Jahren Kinogeschichte schrieb.

■ Rue Hachmi Bahbah, Zisterne tgl. 9–13, 15–18 Uhr, 60 Dh, erm. 3 Dh (bis 12 J.), Festungsanlagen tgl. 9–18 Uhr, Eintritt frei

Gefällt Ihnen das?

Portugal hat im Zuge seiner kolonialen Expansion in Marokko an der Atlantikküste in **Essaouira** (S. 126) und **Asilah** (S. 76) sowie in **Tanger** (S. 66), **Ceuta** (S. 73) und **Ksar el-Kebir** eine Fülle sehenswerter Küstenfestungen, Stadtmauern und Kirchen hinterlassen. Die Kirche in **Safi** (S. 125) ist dabei besonders hervorzuheben.

22 Safi

In der Hauptstadt der Töpferkunst kann man Keramikern auf die Finger schauen

Information

■ DPT, Rue Imam Malik, 46000 Safi, Tel. 0524/62 24 96, Mo–Fr 9–16.30 Uhr

Von 1488 bis 1541 wehte die Flagge des Königreichs Portugal von den Bastionen Safis, der zum Schutz der Handelswege und der Küste massiv befestigten Hafenstadt des Almohaden-Reichs. Heute ist das Image von Safi als Industriestadt zwar etwas angekratzt. Den historischen Stadtkern, die von portugiesischen Mauern umgebene urtümlich wirkende Medina, den Hügel der Keramiker und die umliegenden Traumstrände am Atlantik lohnt es sich aber allemal zu besuchen.

Sehenswert

Ksar el-Bahr und Cathédrale Portugaise

| Festungsanlage |

Von den Mauern und dem Wehrturm dieser ausgesprochen gut instandgehaltenen Festung genießt man einen wunderbaren Blick auf den Atlantischen Ozean und die sich hier begeistert in die Wellen stürzenden Surfer. Man erkennt unschwer die strategische Bedeutung sowie die Bedrohung, die von Berberkorsaren vor knapp fünf Jahrhunderten ausgegangen war. Unweit davon liegt auch die etwas übertrieben als Kathedrale bezeichnete kleine Kirche von 1519 bzw. das, was von ihr erhalten ist (Rue du Souk, 10 Dh).

■ Zugang an der Place de l'Independence, tgl. 9–12, 14–18 Uhr, 10 Dh, erm. 3 Dh

Museé National de la Céramique

| Keramikmuseum |

Nach einer dringend notwendigen Renovierung eröffnete das Keramikmuseum im März 2018 wieder seine Pforten. Das rundum an modernste Standards angepasste Gebäude befindet sich im Herzen der alten Almohaden-Festung, der »Kechla« von Safi. Das Museum bietet anhand archäologischer, historischer und zeitgenössischer Objekte sowie diverser Nachbildungen einen exzellenten Überblick über die Geschichte und Tradition, die Herstellungsformen sowie die unterschiedlichen Töpferstile (Farben, Verzierungen, Techniken) der wichtigsten Keramikzentren des Landes. Nur zwei Wohnblöcke weiter östlich, am Kreisverkehr, wo sich die Hauptachsen der Neustadt, die Av. de la Liberté und die Av. Mohammed V., treffen, steht die größte Tajine der Welt. Sie ist eine Hommage an die Handwerker der Stadt.

■ Citadelle de la Kechla, Tel. 0524/ 46 39 67, tgl. 10–17 Uhr, 20 Dh, erm. 10 Dh

Töpferhügel

| Handwerksviertel |

Auch wenn der große Teil der Produktion von Töpferwaren längst in die Vorstadt abgewandert ist, finden sich hier noch Keramiker, die ganz nach der alten Schule den hervorragenden Ton von Safi zu wunderhübschen oder eben praktischen Objekten formen, ihn brennen und schließlich vor der ortstypischen doppelten Brennung nochmals reich verzieren. Näher und genauer als hier wird man keinem Meister des Metiers in Marokko auf die Hände schauen können – und das vom Rohstoff bis zur Brennung, eine einmalige Gelegenheit und vielleicht nicht mehr lange in dieser Form möglich.

■ Bergan und östlich des Zentrums über die Rue du Socco, vom Bab Chaaba oder vom Parkplatz aus (ab der Rue Les Forgerons)

P Parken

Zentral vor den Mauern der Medina bei den Souks gelegen, bieten sich die bewachten **Parkplätze** in der Av. el-Raqib Ben Slimane an (3–5 Dh/1–2 Std.).

In der Umgebung

Oualidia

| Strand |

In dem malerischen Fischerdorf entwickelt sich dank seiner traumhaften Lagune, feinstem Sand und dem türkisblauem Wasser ein luxuriöser, aber erschwinglicher Strandtourismus. Wegen des seichten Wassers und des sich hier mit dem Ozean mischenden Süßwassers der Flussmündung, der vorgelagerten Insel, aber auch der Infrastruktur ist der Ort für Familien ideal.

■ Rund 60 km nördlich von Safi, am besten über die A1 (ca. 1 Std.)

23 Essaouira

Mauern, die »Games of Thrones« würdig waren, und das Woodstock Marokkos

i Information

■ DPT, Av. du Caire, 44000 Essaouira, Tel. 0524/78 35 32, http://visitessaouira.ma, Mo–Fr 9–16.30 Uhr

Auf der vorgelagerten Insel, heute ein Vogelschutzgebiet, betrieben wohl die Phönizier bereits im 7. Jh. v. Chr. einen Hafen. Man vermutet, dass es sich um die legendären Purpurinseln der Antike handeln könnte, die die Grenze der damals bekannten Welt markierten. Das heutige Stadtbild geht auf den Alawiden-Sultan Mohammed III. im 18. Jh. zurück, der jedoch europäische Gefangene zur Planung und für den Bau der Stadt und der Befestigungsanlagen heranzog. In den 1970er-Jahren entdeckte die Hippie-Bewegung den malerisch gelegenen Küstenort, und auch Jimi Hendrix verbrachte 1969 einige sehr entspannte Tage hier. Heute ist Essaouira ein Magnet für Künstler, Literaten und Bohemiens sowie ein Paradies für Surfer. Besonders am Abend lohnt es sich, entlang der mächtigen Hafenmauern zu spazieren, um den Sonnenuntergang zu genießen. Oder man begibt sich an der Küstenpromenade, der Rue Skala, zur Bastion Skala de la Ville (tgl. 9–18 Uhr, Eintritt frei). Die Stadtmauern von Essaouira sind das Postkartenmotiv per se. Und sie waren auch ein »Games-of-Thrones«-Schauplatz, was Fans der Serie natürlich wissen (mit »Astapor«).

Sehenswert

Fischereihafen

| Fischmarkt |

Am besten besucht man den ummauerten mittelalterlichen Hafen gleich zweimal. Einmal bereits am Morgen, wenn die Fischer mit ihren blauen Holzbooten den Tagesfang anlanden. Man wird sich dann in eine andere Zeit versetzt fühlen. Gegen Mittag wird dann der Fang des Tages verkauft. Es gilt, gekonnt zu verhandeln, der Einkauf kann vor Ort an den vorhandenen Grillständen auch direkt zubereitet werden. Wer geruchsempfindlich ist, sollte sich jedoch besonders an heißen Sommertagen resistent zeigen.

Denn die Fische werden hier auch ausgenommen, sehr zur Freude der heimlichen Herrscher Marokkos, der Katzen.

Medina

| Altstadt |

5 *Nach den Hippies sind nun die Hipster dem Charme verfallen*

Verglichen mit den pulsierend-quirligen Medinas von Marrakesch oder Fès ist in Essaouiras Altstadt Gemächlichkeit angesagt. Seit 2001 ist sie UNESCO-Weltkulturerbe und lädt dazu ein, Boutiquen und Galerien zu besuchen, nach Souvenirs Ausschau zu halten und in den kleinen Cafés Süßes und Minztee – am besten mit einem Panoramablick von einer Terrasse über die Altstadt und den Ozean – zu genießen.

P Parken

Der Parkplatz an der **Altstadt** (Av. Mohammed V.) ist zwar in bester Lage und günstig (2 Dh pro Std.), doch meist überfüllt und selbst für marokkanische Verhältnisse etwas gewöhnungsbedürftig (der Parkwächter fordert gar den Autoschlüssel, sollte kaum Platz sein!). Alternativ bietet es sich an, bei der **Mosquée Tilal** zu parken, wo es fast immer Stellplätze gibt.

Restaurants

14 **€–€€ | Triskala** Überaus ansprechend im Stil der 1960er-Jahre dekoriertes, gemütliches kleines Restaurant mit kreativer köstlicher Saisonküche. In der Regel gibt es drei Vorspeisen und drei Hauptgänge (stets eine vegane/vegetarische Alternative), die täglich variieren. ■ Rue Touahen 58, Tel. 0643/40 55 49, tgl. 12.30–14.30, 18.30–22 Uhr, als Café durchgehend, Reservierung ist v. a. am Abend Pflicht!

Bühne

Essaouira Gnaoua und Weltmusikfestival Jedes Jahr in der dritten oder vierten Juniwoche gibt sich seit 1998

Essaouira mit seinen Küstenmauern war einst ein Bollwerk gegen die Berberkorsaren

Die Blätter und Früchte der Arganie sind auch bei Ziegen hoch im Kurs

neben den Stars der marokkanischen Gnaoua-Musikrichtung die internationale Crème de la Crème der Weltmusik (mit klarem Fokus auf Afrika) ein fröhliches Stelldichein. Das Festival lockt über mehrere Tage mehr als 400 000 Besucher aus aller Welt an und gilt als Marokkos Woodstock. Jedoch muss man Tickets für spezielle Konzerte mitunter weit im Voraus kaufen. ■ http://festival-gnaoua.net, Tagespass 14–36 €, Dreitagespass (ohne spezielle Konzerte) 62 €, Vorverkauf über www.festicket.com

Entspannung

Hammam Arab Spa Essaouira Ab 100 Dh gibt es Entspannung im Dampfbad und das typische Peeling mit schwarzer Seife für 30 Dh gleich dazu. Ausgefeilter sind Hammam-Sessions mit Meersalz und Arganöl oder Honig und Massagen (ab 280 Dh/Std.).
■ Rue Moulay Abdelmalik, Tel. 0524/78 46 51, www.arabspa-essaouira.com, tgl. 10–21 Uhr

24 Agadir und Souss-Massa-Nationalpark

Der Tourismus-Hotspot am Atlantik ist vor allem bei Pauschalurlaubern beliebt

Information

■ DRT, Av. Mohammed V., Immeuble Iguenouan, 80000 Agadir, Tel. 0528/83 90 77, www.visitagadir.com, Mo–Fr 10–18 Uhr

Seit Jahrzehnten ist Agadir, das längst zu einer mehr als 700 000 Einwohner zählenden Metropole herangewachsen ist, bei Urlaubern wegen seiner Hotelanlagen und guten Infrastruktur bekannt und beliebt. Agadir, Speicherburg auf Arabisch, ist eine Gründung der Portugiesen (1505) und liegt an der Mündung des Oued Souss. Bereits 1531 fiel der Handelsposten an die Saadier, von deren Präsenz bis heute die Oufella-Kasbah zeugt. Von dort bietet sich ein wunderbarer Ausblick über die Stadt und den Ozean.

Kinder

Croco-Park Agadir Hier leben Krokodile (aus Tunesien, in Marokko sind sie ausgestorben) in großen, artgerechten Gehegen, umgeben von einer nicht minder gepflegten Parkanlage voller exotischer Pflanzen. Ein idealer Ort für einen kurzen, etwa zweistündigen Abstecher für Familien mit Kindern. ■ An der N 8 bei Draarga, Shuttleservice auf Anfrage oder »Crocobus« (70 Dh, tgl. 9.30 und 14.30 Uhr), www.crocoparc.com, tgl. 10–19, im Sommer bis 22 Uhr, 70 Dh, erm. 40 Dh (bis 12 J.)

Wandern

Oued Tamraght Entlang des Flusses, auch als »Paradise Valley« bekannt, lässt es sich herrlich spazieren, und in den zahlreichen natürlich ausgewaschenen Becken findet sich auf dem Weg eine willkommene Abkühlung. Allerdings ist der malerische Ort besonders zur Hochsaison öfters überlaufen. Es bietet sich dann an, wochentags oder am frühen Vormittag hierher zu fahren. Oder man folgt dem Fluss einfach weiter stromaufwärts, wofür sich jedoch festeres Schuhwerk besser eignet als etwa Flipflops. ■ Über die P 1001 von Agadir, etwa 30 km nordöstlich (Fahrzeit ca. 50 Min.), kostenpflichtige Parkplätze (»Parking Paradis«) vor Ort, etwa 20 Min. Fußweg zum Fluss

In der Umgebung

Souss-Massa-Nationalpark
| Landschaft |
Bereits 1991 gegründet, umfasst dieses Paradies für Wildvögel wie den in Europa ausgerotteten Waldrapp mehr als 340 km² rund um die Mündung des Oued Souss, Lagunen-, Sanddünen- und Steppenlandschaften inklusive. Über die N 1 Richtung Süden und die P 1014 erreicht man das etwa 50 km südlich gelegene beschauliche Fischerdorf Tifnit im Herzen des Nationalparks – ein Paradies für Vogelkundler und eine Oase der Ruhe mit traumhaften Stränden, ganz abseits des Trubels im pulsierenden Agadir. Vom Dorf aus kann man zu Fuß ein wenig das Umland erkunden. Wer entdeckungsfreudiger ist, dem sei geraten eine Tour mit einem Geländewagen zu buchen. Dabei kann man auch Gazellen- und Antilopenarten sowie Nordafrikanische Strauße, die hier leben, in freier Wildbahn beobachten. ■ Zufahrt in den Nationalpark auch über Sidi Benzarne, Sidi R'bat und Massa, www.visiterparcsoussmassa.jimdo.com

Im Blickpunkt

Das kostbare Öl der Arganie

Agadir und Essaouira gelten mit der »Arganeraie« (UNESCO-Biosphärenreservat im Souss-Massa-Nationalpark) als Zentren für die Produktion des begehrten Arganöls. Es gilt als wahres Wundermittel. Europäern ist es insbesondere wegen seiner Qualitäten bei der Pflege von Haut und Haaren bekannt, wo es Teil teuer Pflegeprodukte ist. Doch als Nahrungsmittel eingenommen soll es den Blutdruck, den Blutzucker sowie den Cholesterinwert senken und sogar einzelnen Krebsarten vorbeugen. Ein nussiger Geruch, eine ölige Konsistenz und tiefgelbe Farbe deuten darauf hin, dass es sich um reines Arganöl handelt – und nicht um mit Wasser verdünntes oder Speiseöl gepantschtes. Nicht alles, wo »bio« draufsteht, hat jedoch einen ökologisch produzierten Inhalt. Selbiges gilt für den Verkaufsclou mit »Frauenkooperativen«, der längst von findigen Geschäftemachern in den Souks ohne jeglichen sozialen Anspruch aufgegriffen wird.

25 Sidi Ifni

Einst spanische Kolonialstadt mit natürlichen Steinbögen am Surferstrand

Information

■ DRT in Agadir, S. 128

Die Spanier errichteten hier bereits im 15. Jh. einen kleinen Stützpunkt. Er hielt jedoch nicht lange den Angriffen der Berberstämme stand. 1884 wurde das Gebiet erneut spanische Kolonie, und vor allem Diktator Franco hatte große Pläne. In den 1930er-Jahren wurde Sidi Ifni am Reißbrett entworfen und in Rekordzeit mit Art-déco-Bauten für die bis zu 15 000 Soldaten und deren Angehörige, die hier stationiert waren, errichtet. Heute ist Sidi Ifni ein beschaulicher Küstenort mit etwa 25 000 Einwohnern, beliebt wegen seiner Strände, allen voran der Legzira-Strand mit seinen Steinbögen und den hervorragenden Bedingungen für Surfer.

Sehenswert

Legzira-Strand

| Strand |

6 *Aus Sandstein schuf der Atlantische Ozean wahre Monumente*

Die imposanten, von der Brandung in Jahrmillionen ausgewaschenen Steinbögen an diesem traumhaften Atlantikstrand mit goldgelben Sand gelten nicht umsonst als das wohl erstaunlichste Naturwunder Marokkos. Eine der eindrucksvollsten Formationen ist im Herbst 2016 eingestürzt, doch sie war ohnehin sehr instabil. Die anderen haben mehr Substanz und nach Ansicht der Geologen noch einige Jahre vor sich. Am besten besucht man diese riesigen Naturmonumente bei Ebbe bis zum frühen Nachmittag. Sonst muss man, wenn die Flut kommt, mitunter an den Felsen entlangklettern, um nicht nass zu werden. Zum Sonnenuntergang färben sich die Bögen dann in ein tiefes Rot – ein unvergesslicher Anblick. Zum Schwimmen ist der Strand wegen des Wellengangs nicht ideal. Es sei denn, man ist Surfer.

■ An der R 104, ca. 10 km nordöstlich von Sidi Ifni, mehrere befahrbare Pisten führen recht nah zum Strand

Restaurants

€ | **Nomad Restaurant** Hier gibt es die angeblich beste Paella an der südlichen Atlantikküste und großartige Fischgerichte. Ein kühles Bier oder ein Gläschen Wein wird dazu gerne kredenzt. Das Ambiente ist eher trendy.

■ Bd. Moulay Youssef 5, Tel. 0662/17 33 08, Di–So 12–15.30, 18.30–22 Uhr

26 Tan-Tan

Aus dem spanischen Militärlager ist eine ansehnliche Wüstenstadt gewachsen

Information

■ DRT in Agadir, S. 128

Schon an der Einfahrt zur über 70 000 Einwohner zählenden Hauptstadt der gleichnamigen Provinz begrüßen den Gast am Kreisverkehr zwei riesige weiße Kamele: Man merkt, die Wüste ist nahe. Am Atlantik erstrecken sich bei Tan-Tan-Plage einsame, endlose Strände, die jedoch wegen des meist hohen Wellengangs mehr surfer- als familientauglich sind. Eine kleine Infrastruktur mit Hotels und Restaurants entwickel-

Imposantes Naturwunder: die mächtigen Sandsteinbögen am Legzira-Strand

te sich dennoch um den ausgesprochen ruhigen Küstenstreifen.

Events

Moussem von Tan-Tan Die prächtige Moussem-Wallfahrt mit spektakulären »Fantasia«-Reiterspielen wird von einem nicht minder bunten Rahmenprogramm aus Musik, Kulinarik und Kunsthandwerk begleitet. Als Treffpunkt vieler Mitglieder der noch nomadisch lebenden Stämme der Sahara ist der Moussem seit 2005 als immaterielles UNESCO-Weltkulturerbe anerkannt. ■ www.fondationalmouggar.ma

27 Tarfaya und Khenifiss-Nationalpark

Wo Dünen an den Atlantik reichen, traf ein Postflieger den »Kleinen Prinzen«

Information

■ DRT in Agadir, S. 128

Fast 900 km südlich von Rabat, vis-a-vis der spanischen Kanaren und nahe der Grenze zur von Marokko kontrollierten Westsahara, ist Tarfaya ein nur knapp 8000 Einwohner zählendes malerisch gelegenes Fischerdorf, umgeben von traumhaften Stränden und die Pforte zum Khenifiss-Nationalpark.

Sehenswert

Musée Antoine de Saint-Exupéry
| Museum |
Einen interessanten Einblick in diese prägende Station im Leben des Autors des »Kleinen Prinzen«, der hier ab 1927 knapp 18 Monate für die Luftpostgesellschaft Compagnie Générale Aéropostale tätig war und nicht nur einmal durch Sandstürme fliegen musste, bietet dieses Museum. Auch das berühmte Buch entstand nach einer Notlandung in den Weiten der Saharawüste. Skizzen der Illustrationen des »Kleinen Prinzen« sind ebenso ausgestellt, wenngleich es nur Kopien sind.

Im Blickpunkt

Der Westsahara-Konflikt

Es ist eines der Tabuthemen in Marokko, neben der Kritik am König und am Islam: Seit 1991 herrscht ein von der UNO überwachter Waffenstillstand zwischen Marokko und der Frente Polisario, die nach dem Abzug der spanischen Kolonialmacht 1976 die unabhängige Demokratische Arabische Republik Sahara ausrief. Zuvor bereits unterstrich der damalige König Hassan II. am 6. November 1975 mit dem »Grünen Marsch« den Anspruch Marokkos auf die Westsahara. Seinerzeit drangen mehr als 350 000 Marokkaner, gefolgt vom Militär, in die Region vor. Ein über 2500 km langer »Wall« aus Kasernen, Wachtürmen sowie Anti-Personen- und Anti-Panzerminen trennt heute die Polisario-Gebiete von der marokkanischen Einflusssphäre, die die Küste, die wichtigsten Städte wie El Aaiún und Ad-Dahkla, reiche Phosphatvorkommen sowie die Fischgründe des Atlantiks umfasst. Ein von der UNO gefordertes Referendum wurde bislang nicht abgehalten. Dazu wird es wohl auch nicht kommen: Die Frente Polisario will nur Sahrauis abstimmen lassen, Marokko indes alle Bewohner der Region. Rabat tätigt in der Westsahara große Investitionen, um die Westsahara für seine Bürger attraktiv zu machen – auch in die Entwicklung des Tourismus (vor allem um Ad-Dakhla, ein Surfer-Paradies mit Nationalpark und traumhaften Atlantikstränden). Eine große Zahl an Sahrauis fristet dagegen seit Ausbruch der Krise in Flüchtlingslagern im Südwesten Algeriens ihr Dasein. Völkerrechtlich betrachtet ist der endgültige Status ungeklärt, und Spanien wäre nach wie vor verantwortlich für die umstrittenen Gebiete. Abzuwarten bleibt, ob die Afrikanische Union, der Marokko als letzte Nation des Kontinents erst 2017 wieder beigetreten ist, als Vermittler Erfolge verzeichnen kann.

■ Av. Mohamed V., bei geschlossener Tür den Wärter anrufen (Tel. 0615/66 83 26), Mo–Fr 9–12, 14–18 Uhr, Spende erwünscht

Erlebnisse

15 **Nationalpark Khenifiss** Wer die schier endlose Wüsten- und Dünenlandschaft am Atlantik mit seiner einzigartigen Biodiversität, allen voran die hier lebenden Vogelarten (nicht nur Flamingos), erkunden will, kann dies im Rahmen von vier- bis achtstündigen Ausflügen oder einer zweitätigen Tour von Tarfaya aus tun. 2006 zum Nationalpark erklärt, umfasst das Areal rund 185 000 ha. Ziel der marokkanischen Regierung ist es, vermehrt ein nachhaltiges Ökotourismusangebot in der Region zu schaffen. ■ Preise und Infos zu Touren: Tel. 0667/72 66 38, www.association-khnifiss.com; Infozentrum direkt an der Naïla-Lagune (Abfahrt an der N 1 beschildert).

28 Aït Mansour

Eine wunderschöne Schlucht führt zu einer malerisch gelegenen Oase

Information

■ DRT in Agadir, S. 128

Schon die etwa einstündige Fahrt nach Aït Mansour durch die gleichnamige Schlucht, mit engen Kurven entlang der rötlich-gelblichen Felsen, bis in die etwa 30 km südöstlich von Tafraoute gelegene Oase ist ein unvergessliches Erlebnis. Einmal angekommen, kann man das Dorfpanorama im Dattelpalmenhain genießen und sich mit dem kühlen Nass zumindest im Gesicht und an den Händen erfrischen.

Restaurants

€ | **Chez Messaoud** Etwas weiter entlang der Straße Richtung der Moschee von Tamsaout gibt es einen kleinen Lebensmittelladen und angegliedert ein Restaurant. Es serviert typische Berberküche oder einfach nur ein nicht minder köstliches Omelett als willkommene Stärkung. ■ Tgl. 10–19 Uhr

In der Umgebung

Tafraoute

| Dorf |

Der landwirtschaftlich geprägte Ort liegt auf einem fruchtbaren Streifen in der Hochebene des Antiatlas, umgeben von Argan- und Mandelbäumen, die besonders Anfang Februar in voller Pracht erblühen, sowie ausgedehnten Palmenhainen. Tafraoute wird überragt von einer geologisch einzigartigen Felsformation, dem »Napoleonshut« (Chapeau de Napoléon). Doch auch im Umland dominieren schroffe Launen der Natur aus rosefarbenem Granit, die der belgische Künstler Jean Vérame 1985 mit der überdimensionalen Installation »Blaue Steine« färbte.

29 Tata

Im Umland der modernen Oasenstadt locken geologische Naturwunder

Information

■ DRT in Agadir, S. 128

Sehenswert sind neben der von Cafés gesäumten zentralen Place Les Alaouites die große Oase, die von Quellen des Antiatlas gespeist wird, sowie die außerhalb der Stadt liegenden Palmenhaine. Aber auch die geologisch-interessanten Grottes de Messalit mit ihren stark erodierten Stalaktiten und Stalagmiten, etwa 7 km nördlich von Tata (an der P1805), lohnen den Besuch. Ebenso eine für die Region typische große Zahl steinzeitlicher geritzter Felszeichnungen in der Umgebung, die eine Fülle von Tieren zeigen. Sie werden im Geopark des Dschebel Bani (N12, 70 km südwestlich von Tata im Draa-Tal bei Fam el-Hisn) nun auch touristisch erschlossen.

30 Taroudant

Mit seinen roten Mauern ein Mini-Marrakesch mit zugänglichen Gerbern

Information

■ CPT, 8300 Route Ouled Aarfa, Immeuble Ben Chamsy, Soussia Mhaita, 83000 Taroudant, Tel. 0528/55 17 23, www.taroudant-tourisme.com, Mo–Fr 10–18 Uhr

Am östlichen Ende der fruchtbaren Souss-Ebene, etwa 80 km östlich von Agadir, ist die heute etwa 90 000 Einwohner zählende Provinzhauptstadt und Oase eine wahrhaftige und für westliche Urlauber noch weitgehend unbekannte Perle. Zeitweise war sie Hauptstadt der mächtigen Saadier-Dynastie (1520–1540), die mit der Großen Moschee, die im Jahr 2013 bei einem Brand schwer beschädigt worden war, eines der wichtigsten Baudenkmäler ihrer Zeit hinterließ. Mehrmals wurde Taroudant in den zahlreichen Konflikten der bewegten Geschichte Marokkos weitgehend dem Erdboden gleichgemacht, einmal fast vollständig 1306 durch die Meriniden und 1687 teilweise durch Moulay Ismail.

Sehenswert

Stadtmauern, Medina und Souks
| Altstadt |
Die lebendigen und farbenprächtigen Souks sowie ein großes Gerberviertel, prächtige Stadttore, die in die Medina führen, und die sie umgebende rote Stadtmauer aus Stampflehm sorgen dafür, dass man sich als Reisender hier sehr an Taroudants große Schwester Marrakesch erinnert fühlt. Nicht zuletzt auch wegen des allabendlichen bunten Treibens auf dem Medina-Hauptplatz, der Place Assarag. Den besten Blick auf die Stadtmauern und die Altstadt, mit den imposanten schneebedeckten Gipfeln des Hohen Atlas im Hintergrund, hat man von der weitläufigen Place du 20 Août.

Palais Claudio Bravo Camus
| Kunstmuseum |
Der überaus erfolgreiche und vermögende chilenische Künstler Claudio Bravo (1936–2011), ein Zeitgenosse und Freund von Pablo Picasso und Vertreter des Hyperrealismus, hat sich hier sein Paradies auf Erden verwirklicht. Das heutige Museum logiert in den roten Mauern des Palastneubaus, der an die Menara-Gärten von Marrakesch und die Alhambra Granadas erinnert. Ein traumhafter exotischer Garten birgt Skulpturen wichtiger Künstler. Im Museum selbst sind neben der antiken Keramiksammlung des Künstlers auch seine eigenen, kaum von Fotos zu unterscheidenden Werke sowie überraschenderweise auch Arbeiten seines Freundes Pablo Picasso ausgestellt.

■ An der P 1727, 10 km nördlich vom Zentrum Taroudants, Tel. 0661/96 81 21, 0632/24 24 24, www.palaisclaudiobravo.com, tgl. 10–16 Uhr nach Voranmeldung,

Wegen seiner roten Stadtmauer gilt Taroudant als Miniaturausgabe von Marrakesch

200 Dh, Kutschenfahrt und Besuch der Ställe mit etwa 20 edlen Arabischen Hengsten inklusive, zudem werden elegante Zimmer des Anwesens vermietet

In der Umgebung

Kasbah von Tiout

| Festungsruinen |

In der wunderschönen Oase erhebt sich nicht nur die Ruine der einstmals mächtigen Kasbah, es gibt auch einen großen, schattigen Palmenhain mit einem für die Oasenwirtschaft typischen, gepflegten Bewässerungssystem. Und wer Glück hat, kann einige Ziegen dabei beobachten, wie sie auf die stacheligen Arganbäume klettern, um deren Früchte zu essen.

■ Auf der R 109 rund 32 km östlich von Taroudant, dann die Abzweigung zur Oase von Tiout nehmen

31 Taliouine

Von hier kommt angeblich mit der beste Safran der Welt, und das wird gefeiert

Information

■ CPT in Taroudant, S. 134

Seit Jahrhunderten wird um das beschauliche Bergdorf der echte Krokus (Crocus sativus) kultiviert, um daraus Safranfäden zu gewinnen. Im Umland werden dafür knapp 65 km^2 stets im September mit Krokuszwiebeln bepflanzt, die bis Mitte/Ende Oktober die sonst karg-steinige Landschaft in einen tief malvenblauen Farbton tünchen. Für 1 kg Safran wird die Ernte von etwa 100 000 Blüten benötigt, die – damit sie sich nicht öffnen – stets vor Sonnenaufgang gepflückt werden müssen

Anfang Oktober blüht der Krokus auf dem kargen Hochplateau bei Taliouine

Einkaufen

Maison du Safran Seit 1913 wird in dieser kleinen Boutique der biologisch in einer Kooperative kultivierte berühmte Safran der Region angeboten (ca. 35 Dh/g). ■ Im Zentrum, direkt an der N 10, Tel. 0540/00 28 33, www.maison-du-safran.com, Mo–Fr 9–19, Sa 9–13 Uhr

Events

16 **Festival International du Safran** Seit 2007 werden jedes Jahr Ende Oktober oder Anfang November mit Safran gewürzte Speisen, die die Bewohner zubereiten, gemeinsam verkostet. Musikgruppen, Sportevents und ein Kinderprogramm bringen in die sonst ruhige Bergidylle jede Menge Leben. ■ www.soussmassa.ma

32 Tinmal

Die Wiege der Almohaden-Dynastie im Hohen Atlas birgt eine alte Moschee

Information

■ DRT in Marrakesch, S. 142

Im Bergdorf Tinmal, etwa 100 km südwestlich von Marrakesch im Hohen Atlas, wurden einst die Weichen für die Geschichte Marokkos, aber auch des arabischen Spanien gestellt. Im 10. Jh. weilte hier niemand geringerer als Ibn Tūmart (1077–1130) im Exil. Er sah sich als Mahdi, ein Nachkomme des Propheten, der in der Endzeit wiederkäme, um das Unrecht der Welt zu beseitigen. Das waren in seiner Epoche die herrschenden Almoraviden, gegen die er die Bewegung der Almohaden schuf, jene mächtige Dynastie, die unter Tūmarts bestem Schüler und erstem Kalifen Abd al-Mu'min gegründet wurde.

Sehenswert

Moschee von Tinmal

| Moschee |

In Tinmal ließ Kalif al-Mu'min im 12. Jh. die zweite Moschee der Almohaden-Ära (nach jener von Taza, S. 88) errichten. Der äußerlich festungsartige Bau mit seinem wohl unvollendeten Minarett bewahrte mangels Um- und Ausbauten seine stilistische Reinheit. Er wurde unter zwei deutschen Architekten aus Stuttgart zwischen 1991–1994 ebenso penibel wie fachgemäß restauriert. Zahlreiche Elemente sollten Vorbild für die wichtigen Moscheen der Almohaden-Ära werden, etwa der einst überdachte Innenhof mit seinen Hufeisenbögen, die Mihrab-Gebetsnische, Stuckornamente (nur teilweise erhalten), seine Schwebedeckenkuppeln, die reich verzierte, nach Mekka ausgerichtete Kibla-Wand sowie die Grundfläche in T-Form. Die Moschee von Tinmal dient noch als Gebetshaus, ist aber gemeinsam mit der Hassan-II.-Moschee in Casablanca (S. 119) als eine der wenigen Moscheen Marokkos auch für Nichtmuslime zugänglich. Wenn Sie sich fragen, wozu die vielen Löcher an der Außenwand dienen: Hier steckten zuvor die zur Schalung notwendigen Querhölzer für die typische Bauweise aus Stampflehm.

■ Eintritt frei (außer bei Gebetszeiten, vor allem Fr, wenn die Bewohner des Dorfes zum Gebet kommen), Fremdenführer, offiziell oder nicht, erwarten ein Trinkgeld von 10–30 Dh für den Besuch

33 Imlil

Vom pittoresken Bergdorf geht es hinauf auf den Gipfel des Dschebel Toubkal

Information

■ DRT in Marrakesch, S. 142

Imlil, die Pforte zum Nationalpark Toubkal, ist wegen des herrlichen Ausblicks und seiner Nähe zum gleichnamigen, bis in den Herbst meist schneebedeckten Gipfel das touristische Zentrum des Hohen Atlas. Es gibt eine Fülle an Hotels und Restaurants, zahlreiche Anbieter haben geführte Gipfeltouren in ihrem Programm. Aber auch für all jene, die es lieber gemächlicher mögen, werden Tagesausflüge ins Umland und mehrtägige Trekkingtouren organisiert. Auch zu Pferd oder mit dem Mountainbike lässt sich der Nationalpark erkunden.

Sport

Oukaïmeden im Hohen Atlas Hier liegt das kleine und neben Mischliffen bei Ifrane (S. 102) beste Skigebiet Marokkos: mit sieben Liften, die Gäste bis an den Gipfel des Dschebel Attar (3258 m) bringen. Die Saison beginnt meist Ende November und dauert bis Anfang Mai. Der Ort wirkt ein wenig wie aus den Alpen der 1970er, wird aber zusehends bei internationalen Gästen beliebt. Sogar der US-amerikanische TV-Sender CNN führte das Ressort 2014, auch wegen seiner exotischen Lage, unter den Top 100 weltweit. ■ Talstation an der P 2030, Oukaïmeden, Tageskarte rd. 100 Dh, Ausrüstung rund 100 Dh (je nach Verhandlungsgeschick)

Wandern

Dschebel Toubkal Marokkos höchster Berg liegt mit seinen 4167 m Höhe nur 63 km (Luftlinie) von Marrakesch entfernt und ist mit geführten Trekkingtouren im (Spät-)Frühling technisch relativ einfach zu besteigen, eine gewisse physische Kondition vorausgesetzt. Steigeisen und Stöcke sind dennoch empfehlenswert, denn es dauert meist bis Oktober, bis die Routen weitgehend schneefrei sind. Zwei Tage sind im Regelfall einzuplanen. Übernachten kann man im Schutzhaus Refuge Neltner des französischen Alpenvereins CAF auf 3207 m Höhe (Halbpension etwa 250 Dh, nur Nächtigung etwa 100 Dh, Alpenvereinsmitglieder zahlen die Hälfte, Ausweis nicht vergessen!). In Gipfelnähe weht oft ein starker Wind. Ausgangspunkt ist Imlil auf bereits 1740 m Höhe. Rechnen Sie mit sechs Stunden moderatem Aufstieg zum Schutzhaus, Pausen einberechnet.

Übernachten

Die Metropolregion Rabat-Salé bietet kleine Tausendundeine-Nacht-Riads, die in der untersten Preisklasse mit dem Nötigsten ausgestattet sind, aber auch überschwänglichen Orientluxus. Wie es sich für eine Hauptstadt gehört, findet man ebenso die Spitzenhotels großer Ketten. Im Wirtschaftszentrum Casablanca dominieren eher Businesshotels. In den Atlantikstädten Essaouira, Safi oder El-Jadida lohnt es sich, bei der Buchung auf Meerblick zu bestehen, auch wenn das Panorama einen Aufpreis kostet. Entlang der Küste nach Süden, bis nach Sidi-Ifni und Tarfaya, wird das Angebot dünner, es finden sich aber kleine, bescheiden eingerichtete Strandhotels und vereinzelt auch Ressorthotels und Campingplätze.

Rabat und Salé 110

€–€€ | Riad Dar Aïda Preiswertes, aber sauberes und orientalisch-liebevoll eingerichteter Riad bei der Kasbah Oudaïa, fünf Minuten zu Fuß vom Parkplatz außerhalb der Medina entfernt. ■ Rue Fredj 7, Quartier Boukroune, 10000 Rabat, Tel. 0537/76 82 33, www.dar-aida.com

€€ | Mercure Rabat Sheherazade Das Drei-Sterne-Mittelklassehotel der bekannten Budget-Gruppe zeichnet sich durch seine Lage und gewohnt komfortable Zimmer aus, die 2017/2018 einer Neugestaltung unterzogen wurden. ■ Rue de Tunis 21, Quartier Hassan, 10000 Rabat, Tel. 0537/72 22 26, www.accorhotels.com

17 **€€ | Riad Dar Jabador** Quert man den Bou-Regreg-Fluss nach Salé, bekommt man mehr für sein Geld. Dieser Riad bezaubert mit überschwänglich-arabischem Dekor, bietet überaus romantische Zimmer und eine Familiensuite (»Zafran«) mit einem Kinderbett, wo sich die Kleinsten wie ein Sultan fühlen werden. ■ Rue Moul Goumri 21, 11000 Salé, Tel. 0537/84 42 07, http://riaddarjabador.com

€€–€€€ | Riad Azahra Charmant-modernes und äußerst komfortables Riad-Hotel mit drei Sternen, just im Herzen der Medina gelegen. Orientalisches Ambiente, aber mit modernem Interieur ausgestattet. ■ Rue Skaia Bel Mekki 11, 10000 Rabat, Tel. 0537/20 20 28, www.riadazahra.com

Casablanca 119

€€–€€€ | Art Palace & Spa Sehr schönes Fünf-Sterne-Boutiquehotel, mit 25 individuell gestalteten, äußerst geräumigen Luxuszimmern. Ein Pool- und Spa-Bereich gehört natürlich ebenso dazu, und das Frühstück ist wie der Parkplatz inklusive. ■ Rue du Soldat Benhamou 4/Ecke Bd. d'Anfa, 20500 Casablanca, Tel. 0522/42 28 00, www.artpalacehotel.com

Safi 125

€–€€ | Riad Safi Geführt von einem überaus herzlichen italienischen Ehepaar, ist dieses Riad-Hotel in einem historischen Gebäude aus dem Jahr 1680 nach der Rundumrenovierung eine der besten Adressen im Zentrum von Safi. ■ Derb Kanissa 14, 46000 Safi, Tel. 0655/47 11 80, www.riadsafi.com

Essaouria 126

€€ | Ryad Les Sultanes Liebevoll und eher minimalistisch-geschmackvoll dekoriert, befindet sich dieses Riad-Hotel in einer sehr ruhigen Gasse der Medina. Die Besitzerin spricht auch Deutsch. ■ Rue Ben Ali Taleb 9, 44000 Essaouira, Tel. 0661/61 85 74, www.ryadlessultanes.com

€€–€€€ | La Maison des Artistes Bezauberndes Boutiquehotel mit einer der schönsten Terrassen von Essaouira sowie gepflegten und variantenreich, mitunter unkonventionell eingerichteten Zimmern. Viele mit Meerblick (bei der Buchung berücksichtigen!). ■ Rue Laâlouj 19 (inmitten der Medina), 44000 Essaouira, Tel. 0524/47 57 99, http://lamaisondesartistes.com

€€–€€€ | Le Medina Essaouira Hotel Thalassa Sea & Spa In der ersten Reihe am Strand bietet dieses Fünf-Sterne-Hotel der Sofitel-Gruppe neben seiner Toplage und -ausstattung (Spa, Pool, Balkon, Parkplatz) auch Meerblick sowie einen »Beach Club« mit Schirmen und Liegen für die Urlaubsgäste. Rabatte für Frühbucher. ■ Av. Mohamed V, 44000 Essaouira, Tel. 0525/07 25 26, www.sofitel.com

Agadir 128

€€–€€€ | Riad Dar Maktoub Ein Ökohotel, etwa 10 Minuten mit dem Auto (oder Taxi) von Agadir entfernt, unweit der besten Golfplätze. Mit Pool, hellen, luxuriösen Zimmern, Terrassen und Palmengärten. Eine Oase der Ruhe; Frühbucherrabatte. ■ Av. Moulay Ali Cherif, 80350 Inezgane, Tel. 0661/37 63 44, www.darmaktoub.com

Sidi Ifni 130

€–€€ | Maison d'hôtes Xanadu Modernes, kleines Hotel im Herzen von Sidi Ifni, der spanisch-geprägten Kleinstadt unweit der schönsten Atlantikstrände. Familienfreundlich. ■ Rue El Jadida 5, 85200 Sidi Ifni, Tel. 0528/87 67 18, www.maisonxanadu.com

ADAC *Das besondere Hotel*

In einem komfortablen Baumhaus, in einer romantischen top-ausgestatteten Gartenblockhütte oder in den hübschen Zimmern eines stilechten, alten Berberhauses nächtigt es sich im kleinen, familiären Hotel **Douar Samra** recht gemütlich. Und immer im Blick: der Dschebel Toubkal, der höchste Berg Marokkos. Einfach traumhaft!
€–€€ | Dorf Tamatert, Toubkal-Nationalpark, 42152 Imlil-Asni, Tel. 0524/48 40 34, www.douar-samra.net

Marrakesch, Kasbah-Route und die Sahara

Zur »Perle des Südens« mit roter Medina, vorbei an Ksar- und Tighremt-Lehmburgen und durch spektakuläre Schluchten hinein in die Wüste

Die wunderbar orientalische Metropole Marrakesch am Fuße des Hohen Atlas ist zurecht eine Traumdestination. Der berühmte Platz Djemaa el Fna, mit Schlangenbeschwörern, Wahrsagern, Gnaoua-Musikern und feinen Essensständen, verzaubert mit seinem bunten Treiben unverzüglich. Über den Tizi-n'Tichka-Pass gelangt man über Tinmal zu den berühmten Lehm-Wohnburgen von Aït-Ben-Haddou sowie über Ouarzazate zu den Palmenhainen von Skoura. Aber auch die landschaftlich reizvollen Schluchten des Todra und Dadès bieten Eindrücke, die unvergesslich bleiben werden. Ebenso wie der Anblick der Sanddünen des Erg Chebbi und natürlich der nächtliche Sternenhimmel der Sahara.

In diesem Kapitel:

34 Marrakesch 142
35 Tizi-n'Tichka-Pass 155
36 Die Kasbah-Route 156
37 Durch das Drâa-Tal 158
38 M'Hamid El Ghizlane 159
39 El-Kelâa M'Gouna 160
40 Dadès-Schlucht 161
41 Tinghir und Todra-Schlucht 161
42 Errachidia 162
43 Erfoud und Tafilalet-Palmenhaine im Oued-Ziz-Tal 163
44 Merzouga und Hassilabied 164
45 Figuig 166
Übernachten 167

ADAC Top Tipps:

7 Djemaa el Fna, Marrakesch
| Platz |
Der berühmteste Platz Afrikas füllt sich allabendlich mit Wahrsagern, Geschichtenerzählern, Musikern, und an seinen Essensständen kann man sich wunderbar durch die Aromen der marokkanischen Küche kosten. 143

8 Palmeraie und Anima-Garten bei Marrakesch
| Botanischer Garten |
Ein Ausflug in die riesigen Palmenhaine, in André Hellers Gartenparadies und zu den sieben Wasserfällen im Atlasdorf Ourika – da scheint das Wüstenklima prompt vergessen. 154

9 Die Kasbah-Route
| Panoramastraße |

Über Serpentinenstraßen geht es durch Atlas-Gebirgstäler und den riesigen Palmenhain von Skoura zu den wunderschönen Festungsbauten aus rötlichem Lehm. 156

10 Erg Chebbi
| Sanddünen |

Sahara-Feeling pur: Kamelreiten, Sternegucken und im Beduinenzelt inmitten der Wüste auf Berberteppichen übernachten. Mehr braucht man eigentlich auch nicht. 165

ADAC Empfehlungen:

18 Koutoubia-Moschee, Marrakesch
| Moschee |

Das Minarett der Almohaden-Moschee war Vorbild für muslimische Gotteshäuser bis hinüber nach Sevilla. 143

19 Café Sahrij, Marrakesch
| Café |

Im »Geheimen Garten«, einer Oase inmitten der hektischen Souks, genießt man entspannt seinen Minztee. 151

20 Musée Yves Saint Laurent, Marrakesch
| Museum |

Das moderne Museum ist dem Leben und Schaffen des wichtigsten Modeschöpfers des 20. Jh. gewidmet. 152

21 L'Oasis sacrée d'oum Lâalag, D'Iriqui-Nationalpark
| Oase |

Dorkasgazellen, den Afrikanischen Strauß, Oryxantilopen, aber auch Hyänen kann man hier in der freien Wildbahn beobachten. 159

22 Dadès-Schlucht
| Landschaft |

Die spektakuläre Serpentinenstraße führt vorbei an malerischen Dörfern und Tighremt-Wohnburgen. 161

23 Chez Pierre, Dadès-Schlucht
| Restaurant |

Das beste Restaurant inmitten dieser märchenhaften Schlucht wartet mit einem Fünf-Gänge-Menü auf. 161

24 Musée des Sources de Lalla Mimouna, Tinejdad
| Freilichtmuseum |

Zaïd Abbou schuf bei den artesischen Quellen ein Museum zur Berberkultur und einen Garten in der Wüste. 162

25 Hotel Ksar el-Kabbaba, Skoura
| Hotel |

Ein traumhaftes Hotel mit Hammam und Swimmingpool in einer typischen Tighremt-Wohnburg inmitten des Palmenhains von Skoura. 168

34 Marrakesch

Das Herz der »Roten Stadt« schlägt am Djemaa el Fna

Allabendlich hüllen die Garküchen den Djemaa el Fna in orientalische Aromen

Information

- CRT, Rue Cadi Ayad 42-4, Guéliz, 40000 Marrakesch, Tel. 0524/43 34 07, https://visitmarrakech.de, Mo–Fr 9–18 Uhr
- DRT, Av. Mohammed V. 137, Tel. 0524/43 61 31, Mo–Fr 9–18 Uhr
- Parken siehe S. 150

Die bezaubernde »Rote Stadt« ist als pulsierende Orientmetropole längst mehr als die »Perle der Wüste«, wie sie oft genannt wird. Marrakesch beherbergt architektonische Meisterwerke und wartet mit höchsten Fertigkeiten der Handwerkskunst auf. Die prächtige Königstadt am Fuße des Hohen Atlas wurde 1062 unter den Almoraviden gegründet und diente nicht nur als Hauptstadt, sondern auch als Namensgeber Marokkos. Heute zählt die Metropolregion über 1,6 Mio. Einwohner.

Um den Djemaa el Fna in die Medina

Vom Platz der Gaukler und Garküchen in das Gewirr der Altstadtgassen

Der berühmteste Platz Marrakeschs, Marokkos und wohl ganz Afrikas ist mit seinen Cafés (etwa dem Café de France oder dem Café Argana) und den vielen Aussichtsterrassen der zentrale Treffpunkt der Stadt. Von hier er-

Plan
S. 144/145

reicht man die Koutoubia-Moschee (S. 143) durch den Schatten spendenden Arset-el-Bilk-Park, wo auch der ÖPNV in der Av. Hommane al-Fatouaki Halt macht und Petits Taxis einfach zu bekommen sind. Die Souks (S. 149) beginnen gleich im Norden dieses außergewöhnlichen Platzes.

Sehenswert

1 Koutoubia-Moschee

| Moschee |

18 *Das Almohaden-Minarett war und ist stilprägend für Marokko*

Dieses berühmte Gotteshaus aus der Almohaden-Dynastie liegt nur etwa 200 m westlich des Djemaa el Fna. Und sein Minarett gleicht nicht ohne Grund der Giralda, dem Glockenturm der Kathedrale von Sevilla, war es doch stilprägend für die Moscheebauten des Almohaden-Reichs, das auch Al-Andalus umfasste. In gewisser Weise ist der Turm längst zum Wahrzeichen der Stadt und des ganzen Landes geworden. Der überwiegend aus Stampflehm errichtete Bau wurde just nach der Eroberung von Marrakesch 1147 begonnen, und zwar auf den Grundmauern des einstigen Palastes der almoravidischen Vorgänger. Noch unter Abd al-Mu'min, dem ersten Kalifen der Almohaden (was soviel wie »Bekenner der Einheit Gottes« bedeutet) wurde die Moschee 1158 eingeweiht. Für Nichtmuslime ist der Zutritt leider untersagt. Dennoch kann man den Minbar, die Gebetskanzel des Imams mit eingelegten Edelhölzern und Elfenbein, im El-Badi-Palast (S. 147) gegen einen Aufpreis von 10 Dh bestaunen. Er wurde im 12. Jh. in Córdoba gefertigt.

■ Av. Mohammed V.

2 Djemaa el Fna

| Platz |

7 *Wahrsager, Geschichtenerzähler, Gaukler und Musikanten*

Weitläufig wie er ist, wirkt er am Morgen verwaist. Erst mittags öffnen die Saftstände, und erste Händler bieten Wundermittel und schräge Objekte bis hin zu Secondhand-Zahnprothesen an. Neigt sich die Sonne langsam dem Horizont zu, sollte man dem Treiben von Anfang an folgen. Es werden die Essensstände aufgebaut, farben-

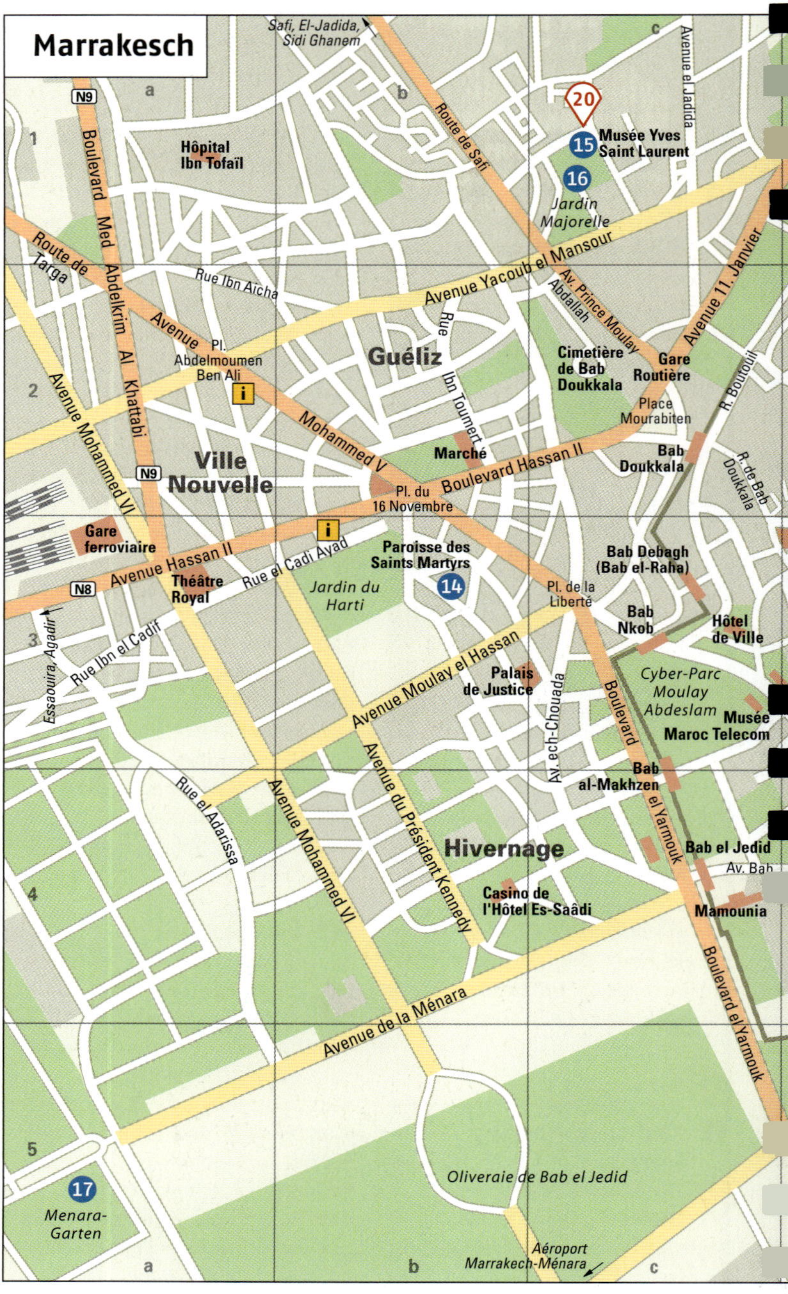

Marrakesch
Safi, El-Jadida, Sidi Ghanem
Route de Safi
Avenue el Jadida
Musée Yves Saint Laurent
Jardin Majorelle
Hôpital Ibn Tofaïl
Boulevard Med Abdelkrim Al Khattabi
Route de Targa
Rue Ibn Aïcha
Avenue Yacoub el Mansour
Av. Prince Moulay Abdallah
Avenue 11. Janvier
Avenue Mohammed V
Pl. Abdelmoumen Ben Ali
Guéliz
Rue Ibn Toumert
Cimetière de Bab Doukkala
Gare Routière
Place Mourabiten
R. Boutouil
Avenue Mohammed VI
Ville Nouvelle
Marché
Boulevard Hassan II
Bab Doukkala
R. de Bab Doukkala
Pl. du 16 Novembre
Gare ferroviaire
Avenue Hassan II
Théâtre Royal
Rue el Cadi Ayad
Jardin du Harti
Paroisse des Saints Martyrs
Bab Debagh (Bab el-Raha)
Pl. de la Liberté
Bab Nkob
Hôtel de Ville
Essaouira, Agadir
Rue Ibn el Cadif
Avenue Moulay el Hassan
Palais de Justice
Av. ech-Chouada
Boulevard el Yarmouk
Cyber-Parc Moulay Abdeslam
Musée Maroc Telecom
Bab al-Makhzen
Rue el Adarissa
Avenue du Président Kennedy
Hivernage
Bab el Jedid
Av. Bab
Casino de l'Hôtel Es-Saâdi
Mamounia
Avenue de la Ménara
Oliveraie de Bab el Jedid
Menara-Garten
Aéroport Marrakech-Ménara
N9
N8

d
e
f
Meknès, Fès
N8
Avenue 11. Janvier
1
2
3
4
5
Mosquée Sidi Bel Abbes
Bab el Khemis
Route des Remparts
Zaouia Sidi Ben Slimane
Rue de Bab Taghzout
Rue Assouel
Rue de Bab el Khemis
Rue de Bab Khemis
Rue el Gza
Cimetière de Sidi Mahta Ben Salah
Oued Issil
Bab el Debbagh
Medersa Ben Youssef
Fondation Dar Bellarj
Maison de la Photographie
11
12
Rue Dar el Bacha
Mosquée Bab Doukkala
Dar el Bacha
19
10
Musée de Marrakech
R. Issebtiyne
Kubba der Almoraviden
Musée de Mouassine
13
Souks
Musée Boucharouite
R. Sidi el Yamani
R. El Ksour
9
Bab Ailen
Mosquée Quessabine
Rue Dabachi
Médina
7
2
Djemaa el Fna
18
Rue Riad ez Zitoun el Jedid
R. Riad ez Zitoun el Kedim
Douar Graoua
Rue Bab Ahmad
Arset el-Bilk
1
Koutoubia-Moschee
Rue
Musée Dar Si Saïd
Bab Ghmat
Place Youssef Ben Tachfine
Jedid
R. Bab Agnaou
Rte. Assouré
Palais Bahia
8
Musée Dar Tiskiwin
7
Bab Agnaou
Moschee al-Mansur (Kasbah-Moschee)
El-Badi-Palast
Mellah
Cimetière de Bab Ghmat
Bab ech-Charia
5
3
6
Bab er-Rob
4
Saadier-Gräber
Ouarzazate
Rue Belaid
Dar al-Makhzen (Palais Royal)
Kasbah
Rte. de l'Ourika
Rue de Bab Ahmar
Bab Ahmar
Rte. du Barrage
Bab Ksiba
Jardins de l'Agdal
Bab Ihrli
R. de Bab Ihrli
0
600 m

ADAC *Mittendrin*

Alle Essens- und Teestände am **Djemaa el Fna** sind durchnummeriert. Empfehlenswerte Adressen, die auch Einheimischen frequentieren, sind: »Chez Krita« (Nr. 12), wo frischer Fisch, Sardinen, Gambas, frittierte Calamari neben Antipasti serviert werden; (Nr. 97) mit gegrillten Würstchen, Lammkoteletts und Kefta-(Hackfleisch-) sowie Hühnchenspießen und der angeblich besten Harira-Suppe (5 Dh). Vegetarische und Fleisch-Tajines bietet Nr. 66. Sehr beliebt sind auch die Teestände. Für 6 bis 8 Dh (sonst verhandeln!) erhält man eine eigens kreierte Teemischung, etwa bei »Chez Hassan« (Nr. 70), u. a. mit Schwarzkümmel, Sternanis, Galgant, Muskat, Ingwer, Lavendel, Kardamom und Süßem. Aber schauen Sie sich um, seien Sie wählerisch und probieren Sie! Sie sind ja im Urlaub, oder nicht?

prächtig gekleidete Gnaoua-Musiker erscheinen, um die Wahrsager scharen sich Menschen, die in Ihre Zukunft blicken wollen, und die Geschichtenerzähler sind wie vor Jahrhunderten regelrechte Magneten. Dressierte Berberäffchen und Schlangenbeschwörer, die dank der Selfie-affinen Smartphone-Generation (pro Foto maximal 20–50 Dh) einen Boom erleben, finden sich ein. Wobei es auch Tierschutzbedenken gibt, was die entfernten Giftdrüsen der Kobras betrifft.

Bricht die Nacht herein, wird es laut, der Dampf und Rauch der Garküchen hüllt den Platz in Nebelschwaden. Das Essen am Platz ist vielerorts empfehlenswert, köstlich und preiswert – auch weil ein reger Konkurrenzkampf um die Urlauber zwischen den Ständen herrscht. Hygienisch hat sich zuletzt vieles zum Besseren gewandt, an die europäischen Gesundheitsstandards ist man aber längst noch nicht herangekommen. Völlig zu Recht ist der Djemaa el Fna als erster Ort in die 2001 neu geschaffene Liste der UNESCO für Meisterwerke des mündlichen und immateriellen Erbes der Menschheit aufgenommen worden.

3 Moschee al-Mansur (Kasbah-Moschee)

| Moschee |

Nur etwa 1 km von der Koutoubia-Moschee entfernt befindet sich dieses weitaus kleinere Gebetshaus, das im südlichen Kasbah-Viertel gegen Ende des 12. Jh. von Ya'qūb al-Mansūr errichtet wurde. Es war ursprünglich für den Hof des Kalifen und hohe Beamte sowie Militärs gedacht. Nicht nur das Minarett hat eine auffällige Ähnlichkeit mit der Koutoubia-Moschee – was bei der Orientierung in der Medina bisweilen für Verwirrung sorgen kann.

■ Rue de La Kasbah

4 Saadier-Gräber

| Mausoleum |

Dass das kleine, aber umso prächtiger verzierte Mausoleum der Saadier-Herrscher, denen es von 1557–1664 als Grabstätte diente, heute besichtigt werden kann, verdankt man wie so oft dem Zufall. Bei ersten Luftaufnahmen der Medina stieß man auf die Umrisse, begann mit den Ausgrabungen, und seither widmet man sich der Restauration. Unter den fein gearbeiteten Stalaktitengewölben aus Stuck, den Bögen, Zellij-Fliesen, geschnitzten Zedernholzbalken und dem »Saal der zwölf Säulen« aus Carrara-Marmor ruhen die wichtigsten Sultane. In der Nebensaison ist dieser Ort ganztägig ohne lange Wartezeit am Eingang zu besichtigen, sonst bietet es sich an, am frühen Vormittag hierher zu kommen.

■ Rue de La Kasbah (unmittelbar neben der Kasbah-Moschee), tgl. 9–18 Uhr, 10 Dh, erm. 3 Dh

5 Bab Agnaou

| Stadttor |

Das prächtigste aller Stadttore von Marrakesch wurde ebenso wie sein Pendant in Rabat (Bab Oudaïa, S. 112) von den Almohaden Ende des 12. Jh. errichtet und von den Saadiern noch ein wenig prunkvoller verziert. Es erhebt sich nur wenige Meter weiter westlich von der Kasbah-Moschee und ist nicht zu verfehlen. Anders als die Stadttore, die einen klaren Nutzen bei der Verteidigung der Stadt (wie das ebenso nahe Bab er-Robb) hatten, war dies ein repräsentatives Bauwerk, das als Eingang zum Palast diente.

6 El-Badi-Palast

| Palastruinen |

Der Saadier-Sultan Ahmad al-Mansūr, der »Goldene«, taufte seine architektonischen Machtdemonstration (16. Jh.) mit einem der 99 Namen Allahs, »el-Badi«, »der Unvergessliche«. Weitläufige Gärten, zahllose Orangenbäume, die besonders zur Blüte im März und April herrlich duften, Wasserbecken und Springbrunnen (inspiriert an der Alhambra in Granada) durften nicht fehlen. Die 360 Räume sind reich verziert und wurden mit den besten Materialien aus aller Herren Länder erbaut (Granit aus Irland, Onyx aus Indien und natürlich italienischer Marmor sowie Blattgold). Nach seiner Fertigstellung 1603, im Todesjahr des Sultans, galt der Palast in der gesamten islamischen Welt und darüber hinaus als Wunder. Bis 2018 waren umfassende Renovierungsarbeiten im Gang, auf dass die Anlage in neuem – oder besser altem Glanz – wieder erstrahlt. Auch die Wasserspiele werden erneuert. An das oh-

Der El-Badi-Palast trägt zu Recht einen der 99 Namen Allahs: »der Unvergessliche«

Auf Schritt und Tritt warten die Souks von Marrakesch mit bunten Fotomotiven auf

nehin riesige Areal des El-Badi-Palastes grenzt der (noch) weitläufigere Königspalast Dar al-Makhzen an. Im El-Badi-Palast finden auch regelmäßige Wechselausstellungen mit moderner und zeitgenössischer Kunst statt.

■ Ksibat Nhass, Zugang von der Place des Ferblantiers, tgl. 9–17 Uhr, 10 Dh, für den Mihrab der Koutoubia-Moschee 10 Dh extra

7 Mellah

| Jüdisches Viertel |

Östlich des El-Badi-Palasts lag unter den Saadiern das Zentrum jüdischen Lebens in Marrakesch sowie die größte Mellah Marokkos. Heute prägen den ummauerten Stadtteil ein hübscher Basar, wo Gewürze und allerlei Waren angeboten werden, und die sehenswerte Synagoge Salat al-Azama (Derb Manchoura, So–Fr 9–18 Uhr, 10 Dh).

■ Rue Bahia Bab Mellah, Zugang von der Place des Ferblantiers

8 Palais Bahia

| Palast |

Erst Ende des 19. Jh. ließen sich zwei Großwesire der Alawiden-Sultane hier ein standesgemäßes luxuriöses Anwesen errichten, das vor Prunk nur so strotzt und nicht umsonst zu den beliebtesten Sehenswürdigkeiten der Stadt zählt. Rund 8000 m^2 umfasst das Areal: traumhafte Gärten mit Jasminbüschen und Orangenbäumen neben Zedern, Brunnen und einem sternförmigen Becken, dazu gesellen sich eine Moschee, Riads und ein Hammam.

Rund 160 Räume zählt der Palast, reich verziert mit den besten Materialien des Königreichs. Übersetzt bedeutet sein Name trefflich »Palast des Günstlings«, denn die zwei illustren Bewohner waren Si Moussa und sein Sohn Bou Ahmed, der de facto das Land regierte, als Sultan Abd al-Aziz (ca. 1880–1943) seine Herrschaft 1894 als noch Minderjähriger antrat. Und dass der französische

Marschall und erste Generalresident des Protektorats Louis Hubert Gonzalve Lyautey ausgerechnet das Palais Bahia als seine Residenz in Marrakesch wählte, kann man nach einem Palastbesuch voll und ganz nachvollziehen.

■ Rue Riad Zitoun el-Jedid, tgl. 9–16.30 Uhr, 10 Dh, erm. 3 Dh (bis 12 J.)

9 Souks

| Basare |

Vom Djemaa el Fna sind die nordöstlich gelegenen Souks nicht zu verfehlen. Die Rue Souk Semmarine mit Souvenirs und Kleidung führt direkt in das Getümmel und schließt nahtlos an die Rue Souk el-Kebir an (»Alter Souk«). Hilfreich sind auch offizielle Straßenschilder und Wegweiser, die durch das Labyrinth der Medina leiten. Über die Rue Mouassine, die zur gleichnamigen Moschee führt, gelangt man zu den Souks der Färber, die ihre Wolle zum Trocknen in die Gassen hängen. Hier warten die buntesten Fotomotive.

Teppiche entdeckt man am Zrabia-Souk nördlich des Rahba el-Kadima, des »Alten Platzes«. In der Rue Souk el-Kebir weiter nordwärts folgen Lederwaren aller Art. Vorbei an Keramik (Souk Fakharina) und Schmuck beginnen Richtung Westen die überdachten »Kissarias«, wo in früherer Zeit die teuersten Waren verkauft wurden.

Das Gerberviertel liegt außerhalb des Bab Debbagh (immer der Nase nach!). Vorsicht sei hier bei mitunter unangenehmen falschen »Fremdenführern« geboten. Viele wollen hier einfach nur übel abzocken. Einigen Sie sich am besten mit einem der sympathischeren Herren auf einen moderaten Preis (max. 50 Dh). Dann erhalten Sie einen Bund frischer Minze gegen den Gestank und können den Gerbern an den Becken aus der Nähe zusehen.

ADAC *Spartipp*

Seit 2018 gibt es eine **Rabattkarte** für Marrakesch, die ermäßigten Eintritt zu Sehenswürdigkeiten bietet, aber auch bei Restaurants, Cafés oder Shoppingtouren Ersparnisse bringt. Erhältlich ist die MarraCashCard am Djemaa el Fna, in einigen Partnerhotels und online. *Infos und Vorbestellung unter www.marracashcard.com*

10 Kubba der Almoraviden

| Mausoleum |

Das wohl älteste Gebäude der Stadt geht auf die Dynastie der Stadtgründer zurück und beherbergt einen öffentlichen Brunnen sowie ein meisterhaft gearbeitetes Stalaktitengewölbe. Es wurde 1102 errichtet und erst Mitte des 20. Jh. wiederentdeckt. Die Kubba wird bereits seit einigen Jahren renoviert. Auch 2018 hieß es, die Arbeiten würden noch mindestens zwei weitere Jahre andauern. Erst dann kann man wieder sein prächtiges Inneres, das die Blütezeit der islamischen Architektur einleitete, besuchen. Historiker gehen davon aus, dass die Kubba kein Grabmal war, wie der Name nahelegt, sondern dass es sich wohl um einen Anbau einer alten Moschee handet.

■ Place Ben Youssef

11 Medersa Ben Youssef

| Koranschule |

Diese Medersa liegt am gleichnamigen Platz neben der Ben-Youssef-Moschee und ist dank ihrer typischen, mit grün emaillierten Kacheln gedeckten Dächer nicht zu verfehlen. Sie zählt mit vergleichbaren Koranschulen in Fès

(S. 92), Meknès oder Salé zu den schönsten des Landes. Sie stammt aus der Dynastie der Saadier und wurde um das Jahr 1570 in ihrer heute langsam verblassenden Pracht vollendet. Aus diesem Grund wird die Medersa derzeit umfassend renoviert und soll 2020 wiedereröffnet werden.

■ Place Ben Youssef

12 Fondation Dar Bellarj

| Museum |

Dieses kleine Museum in einem herrlichen, rundum renovierten Stadtpalais ist ein Schmuckstück. Hier bietet die gleichnamige Stiftung, die sich der Kulturförderung verschrieben hat, exzellent kuratierte Ausstellungen mit Bezug zur Berberkultur und viel Raum für zeitgenössische Kunst.

■ Derb Zaouiat Lahdar 9–7, Tel. 0524/44 45 55, www.darbellarj.com, Mo–Sa 9.30–17.30 Uhr, Aug. geschl., Eintritt frei

13 Musée de Mouassine, Dar Mellakh

| Kunstmuseum |

Dieser bezaubernde, gepflegte und in den Jahren 2011 bis 2015 bestens restaurierte Riad aus dem 17. Jh. ist nach der wohlhabenden Mellakh-Familie benannt und zeigt jährlich wechselnde Kunstaustellungen (Fotografie, Malerei, historische oder ethnografische Schwerpunkte). Am Abend finden regelmäßig Konzerte mit Berbermusik statt (Mo–Fr 19 Uhr, 50 Dh).

■ Derb el-Hammam 4, Tel. 0524/37 77 92, www.museedemouassine.com, Sa–Do 10–18 Uhr, 30 Dh

ADAC *Mobil*

In Marrakesch war **Medina Bike** 2016 ein absolutes Novum: die ersten City Bikes auf dem afrikanischen Kontinent, mit denen man die Medina, aber auch die Neustadt bequem erkunden kann. Ideal gelegen sind etwa die Bike-Terminals bei der Koutoubia-Moschee und am Jardin Majorelle.
www.medinabike.ma, erste Stunde gratis, Tagespass 50 Dh, Wochenpass 150 Dh

Verkehrsmittel

Der ÖPNV von Marrakesch besitzt ein **Bussystem**, das anfangs nicht wirklich übersichtlich erscheint, aber für nur 4 Dh pro Fahrt verkehren recht moderne Busse außerhalb der Medina, rund um die Stadtmauern, zu den Menara-Gärten, zum Bahnhof und Flughafen. Viele Linien halten unweit des Djemaa el Fna bei der gleichnamigen Station (6.30–22, zum Flughafen 6–23.30 Uhr).

■ www.alsa.ma

Der **Marrakech Tourist Bus** mit »Hop-on-Hop-off« bietet ein 48-Stunden-Ticket und bringt Urlauber zu (fast) allen Sehenswürdigkeiten (Audioguides auf Deutsch). ■ 190 Dh, erm. 95 Dh (für 48 Std.), deutliche Rabatte beim Onlinekauf: http://marrakech.city-tour.com

Parken

Bei der Koutoubia-Moschee gibt es in der **Rue Sidi Mimoun** ein nach der Moschee benanntes, nicht billiges Parkhaus, das aber 24 Stunden geöffnet ist und ausgesprochen zentral liegt.

Restaurants

€€–€€€ | Café Arabe Modern-orientalisches Restaurant mit Café und Lounge-Bar sowie überdachter Dachterrasse.

Die Place du 16 Novembre erstreckt sich im Herzen des modernen Stadtteils Guéliz

Ideal für den abendlichen Sun-Downer. Man serviert marokkanische Küche mit raffiniertem Touch und internationale Gerichte. ■ Rue Mouassine 184, Medina, Tel. 0524/42 97 28, www.cafearabe.com, tgl. 10–23 Uhr, Plan S. 144/145, d4

Cafés

19 **Café Sahrij** Der »Geheime Garten« (»Le Jardin Secret«) ist eine paradiesische Oase im Trubel der Souks, wo in gehobenem Ambiente ein erschwinglicher, köstlicher Minztee oder frische Fruchtsäfte zu kleinen typischen Süßigkeiten, alkoholfreie Cocktails, Salate und Snacks serviert werden. ■ Rue Mouassine 121, Tel. 0524/39 00 40, www.lejardinsecretmarrakech.com, tgl. 9.30–19.30, Okt.–März bis 17.30/18.30 Uhr, 50 Dh, erm. 30 Dh, Aussichtsturm 30 Dh, erm. 20 Dh, Plan S. 144/145, d4

Ville nouvelle und Palmeraie

Frankreichs Vermächtnis und paradiesische Gärten

Außerhalb der roten Mauern der Medina erstreckt sich eine weitläufige Metropole. Sie beherbergt eine Fülle traumhafter Gärten, die während des französischen Protektorats angelegte Neustadt mit breiten Boulevards, den Stadtteil Guéliz und das Galerienviertel unweit des Jardin Majorelle mit dem Musée Yves Saint Laurent.

14 Paroisse des Saints Martyrs | Kirche |

Die unscheinbare, ockerfarbene Pfarrkirche mit sehenswerten Fresken im Inneren wurde 1929 eingeweiht. Sie steht kurioserweise genau gegenüber der Moschee des vom französischen

Der französische Maler Jacques Majorelle gestaltete einen wunderschönen Garten

Stararchitekten Henri Prost um 1920 angelegten Stadtteils. Er entwarf auch die Kirche. Wie in Casablanca gestalten sich die Gottesdienste wegen der großen Zahl von Christen aus Schwarzafrika festlich mit Gospel-Charakter.

■ Rue el-Imam Ali, für die Besichtigung anklopfen oder die zur Bewachung abgestellten Polizisten fragen, www.paroissesaintsmartyrsmarrakech.com

15 Musée Yves Saint Laurent

| Museum |

20 *Bahnbrechende Kreationen des berühmten Modedesigners*

Das im Oktober 2017 eröffnete Museum ist primär der Haute Couture des Meisters gewidmet. Es liegt angegliedert an den Jardin Majorelle (S. 152), den Yves Saint Laurent mit seinem jahrelangen Partner und lebenslangen Freund Pierre Bergé 1985 erwarb, und dadurch vor dem Verfall rettete. Modefans werden entzückt sein, das Haus richtet sich aber auch an all jene, die das Metier nur am Rande interessiert. Gezeigt werden vor allem die bahnbrechenden Kreationen von Yves Saint Laurent (1936–2008), der die Prêt-à-porter-Mode begründete, den Smoking für Frauen oder den nun wieder hochaktuellen Hosenanzug auf den Laufsteg brachte und als erster mit transparenten Stoffen arbeitete.

Yves Saint Laurent entdeckte, als er Marrakesch 1966 erstmals besuchte, für sich die Vielfalt der Farben wieder, wie er selbst einmal bekannte. Zuvor hatte er fast nur mit schwarzen Motiven gearbeitet. Inspiriert von der Berbertracht, den Stoffen, den Schnitten der Dschellabas, begann er in seinen Kollektionen auch traditionelle Motive zu würdigen. Das Musée YSL bietet zudem einen Einblick in das Leben des Modeschöpfers und zeigt temporäre Ausstellungen zu Modemachern oder moderner Kunst. Das Gebäude ist für sich eine Perle zeitgenössischer Architektur. Als Backsteinbau im Almohaden-Stil gehalten, birgt es im Inneren an seinem Patio auch ein vortreffliches Restaurant: das Café Le Studio.

■ Rue Yves Saint Laurent, Guéliz, Bus Nr. 1 vom Djemaa el Fna, Tel. 0524/29 86 86, www.museeyslmarrakech.com, Do–Di 10–18 Uhr, 100 Dh, erm. 70 Dh, Kombiticket mit Jardin Majorelle und Berbermuseum 180 Dh

16 Jardin Majorelle

| Botanischer Garten |

Dieser wunderhübsche, arabisch inspirierte und in seinen Bauten tiefblau gehaltene botanische Garten ist zweifelsohne einer der schönsten Orte in Marrakesch. Der marokkoaffine französische Maler Jacques Majorelle (1886–1962) hat ihn entworfen und 1923 selbst angelegt. Im Schatten hoher Palmen gedeihen neben einer Vielzahl teils gigantischer Kakteenarten prächtige Blütenpflanzen aus den tropischen und subtropischen Regionen der Welt. Anschauliche Hinweistafeln liefern Erklärungen zu den einzelnen Arten. In den Wasserbecken tummeln sich Koi-Fische, Springbrunnen und Pavillons säumen das überaus saubergehaltene, penibel gepflegte Areal.

Zur Anlage gehört auch ein sehenswertes Museum zur Berberkultur. Da der Garten ein bekannter Touristenmagnet ist, ist er leider ziemlich überlaufen. Es bietet sich daher an, bereits früh am Morgen zu kommen bzw. um die teils stundenlange Wartezeit abzukürzen, beim weitaus weniger frequentierten Centre YSL nebenan ein Kombiticket zu erwerben.

■ Rue Yves Saint Laurent, Tel. 0524/313047, www.jardinmajorelle.com, tgl. 8–17.30, Mai–Okt. bis 18 Uhr, 70 Dh, erm. 35 Dh, bis 12 J. frei, Berbermuseum: 30 Dh, erm. 25 Dh

17 Menara-Garten

| Arabischer Garten |

Südwestlich der Oliveraie liegt dieser Garten aus der Almohaden-Dynastie (12. Jh.), den der Sultan Abd al-Mu'min anlegen ließ. Wie die Obstplantagen der Agdal-Gärten aus derselben Ära,

Im Blickpunkt

Grüne Oasen

Die paradiesischen, teils riesigen und im Stil überaus vielfältigen Gärten von Marrakesch sind weit mehr als die grünen Lungen der Millionenstadt. Sie sind Meisterwerke der Gartenbaukunst. Botanische Pracht harmonisch vereint mit architektonischem Feinsinn sowie ingenieurstechnischen Höchstleistungen, was ihre bereits vor Jahrhunderten raffiniert ausgeklügelte Bewässerung betrifft. Typisch für arabische Gartenanlagen haben sie oft auch einen landwirtschaftlichen Nutzwert. Ein Beispiel hierfür sind die Agdal-Gärten. Angelegt im 12 Jh. als Obstplantage mit Granatapfel-, Aprikosen-, Feigen- und Zitrusfruchtbäumen bedecken sie über 400 ha. Ein Schmuckstück ist auch der Menara-Garten (S. 153) hinter einem schier endlosen Olivenhain, der Oliveraie, mit seinem riesigen Wasserbassin. Ein von Kakteenarten, tropischen Blütenpflanzen und Palmen gesäumtes blaues Paradies ist der nach dem französischen Maler Jacques Majorelle benannte Garten (S. 152), der hier 1923 als Gartendesigner einen berühmteren Nachlass als mit seinem Pinselstrich schuf. Aber auch außerhalb der Stadt, in den schier endlosen Palmenhainen der Palmeraie findet sich ein Kleinod: der Anima-Garten (S. 154) des österreichischen Künstler-Multitalents André Heller – ein botanischer Garten mit Skulpturen. Allesamt bilden diese grünen Oasen inmitten der wüstenartigen Landschaft und der im Sommer unerträglichen Hitze am Fuße der bis in den Herbst hinein schneebedeckten Gipfel des Hohen Atlas ein farbenfrohes, erfrischendes Spektakel für die Sinne.

wird das riesige Wasserbassin mittels eines ausgefeilten Bewässerungssystems über Kanäle aus dem Atlas gespeist. Besonders frühmorgens, wenn die Luft noch klar ist und die Hitze noch erträglich, oder zum Sonnenuntergang zeigt sich der Ort, wo sich der von den Saadiern im 16. Jh. errichtete Sommerpavillon im Wasser spiegelt, in seiner magischen Schönheit. Ein Wermutstropfen: Das Wasserbassin riecht leider ein wenig muffig – was wohl auch daran liegt, dass viel zu viele Besucher die darin lebenden Fische schlichtweg überfüttern.

■ Av. de la Ménara, tgl. 7.30–19 Uhr, im Sommer länger, im Winter und Ramadan kürzer

Einkaufen

Menara Mall Die Umgebung der Av. de la Ménara, der Av. Prince Moulay Rachid und Av. Mohammed VI bietet mit der Menara Mall eines der großen Shoppingcenter der Stadt. Der Komplex wurde ähnlich einer Medina gestaltet – mit Einkaufsmöglichkeiten und Attraktionen für Kinder. Hier gibt es einige europäische Restaurants, und Nachtschwärmer finden schicke Bars sowie die angesagtesten Clubs der ganzen Stadt. ■ www.menaramall.com, tgl. 8.30–23.30 Uhr, Plan S. 144/145, b4

Kinder

Oasiria Dieser große, moderne und gepflegte Wasserpark wartet mit Attraktionen für Kinder allen Alters sowie einem luxuriösen Spa-Bereich für Erholung suchende Eltern und Paare auf.

■ Route d'Amizmiz, km 4, Chrifia–Marrakech, Tel. 0524/38 04 38, www.oasiria.com, tgl. 10–18 Uhr, 230 Dh, erm. 150 Dh, Kinder unter 80 cm frei, Ermäßigung beim Online-Ticketkauf, Gratisparkplätze vor Ort, Plan S. 144/145, südl. a5

In der Umgebung

Palmeraie und Anima-Garten

| Botanischer Garten |

8 *Hier wartet man nur darauf, dass Eva kommt und einen Apfel klaut*

Die knapp 120 km² große Palmeraie, ca. 22 km außerhalb von Marrakesch gelegen, ist ein Landstrich von überwältigender Schönheit. Hier, wo der Legende nach im 11. Jh. die auf die Erstürmung der Stadt wartenden Almohaden-Heere kampierten und sich nur von Datteln ernährten, sollen die ausgespuckten Kerne den Palmenhain zum Wachsen gebracht haben.

Der facettenreiche österreichische Poet, Künstler und Kulturmanager André Heller schuf sich hier mit dem Anima-Garten seine Oase: ein ebenso vielfältig buntes und aromatisch betörendes Gartenparadies, wie es Hellers Schaffen selbst darstellt. Farbenprächtige tropische Pflanzen, Skulpturen von befreundeten oder lokalen Künstler, Wasserbassins und Brunnen stehen seinem Motto gemäß für »die Rückkehr ins Paradies«. Im Frühjahr 2016 eröffnet, wächst und gedeiht der Garten prächtig und wird dabei Jahr für Jahr schöner. Dabei rettet Heller mit seinem Projekt auch Pflanzen, etwa alte Olivenbäume, Kakteen oder Palmen, die andernorts gefällt werden sollten.

■ Douar Sbiti, an der P 2017, km 27 Richtung Ourika, Shuttleservice (20 Dh) vom Parking La Koutoubia, Tel. 0524/48 20 22, Reservierung aus D, AT, CH (+43) (0) 15 23 07 87, Infos und Online-Vorverkauf: www.anima-garden.com, tgl. 9–17, Mai–Nov. 9–18 Uhr, 120 Dh, erm. 60 Dh (12–16 J.)

Entlang des Tizi-n'Tichka-Passes stellen zahlreiche Souvenirverkäufer ihre Ware aus

35 Tizi-n'Tichka-Pass

Einmal über den Hohen Atlas und die mächtigen Gipfel immer im Blick

Information

- DRT in Marrakesch, S. 142, oder DPT in Ouarzazate, S. 156

Fast vier, meist aber nur dreieinhalb Stunden, dauert die knapp 200 km lange Fahrt über die 1936 von französischen Fremdenlegionären zur Piste ausgebaute historische Verbindung zwischen der Küste über Marrakesch in die Gebiete des Saharavorlands nach Ouarzazate. In den 1960er-Jahren wurde der Tizi N'Tichka, was im Berberdialekt »schwerer Pass« heißt, asphaltiert. 2018 waren Ausbauarbrbeiten im Gange, da die N9 nach wie vor die wichtigste Verbindung über den Hohen Atlas ist, und viel Schwerverkehr, Lkws und Reisebusse die Strecke frequentieren. Landschaftlich ist die Fahrt äußerst spektakulär. Nach Marrakesch folgt man dem Lauf des Oued Zat, an dessen Ufern in Terrassenwirtschaft Getreide, aber auch Oliven-, Obst- und Mandelbäume angebaut werden.

In höheren Lagen mehren sich Souvenirstände, die Mineralien und Fossilien im Angebot haben, sowie die Obst- und Gemüsehändler. Immer näher rückt das meist bis weit in den Sommer hinein schneebedeckte Toubkal-Massiv, bis es sich schließlich majestätisch vor dem Besucher erhebt. Atlas-Zedern säumen den Weg bis zur Baumgrenze, dann quert man auf 2260 m Seehöhe den höchsten Pass Nordafrikas.

Und man merkt bereits die Trockenheit auf der Saharaseite von Ouarzazate. Die Landschaft wird karg, schroffe Felsformationen erheben sich beiderseits. Von hier zweigt bei Aguelmouss eine erste Seitenstraße zur Kasbah von Telouet (S. 157) ab. In Agouim erreicht man wieder urbanere Gefilde. Dort bietet es sich an, zur Stärkung in eines der Restaurant-Cafés einzukehren.

Das wehrhafte Ksar von Aït-Ben-Haddou zeigt, wozu die Lehmbauweise imstande ist

36 Die Kasbah-Route

9 *Hier griff nicht nur Lawrence von Arabien für Hollywood an*

Information

- DPT, Av. Mohamed V, 45000 Ouarzazate, Tel. 0524/88 24 85, Mo–Fr 9–16.30 Uhr

Über schwindelerregende Serpentinenstraßen und durch atemberaubende Landschaften geht es zu den schönsten Stadtburgen des Hohen Atlas bis zur »Oase der 1000 Palmen« – was sogar noch untertrieben ist. Die eindrucksvollen, Kasbahs genannten Lehmbauten oder auch die in sich verschachtelten Wohnburgen (»Tighremt«) dienten nicht nur als bedeutende Filmkulissen, viele von ihnen zählen heute zum UNESCO-Weltkulturerbe.

Sehenswert

Ksar von Aït-Ben-Haddou

| Lehmbau-Ensemble |

Die Kulisse wird Ihnen vielleicht bekannt vorkommen, spielte sie doch von »Lawrence von Arabien« über »Jesus von Nazareth«, »Gladiator« und »Alexander« bis hin zur US-Erfolgsserie »Games of Thrones«, wo es die Zitadelle von »Yunkai« und »Pentos« repräsentiert, als Filmlocation Schlüsselrollen. Das Ksar, das bereits seit 1985 zum UNESCO-Weltkulturerbe zählt, ist ein einzigartig aneinandergereihtes wehrhaftes Geflecht an Lehmbauten, das man auf einer Marokkorundreise einfach mit seinen eigenen Augen gesehen haben sollte. Es lohnt sich, unmittelbar nach der Ankunft von einer der Teehausterrassen einen Panoramablick auf die imposante Anlage zu werfen, ehe man anschließend den Fluss quert (man könnte nass werden, aber es stehen auch Kamele, Pferde und Maultiere bereit) und sich daraufhin im Gewirr der Gässchen hinauf auf den Gipfel begibt. Dort oben erwartet Sie ein atemberaubender Rundblick, der die Atemlosigkeit nach dem Treppensteigen schnell vergessen lässt.

■ Von der N 9 auf die P 1506 bei Tabourathe abzweigen (ca. 9 km), Eintritt frei, Dauer der Besichtigung etwa 1–2 Std., Parkplatz vor Ort (3–5 Dh)

Kasbah Taourirt von Ouarzazate

| Historisches Bauwerk |

Das in Hollywood wegen der hiesigen Atlas-Studios (»Gladiator«, »The Hills have Eyes«, »Königreich der Himmel«, »Alexander«) begehrtere Ouarzazate wartet neben einer von Lehmbauten dominierten Altstadt auch mit der Kasbah Taourirt auf. Sie birgt in ihrem labyrinthischen Inneren reich dekorierte Räume mit Stuck- und Holzschnitzarbeiten. Die traditionelle Bauweise bringt einen niemals enden wollenden Renovierungsprozess mit sich. Hochinteressant ist es, den Handwerkern bei dieser Arbeit zuzusehen oder wie das Baumaterial, der Lehm, zu Blöcken geschnitten neben Palmenblätterfasern vor der Kasbah trocknet.

■ Av. Mohammed V., tgl. 8–18 Uhr, 20 Dh, erm. 10 Dh; Atlas-Studios: www.studiosatlas.com, tgl. 8.15–17.45/18.45 Uhr, geführte Tour 50 Dh, erm. 40 Dh, bis 5 J. frei

Kasbah von Telouet

| Historisches Bauwerk |

Thami El-Glaoui, der Berberpascha von Marrakesch, errichtete im frühen 19. Jh. diesen Bau – wie auch die Kasbah Taourirt von Ouarzazate. Der Zahn der Zeit nagt äußerlich kräftig an diesem bröckligen Meisterwerk der Lehmbaukunst, das zum Glück auch »normale« Backsteine stützen. Und wie es sich für einen Pascha gehört, wurden die Innenräume prachtvoll orientalisch gestaltet.

■ Über die N 9 (zwischen Marrakesch und Ouarzazate) und den Tichi-n'Tichka-Pass, entlang der Abzweigung bei Aguelmouss auf die P 1506 (22 km, ca. 40 Min. Fahrzeit), tgl. 8–18 Uhr, 20 Dh, erm. 10 Dh

Kasbah Amridil von Skoura

| Historisches Bauwerk |

Sie zählt ebenso zum UNESCO-Weltkulturerbe und ist ein besonderes Juwel: die Kasbah Amridil, etwa 40 km nördlich von Ouarzazate, die nach wie vor im Familienbesitz ist und von den Eigentümern ausgesprochen gut instandgehalten wird. Sie liegt inmitten einer herrlichen, bereits im 12. Jh. angelegten, mehr als 50 km² großen Palmenoase. Die ihr verliehene Bezeichnung »Oase der 1000 Palmen« ist dabei deutlich untertrieben.

■ Vor Skoura im Ort Ouled Yaacoub, beim Musée de Memoire de Ouarzazate (ausgeschildert) zweigt eine Piste von der N 10 ins Labyrinth der Palmenhaine zur nicht einfach zu findenden Kasbah ab, Parkplätze vor Ort, tgl. 8–19, Winter bis 18 Uhr, 20 Dh, erm. 10 Dh

Agadir von Ighrem n'Ougdal

| Speicherburg |

Wie im Hohen Atlas üblich, diente diese schöne und gut erhaltene Speicherburg (»Agadir«) auch als Wohnung, sozialer Treffpunkt und dem Schutz der Menschen und Tiere – sowie natürlich für das in den langen, harten Wintern überlebenswichtige Getreide.

■ An der N 9, zwischen Aguelmouss und Agouim, der Besuch des Burginneren ist nicht möglich

Restaurants

€–€€ | Café-Restaurant Dar Panorama
Die hier aufgebotene ehrliche marokkanische Hausmannskost schmeckt bei dem herrlichen Blick auf die wunderschönen Palmenhaine von Skoura einfach gleich noch besser. ■ Douar Wled Arbia, B.P. 15, Skoura, Tel. 0613/95 36 22, www.darpanorama.com, tgl. 12–21, warme Küche 12–14, 16–21 Uhr, Reservierung am Abend empfohlen

Im Blickpunkt

Wüstenstrom, aber richtig!

Marokko ist drauf und dran die Energiewende zu schaffen. Das Solarkraftwerk Noor (arab. »Licht«) bei Ouarzazate soll Wüstenstrom erzeugen. Das Megaprojekt für Marokko ist phasenweise noch in Planung, doch die ersten Anlagen (Noor 1, Noor 2, Noor 3) sind bereits seit Februar 2016 bzw. 2017/2018 am Netz. In der Summe sind mehr als 8 Mrd. € an Investitionen geplant. Sie betreffen nicht nur fünf Solaranlagen bei Ouarzazate (bis 2020), sondern landesweit eine Reihe weiterer Kraftwerke von Midelt im Atlas über Tata bis in die Westsahara. In Ouarzazate soll dabei mit gängigen Techniken wie der Solarthermik, Parabolrinnen und Photovoltaik bis 2020 etwa 580 Megawatt an sauberem Sonnenstrom erzeugt werden. Die bisher weltweit größte Solarenergieanlage erlaubt mittels einer speziellen Salzlösung auch eine Energiespeicherung über Nacht in Wärmetanks.

37 Durch das Drâa-Tal

Die Steinwüste zu den Sanddünen säumen sattgrüne Oasen und Kasbahs

Information

■ CRT, Av. Hassan II (beim Hôtel Ksar Tinsouline), 45900 Zagora, Tel. 0524/84 71 28, Mo–Fr 9–16.30 Uhr

Man kann die landschaftlich beeindruckende Strecke auch als Draufgabe zur Kasbah-Route sehen, doch vielmehr ist es eine ausgesprochen schöne Etappe in die Sandwüste der Sahara. Ab Skoura bei Ouarzazate wechseln Steinwüsten, Hochplateaus und schroffe, canyonartige Landschaften einander ab. Hin und wieder erspäht man Kasbah-Lehmbauten. Ehe sich das Auge an das Gelbgrau gewöhnt hat, bietet die Oasenstadt Agzd bereits einen sattgrünen Kontrast – ein idealer Rastplatz, um sich mit einem Minztee zu stärken.
Weiter geht die Fahrt nach Tamnougalt, wo ebenso die typische Lehmbauweise das Ortsbild dominiert. Hier gibt es auch ein altes jüdisches Mellah-Viertel sowie eine Kasbah zu besichtigen. Ehe man den langen Palmenhain vor Zagora erreicht, sollte man noch zwei weitere Kasbahs bei Timiderte und bei Igdaoun von außen bestaunen.
In Zagora angekommen, lässt der heute über 40 000 Einwohner zählende, modernisierte regionale Verwaltungssitz die Abenteuerromantik vermissen. Doch noch weist ein altes, aber instandgehaltenes Schild auf die einstige Bedeutung der Oasenstadt im Transsahara-Karawanenhandel hin. »52 Tage bis Timbuktu« steht darauf geschrieben. Es lohnt die Weiterfahrt nach Tamegroute mit einer Zaouia und einer Biblio-

Der Drâa ist mit 1100 km der längste Fluss Marokkos und Lebensader im Südosten

thek, die im 17. Jh. ein wichtiges Zentrum für islamische Studien war. Der Ort ist bekannt für seine charakteristischen Töpferwaren – und für die herrlichen Sanddünen von Tinfou.

38 M'Hamid El Ghizlane

Ökotourismus an den Erg-Chegaga-Wanderdünen und im Nationalpark

Information

- CRT in Zagora, S. 158

Bis in die 1980er-Jahre war der kleine Ort, der seit Jahrhunderten mit Oasenwirtschaft praktisch eine Selbstversorgung betreibt, wegen der Grenznähe zu Algerien für Ausländer nur mit einer Sondergenehmigung des marokkanischen Militärs zu erreichen. Das ist heute zum Glück nicht mehr der Fall, und der Wüstentourismus entwickelt sich rasant. Hier finden sich neben günstigen Wüstenhotels und Touranbietern, die preiswerte Übernachtungen in der Einsamkeit der Dünen organisieren (300–500 Dh), auch regelrechte Luxuscamps, wo zum Sternegucken gerne mal Champagner serviert wird.

In der Umgebung

L'Oasis sacrée d'oum Lâalag

| Oase |

21 *Diese schöne Oase war für die Nomadenvölker ein heiliger Ort*

Die »Heilige Oase« liegt etwa 50 km westlich von M'Hamid und ist nur über eine alte Piste (Allradpflicht oder im Rahmen von geführten 4x4-Touren) zu erreichen. Sie führt entlang der einstigen Karawanenroute bis ins ferne Timbuktu (Mali). Vor Ort gibt es ein

M'Hamid el Ghizlane ist beliebter Ausgangspunkt für Kameltrekking zum Erg Chegega

kleines Biwaklager, wo ein ökologischer Tourismus praktiziert wird. Zum Glück nur unter strengen Regeln, gilt es doch diesen einzigartigen Ort zu bewahren. Die Oase liegt im mehr als 123 000 ha großen Nationalpark D'Iriqui, einem Refugium für Tiere wie der Dorkasgazelle, Oryxantilopen, dem Afrikanischen Strauß, aber auch Hyänen. Am Iriqui-See, der nur nach einer ausgiebigen Regenzeit mit Wasser gefüllt ist, dann aber ein malerisches Bild bietet, machen auch Zugvögel rast.

39 El-Kelâa M'Gouna

Unglaublich grün ist die für ihre Rosenproduktion bekannte Kleinstadt

Information

- DPT in Ouarzazate, S. 156

Der Ort liegt in über 1400 m Seehöhe am Eingang ins M'Goun-Tal. Er ist für seine Produktion von Rosenwasser aus den kleinen Blüten der »Rosa damascena« bekannt, die angeblich bereits im 10. Jh. Pilger auf dem Rückweg von Mekka nach Marokko brachten. Folgt man dem gleichnamigen Fluss Richtung Bou Thrarar, gelangt man in das sogenannte Rosental, wo alljährlich mehr als 4000 t Rosenblätter geerntet werden – für die lokale Produktion, als Export für die Parfümindustrie oder als wohlriechendes Souvenir. Rosenwasser kann man natürlich überall im Ort in den Geschäften erwerben.

Events

Rosenfest Der alljährlich am zweiten Wochenende im Mai zelebrierte Moussem »Feté des Roses« lockt viele Besucher aus Marokko und Rosenfans aus aller Welt in die Kleinstadt. Dann wird nicht nur die Rosenkönigin gewählt, sondern wie bei Moussems üblich, ein Rahmenprogramm mit traditioneller Musik, Tanz und Kulinarik sowie einem feierlichen Umzug geboten.

40 Dadès-Schlucht

22 *Malerische Dörfer und Marokkos spektakulärste Serpentinenstraße*

Information

■ DPT in Errachidia, S. 162

Die Serpentinenstraße R704 schlängelt sich von Boumalne aus nach Agoudal und passiert Dörfer wie Aït Youl und Aït Arbi sowie eine Reihe von Tighremt-Wohnburgen aus Stampflehm. Boumalne-Dadès liegt am Fluss Oued Dadès und ist eine angenehme Kleinstadt mit etwa 12 000 Einwohnern und einer Palmenoase. Hier finden sich Restaurants, Cafés, Geschäfte, Hotels, Banken und alles, was man bei einem Zwischenstopp braucht. Stets am Mittwoch findet hier auch ein schöner Wochenmarkt statt.

Restaurants

23 €€ | **Chez Pierre** Beste französisch inspirierte Küche, gereicht von einer freundliche Bedienung – und wen die Müdigkeit befällt, der kann gleich im Boutiquehotel einchecken. Abendmenü 250 Dh (Kinder 110 Dh). ■ Douar Aït Ouffi, R704, km 26, Les Gorges du Dadès, Boumalne-Dadès, Tel. 0524/83 02 67, mobil 0667/76 01 69, www.chezpierre.org, tgl. 12–14, 18–22 Uhr

Gefällt Ihnen das?

Haben Sie Lust auf Serpentinenstraßen mit spektakulären Aussichten? Zwischen Taroundant (S. 134) und Asni bietet die R203 über den fahrtechnisch anspruchsvollen **Tizi n'Test-Pass** eine Passage über den Hohen Atlas. Aber auch der **Tizi n'Tichka-Pass** (N9) zwischen Ouarzazate und Marrakesch führt in luftige Höhen (S. 155). In Tinghir (S. 161) startet die R703 durch die **Todra-Schlucht**. Oder man befährt im Rif die P602 durch die **Zegzel-Schlucht** (S. 83).

41 Tinghir und Todra-Schlucht

Eng, enger, Todra: Mehr als 300 m fallen hier die Felswände steil hinab

Information

■ DPT in Errachidia, S. 162

In dieser landschaftlich einzigartigen und teils beklemmend engen Schlucht

ADAC *Mobil*

Die großteils asphaltierte **R704** ist in vergleichsweise gutem Zustand, jedoch stark befahren. Neben Touristenbussen muss man auch mit Lastwägen rechnen, die in den Haarnadelkurven entgegenkommen können, aber auch mit dem einen oder anderen Eselsgespann. Aussichtspunkte, Panoramarestaurants und Cafés finden sich entlang der Strecke. Ein Allradantrieb ist für die Dadès- und Todra-Schlucht (lässt sich als Rückfahrt anhängen, dann bei Agoudal auf die R703 nach Tinghir) nicht zwingend erforderlich, aber hebt den Spaßfaktor. Die Witterung lässt eine Durchquerung meist ganzjährig zu. Für die Fahrt durch die Dadès-Schlucht sollte man drei bis vier Stunden einplanen.

am Oued Todra fallen die rötlichen Felswände beinahe senkrecht bis zu 300 m hinab, wobei man sich hier, entlang der R703, ohnehin in den letzten Ausläufern des Hohen Atlas auf über 1200 m über dem Meer befindet. Unter den Freunden des Bergsports ist die Schlucht längst zu einem Mekka avanciert. Mit ihnen entstand eine beachtliche Infrastruktur an Hotels, Herbergen, Cafés und Restaurants entlang der Route nach Imilchil, einer Bergoase auf der Hochebene (2100 m) mit zwei wunderschönen Bergseen, dem Lac Tislit und dem Lac d'Isli.

ADAC *Mittendrin*

Wo der Oued Ziz nach vielen Kilometern wieder an die Oberfläche tritt und einst französische Fremdenlegionäre ein Schwimmbecken anlegten, kann man an der **Blauen Quelle von Meski** eine willkommene Abkühlung finden. Vor allem am frühen Vormittag lockt ein entspanntes Flussbad inmitten der Wüste. Insbesondere die einheimische Jugend und Durchreisende (auch wegen des Campingplatzes) schätzen diesen Ort. Das Wasser ist sauber, Fische leben darin, und es hat in der Tat eine ausgesprochen blau-grüne Farbe. Jedoch schmälern mitunter etwas aufdringliche Kinder und junge Erwachsene, die aus Palmenblättern gefertigte Armbänder und Tierfiguren verkaufen oder zu den Souvenirgeschäften führen wollen, die erhoffte Entspannung.

An der N 13 etwa 9 km außerhalb von Errachidia Richtung Rissani, die Zufahrt ist ausgeschildert, tgl. 9–ca. 19 Uhr, 5 Dh

42 Errachidia

Die Karawanenstadt mit der Blauen Quelle war Basis der Fremdenlegion

Information

■ DPT, Bd. Moulay Ali Cherif, 52000 Errachidia, Tel. 0535/62 34 60, Mo–Fr 9–16.30 Uhr

In der geografischen Mitte des Landes trafen sich einst Karawanenrouten, heute sind es die Nationalstraßen aus allen Himmelsrichtungen. Die lebhafte, rund 100 000 Einwohner zählende Stadt ist wie so viele von den Franzosen am Reißbrett entworfen worden und daher architektonisch nicht besonders spannend. Vielmehr lohnt es sich, das Umland zu erkunden, etwa die eindrucksvolle Ziz-Schlucht hinter dem Stausee im Norden auf dem Weg Richtung Meknès. Oder man sucht auf der Route in die Sahara nach Merzouga (S. 164) bei den heiligen, blauen Quellen von Meski Abkühlung.

In der Umgebung

Musée des Sources de Lalla Mimouna

| Freilichtmuseum |

24 *Wasser ist Leben, darauf macht ein ambitionierter Berber aufmerksam*

Zaïd Abbou hat sich bei den artesischen Quellen, die er selbst restauriert, sein Paradies geschaffen. Und er pflegt in einem äußerst gepflegten Gartenareal ein Kunstzentrum und Museum, das sich der Berberkultur widmet. Zu bestaunen gibt es Kleidung, Schmuck, Waffen, Nomadenzelte, doch das Sehenswerteste hier ist eigentlich der Museumsgründer selbst. Ein Multitalent, nicht nur beim Thema Wasser, ist er auch in Kalligrafie, Poesie und Gartendesign versiert und dabei ein Autodidakt. Dass er in Heidelberg Philosophie und Germanistik studiert hat und fließend Deutsch spricht, hilft natürlich, wenn es darum geht, die Geschichte der Berberkultur zu erklären.

■ Tinejdad, von Errachidia an der N 10 Richtung Tinghir, Tel. 0535/78 67 98, 0661/35 16 74, tgl. 8–19 Uhr, 50 Dh

43 Erfoud und Tafilalet-Palmenhaine im Oued-Ziz-Tal

Vor Jahrmillionen lag die Steinwüste unter Wasser, wovon Fossilien zeugen

i Information

■ DPT in Errachidia, S. 162

Die von den Franzosen zur Zeit des Protektorats ab 1917 neu errichtete Wüstenstadt Erfoud täuscht mit ihrer Fülle an Lehmbauten vor, weitaus geschichtsträchtiger zu sein. Nichtsdestotrotz ist die knapp über 30 000 Einwohner zählende Oasenstadt voll von ihnen. Dank einer besonderen geologischen Verwerfung werden im Umland viele Fossilien gefunden, die auch durch den Steinbruch von Erfoud massenhaft zu Tage kommen und an Touristen gerne als Ketten oder Anhänger verkauft werden.

Die Landschaft auf dem Weg von bzw. nach Errachidia erinnert im Tal des Oued Ziz an das Monument Valley bzw. Canyons im Mittleren Westen der USA. Entlang der N 13 erstrecken sich über fast 40 km die prächtigen Tafilalet-Palmenhaine, auf die man von mehreren Aussichtsterrassen und von einem Café (Vallée de Ziz) einen herrlichen Ausblick hat. Leider setzten Trockenperioden und Schädlinge, vor allem aber eine Pilzerkrankung (Bayoud-Krankheit) den Dattelpalmenhainen in den vergangenen Jahren massiv zu. Auch im Ziz-Tal befindet sich eine

Zu Füßen imposanter Tafelberge säumen Palmenhaine das Tal des Oued Ziz

Im Blickpunkt

Wüstentiere

Wer an die Sahara, sei es die Sand- oder Steinwüste denkt, der hat wohl gleich auch ein paar Tiere im Kopf. Etwa die putzigen Wüstenfüchse (Fenneks) und den Glücksbringer der Alten Ägypter, den Skarabäus-Käfer. Beide sind in Merzouga und bei M'Hamid zu sehen, wobei Wüstenfüchse weit scheuer sind. Die Wahrscheinlichkeit, auf gefährliche Schlangen wie die Hornviper, die Puffotter oder die Ägyptische Kobra sowie Skorpione zu treffen, ist verschwindend gering. Als Kaltblüter, die nachtaktiv sind, suchen Schlangen die Wärme der Sonne, besonders in den Abend- und frühen Morgenstunden sowie unter aufgewärmten Steinen. Der weiße Sahara-Skorpion und andere Skorpionarten Nordafrikas sind dagegen auch in Siedlungen nahe der Wüste zu finden. Sie graben sich tagsüber im Sand ein und stellen nach Angaben des marokkanischen Gesundheitsministeriums durchaus eine Gefahr dar. So kommt es alljährlich zu zehn bis 65 Todesfällen durch Skorpionbisse und mehr als 3000 gemeldeten Vergiftungen. Bei Wüstentouren gilt es, seine Schuhe und sein Gewand auszuschütteln und eben nicht unter die Steine zu schauen.

Forschungsstation, die sich der Erhaltung der Palmenhaine widmet.

Sehenswert

Musée Tahiri, Museum Fossils & Minerals

| **Museum** |

Der renommierte marokkanische Paläontologe Brahim Tahiri, der dem Haus seinen Namen gab und es kuratiert, gewährt Besuchern in diesem kleinen Museum anhand spektakulärer Funde aus der Region einen Überblick über das Leben, das hier vor mehreren hundert Jahrmillionen herrschte. Damals bedeckte ein Meer Teile der Sahara. Schon am Eingang erwarten lebensgroße Nachbildungen von Dinosaurierskeletten, darunter ein Tyrannosaurus Rex, interessierte Gäste.

■ An der N 13 auf halber Strecke von Erfoud nach Rissani, Tel. 0535/57 68 74, tgl. 9–18 Uhr

Einkaufen

Morabit Fossils and Marble Fast einem Museum gleicht dieser auf Erfoud-Marmor sowie Fossilien spezialisierte Steinmetzbetrieb mit angeschlossenem Shop. Hier finden sich zahlreiche Souvenirs, vom Trilobiten bis zu Zähnen der Urzeithaie. ■ Richtung Rissani, km 2 nach Erfoud, Tel. 0535/57 50 62, www.morabitfossils.com, Mo–Sa 9–18 Uhr

44 Merzouga und Hassilabied

Sahara-Feeling inmitten des Erg Chebbi: Kamelreiten oder Exkursionen im Jeep

Information

■ DPT in Errachidia, S. 162

Zwei Sandmeere gibt es im Südosten Marokkos: Neben der größeren Erg

Chegaga bei M'Hamid ist die Erg Chebbi bei Merzouga, etwa 40 km südöstlich von Erfoud, zu einer beliebten Destination für einen unvergesslichen Saharaurlaub und zum Synonym für die endlos wirkende Sandwüste geworden. Die Ruhe der Wüste wäre ungetrübt, gebe es nicht eine Fülle von Anbietern, die Scharen von Quads in die Dünen schicken.

Ein Kamelritt zum Sonnenuntergang in der Wüste ist ein unvergessliches Erlebnis

Sehenswert

Erg Chebbi

| Sanddünen |

10 *Hier beherrscht alles der Sand – in einer erhabenen Schönheit*

Obwohl sich das Erg nur über etwa 22 km in Nord-Süd- und knapp 5 km in Ost-West-Richtung erstreckt und rundum von Steinwüsten umgeben ist, bekommt man schon beim Erklimmen der ersten Dünen den Eindruck, vollständig von der Sahara umgeben zu sein. Die erste Düne liegt nur knapp 500 m abseits der N 13. Besonders stimmungsvoll ist der Sonnenaufgang, aber auch der Sonnenuntergang ist ein Erlebnis. Wegen der geringen Lichtverschmutzung ist der nächtliche Sternenhimmel ein Traum. Tagsüber brennt die Sonne indes immens, auch im Winter. Sonnencreme, eine Kopfbedeckung sowie ein Tuch, das gegen den vom Wind aufgewirbelten Sand schützt, sollte jeder Besucher dabeihaben (am besten das typische »Shesh«, das auch ein hübsches Souvenir ist). Nachts und morgens ist es dagegen ziemlich frisch, Übernachtungsgäste sollten daher auch an warme Kleidung

ADAC *Mobil*

Von vielen Anbietern sowie von Hotels und Herbergen werden in Merzouga zum Sonnenauf- bzw. Untergang **Kamelritte** angeboten (etwa 100 Dh, meist 1–1,5 Std.), aber auch mehrtägige Kameltrecks mit Verpflegung und Zeltunterkünften. Sie sind häufig kombinierbar mit kostengünstigen Übernachtungen in Berberzelten inmitten der Dünen (rd. 300–500 Dh). Ein Ansprechpartner hierfür ist z. B. Ali Ouargaga vom Hotel La Vallée des Dunes (S. 168).
Auch Touren im **Allrad-Geländewagen** sind möglich, ebenso werden für all jene, die es mit einem wüstentauglichen Fahrzeug hierher geschafft haben, Führer mit Begleitfahrzeugen bereitgestellt.

Entlegener Geheimtipp an der Grenze zu Algerien: die Dattelpalmenoase Figuig

denken. Festes Schuhwerk (Trekkingschuhe) und eine dickere Jeans schützen nicht nur vor der Kälte, sondern auch vor dem einen oder anderen Insekt oder gar Schlangen.

Restaurants

€–€€ | Restaurant Fatima Hassilabied Fleischspieße, Tajines oder den erfrischenden bunten marokkanischen Salat serviert man in der Gaststätte des gleichnamigen Hotels, das neben der hübschen Terrasse auch einen Pool in der Wüste hat. ■ Hassilabied, Tel. 0639/03 25 37, www.camp-house-restaurant-fatima.com, tgl. 11–22 Uhr

€–€€ | Restaurant Nora Berühmt für seine »Berber-Pizza«: ein köstlich gefülltes überdimensionales Fladenbrot, das »Madfouna« genannt wird und in der gesamten Sahararegion typisch ist. ■ Im Dorf Khamlia, km 57,7 an der N 13 nach Taouz, Tel. 0667/61 21 91, tgl. 12–14.30, 18–22 Uhr

45 Figuig

Ruhe pur findet man in der abgelegenen Oasenstadt im riesigen Palmenhain

Information

■ DPT in Oujda, S. 82, bzw. OIT in Nador, S. 82

Die einst wichtige Karawanen- und Grenzstadt zu Algerien verlor mit der Schließung der Grenze zum Nachbarn 1994 sukzessive an Bedeutung und mangels Modernisierung und Perspektiven für die ortsansässige Jugend auch an Bevölkerung. Rund 10 000 Bewohner zählt der abgelegene Landstrich knapp 370 km südlich von Oujda, der nächstgelegenen Großstadt.
Für die Siedlung, wo mit den 150 000 Dattelpalmen eine Oasenwirtschaft betrieben wird, soll nun ein sanfter Tourismus die Grundlage für die Zukunft bieten. Im Ort gibt es bereits eine Handvoll Cafés, Herbergen und Restaurants, aber auch Banken und eine Post. Beeindruckend ist neben der malerischen Lage im schier endlosen Palmenhain die große Zahl verfallender Tighremt-Wohnburgen aus Lehm. Im Umland fanden sich prähistorische Felszeichnungen (Petroglyphen), zu denen ortskundige Fremdenführer geleiten. 3 km nordöstlich von Zenaga, dem wichtigsten Ksar der Gemeinde, steht das achteckige Lehmminarett von Loudaghir (19 m hoch) aus dem 13. Jh.

Übernachten

Marrakesch könnte auch den Titel »Stadt der 1000 Riad-Hotels« erhalten. Die meisten, zumindest ab der mittleren Preisklasse, werden keinesfalls enttäuschen. Die Metropole verfügt auch über große Ressorthotels und natürlich dem Jet-Set angemessene Luxusdomizile. An der Kasbah-Route, im Drâa-Tal oder etwa bei der Dadès-Schlucht verknappt sich das Angebot, aber die Standards haben sich auch hier verbessert, wie etwa in den Provinzhauptstädten von Ouarzazate bis Errachidia: saubere, einfach gehaltene Zimmer, bequeme Betten, warme Duschen und auch Pools bietet die Mehrzahl der Unterkünfte ab der Drei-Sterne-Kategorie.

Marrakesch 142

€ | **Ryad Laârouss** Preiswertes, etwas in die Jahre gekommenes Riad-Hotel, sauber und zentral. Verfügt über riesige Dachterrasse und Innenpool. ■ Derb el-Gueza 46/Ecke Derb Jamaa, 40000 Marrakesch, Tel. 0524/38 39 53

€€ | **Riad Dama** Familienfreundliches, gepflegtes Riad-Hotel, 15 Min. vom Djemaa el Fna entfernt und nahe der Souks. Zimmer im Boutiquestil, etwas rustikal, dazu ein herrlicher Patio mit Orangenbäumen sowie eine Sonnenterrasse mit Panoramablick. ■ Derb el-Boumba/Ecke Arset el-Houta, 40000 Marrakesch, Tel. 0524/39 19 17

€€–€€€ | **Es Saadi Marrakech Resort** Etwas »retro«, aber neu renoviert in der 8-km²-Parkanlage Hivernage mit Pools und Restaurants. ■ Rue Ibrahim el-Mazini, 40000 Marrakesch, Tel. 0524/33 74 00, www.essaadi.com

€€–€€€ | **Riad Alsaad** Romantisches Riad-Hotel mit bequemen Kingsize-Betten, geräumigen Zimmern im

Luxuscamping im Scarabeo Camp in der Agafay-Wüste östlich von Marrakesch

1001er-Nacht-Stil und für das Zentrum auch in einer sehr ruhigen Lage. Frühstück inbegriffen, Dachterrasse mit Sonnenliegen. ■ Derb el-Bakkal 11, Medina, 40000 Marrakesch, Tel. 0662/20 93 56, www.riad-daralsaad.com

€€–€€€ | Scarabeo Camp Das in Mode gekommene »Glamping«, also Luxuscamping mit Glamour, bietet dieses Camp ganzjährig. Es liegt nur etwa 35 km östlich von Marrakesch in der Steinwüste von Agafay. Die Gäste nächtigen hier in schicken, mit Utensilien und Reisemobiliar der Entdecker des 19. Jh. eingerichteten Beduinenzelten auf Kingsize-Betten. ■ Agafay-Wüste, 40000 Marrakesch, Tel. 0662/80 08 23, www.scarabeocamp.com

Die Kasbah-Route 156

€–€€ | Cinéma Riad Preiswerte Unterkunft, etwas außerhalb von Ouarzazate im Palmenhain. Wunderbarer Blick von der Dachterrasse, zum Abendessen gibt es Couscous oder Tajines. ■ Rue de la Mosquée 4, 5000 Ouarzazate-Tabounte, Tel. 0524/85 43 06, www.cinema-riad-ouarzazate.com

25 **€€–€€€ | Hotel Ksar el-Kabbaba** Luxuriöses Hotel vis-à-vis des 45 000 ha großen Palmenhains in einer neu gebauten Tighremt-Wohnburg, neben dem verfallenen Vorgängerbau. Familienfreundlich, mit stilvollen thematisch orientalischen, modernen Zimmern und Suiten und einem großen Pool im Gartenparadies innerhalb der Kasbah-Mauern. Ein Hammam fehlt ebensowenig, wie ein Jacuzzi, ein Fitnessstudio und das hoteleigene Top-Restaurant. ■ Douar el-Kabbaba El-Khamssa, 55502 Skoura (bei Ouarzazate), Tel. 0524/85 23 36, www.ksar-elkabbaba.com

Merzouga 164

€–€€ | La Vallée des Dunes Günstige, überaus saubere, typisch eingerichtete Unterkunft, die in einer Kasbah in Hassilabied hübsche Doppel- und Familienzimmer bietet. Unweit von Merzouga und nur etwa 300 m zu Fuß von den Sanddünen und der Oase mit dem Palmenhain entfernt. ■ Hassilabied, 52202 Merzouga, Tel. 0670/8498 15, www.lavalleedesdunes.com

Figuig 166

€–€€ | Maison Nanna Eine wahre Oase in der Oase mit Panoramablick auf den Palmenhain – und familienfreundlich. Halbpension ist im Preis inbegriffen, es wird eine köstliche marokkanische Hausmannskost serviert. Zweifellos die beste Adresse im Ort. ■ Rue Ouled Sellam, Ksar Zenaga, 61000 Figuig, Tel. 0658/57 95 73, http://maison-dhote-nanna-figuig.com

ADAC *Das besondere Hotel*

Alladin Camp und **Luxury Camp**, beide werden vom Hotel Dar Azawad organisiert: ein Wüstenhotel bei M'Hamid mit komfortablen Bungalows inmitten der Erg-Chegega-Dünen. Oder man entscheidet sich für die Luxusvariante der Wüstennacht – im Komfort-Berberzelt nächtigt man auf Kingsize-Betten, private Dusche und Toilette sind inklusive, Kerzenlicht-Dinner und Frühstück ebenso.
€€–€€€ | Tagounite, Dar Azawad B.P. 16, 47402 Douar Ouled Edriss (bei M'Hamid), Tel. 0670/40 97 38, http://darazawad.com